物語(tale)の臨床心理学
"お話"にならないお話がもつ治療的意味

田中史子

The Clinical Psychology of Tales:
The Therapeutic Meanings of Ones
That Do Not Become Stories

Fumiko TANAKA

創元社

刊行によせて

　箱庭療法（Sandplay Therapy）は、スイスの心理療法家カルフ氏によって創案され、河合隼雄（本学会創設者）により1965年に日本に導入された。その非言語的な性質や適用範囲の広さ、そして日本で古くから親しまれてきた箱庭との親近性などから、心理療法の一技法として、以降広く国内でも発展を遂げてきたことは周知のことであろう。現在でも、心理相談、司法臨床、精神科・小児科等の医療、さらに学校・教育など、さまざまな領域での心理臨床活動において、広く施行されている。

　一般社団法人日本箱庭療法学会は、我が国唯一の箱庭療法学に関する学術団体として1987年7月に設立された。以来、箱庭療法学の基本的課題や原理に関して、面接事例およびその理論的考察などの発表を通して、会員の臨床活動および研究活動の相互発展を支援することを目的に活動を行ってきた。

　そして、本会学会誌『箱庭療法学研究』では、創刊10周年を機に、夢・描画などの、箱庭療法と共通するイメージへの深い関与が認められる研究も取り上げることとなった。今後ますます社会的な要請に応えていかなければならない心理臨床活動において、「イメージ」を根底から見据えていく研究は必須でありまた急務である。こうして本学会は、箱庭療法研究推進の中核的役割を担うとともに、広く心理療法の「イメージ」に関する研究推進を目指し、会員の研究、研修や活動支援を行う学術団体へと発展しつつある。

　このような経緯のなか、このたび、「木村晴子記念基金」から予算を拠出し『箱庭療法学モノグラフ』シリーズを刊行する運びと

なった。本シリーズは、箱庭をはじめとする、心理臨床における「イメージ」に関わる優れた研究を、世に問おうとするものである。

　故・木村晴子氏は、長年にわたり箱庭療法の実践と研究に取り組まれ、本学会においても理事や編集委員として大きな貢献をされてきたが、まことに残念なことながら、本会理事在任中の2010年にご逝去された。その後、箱庭療法を通じた深いご縁により、本学会が氏の特別縁故者として受けた財産分与金によって設立されたのが「木村晴子記念基金」である。

　氏は、生前より若手研究者の研究促進を真に願っておられた。本シリーズの刊行は、そうした氏の生前の願いを受ける形で企画されている。本シリーズが、箱庭療法学ならびに「イメージ」に関わる心理臨床研究の発展に寄与することを願ってやまない。

2014年10月
一般社団法人　日本箱庭療法学会

木村晴子記念基金について

　故・木村晴子氏は、長年にわたり箱庭療法の実践・研究に力を尽くされ、主著『箱庭療法──基礎的研究と実践』(1985，創元社) をはじめとする多くの業績を通し、箱庭療法の発展に大きな貢献をされました。また、氏は本学会の設立当初より会員 (世話人) として活動され、その後も理事および編集委員として本学会の発展に多大な貢献をされました。2008年には、本学会への貢献、並びに箱庭療法学発展への功績を評され、学会賞を受賞されています。

　木村晴子記念基金は、上記のように箱庭療法に取り組まれ、本学会とも深い縁をもつ氏の特別縁故者として本学会が受けた財産分与金によって、2013年に設立されました。『箱庭療法学モノグラフ』シリーズと題した、博士論文に相当する学術論文の出版助成や、本会学会誌『箱庭療法学研究』に掲載される外国語論文の校閲費等として、箱庭療法学の発展を支援するために使途されています。

　なお、詳細につきましては、本学会ウェブサイト内「木村晴子記念基金」のページ (URL：http://www.sandplay.jp/memorial_fund.html) をご覧ください。

　　　　　　　　　　　　　　　　　　　一般社団法人　日本箱庭療法学会

目　次

　　刊行によせて　i
　　木村晴子記念基金について　iii

　　はじめに　3

第1章　序論　　6
物語（tale）について

第1節　"物語"という概念についての議論　6
　1．神話的な世界とのつながり　6
　2．「物語という思考様式」　9
　3．日本における心理臨床と物語　11
　4．narrativeとstory　13
　5．イメージの体験としての物語　15
　6．物語（tale）とは　18

第2節　矛盾、曖昧さ、荒唐無稽さを含んだ物語　19
　1．『原始神話学』について　19
　2．原始神話の特徴　21
　3．神秘的な力の分有　24
　4．原始神話の消滅と痕跡　26
　5．レヴィ＝ブリュールの姿勢　30
　6．見失われたミュートス　32
　7．物語がもたらす癒し　35

第2章 "言葉の箱庭"としての物語 ———————————— 39

第1節 物語創作の治療的側面　39
1. 心理療法の中の物語創作　39
2. "言葉の箱庭"　41
3. 箱庭の中の物語　44
4. 過程の重要性　45
5. "ぴったりする／しない"ということ　46

第2節 物語創作過程におけるぴったり感　48
1. 物語創作過程に関する調査　48
2. ぴったり感の評定と内観報告　51
3. 右上がり評定を特徴とする三事例　57
4. 変動増加を特徴とする二事例　72
5. その他の三事例　82

第3節 物語創作における体験　90
1. ぴったり感の安定と揺らぎ　90
2. 語り手と物語の一致／不一致の体験　94
3. 物語の感覚的な体験　95
4. イメージの自律性と物語(tale)　97
5. 聴き手の役割と心理臨床　98

第3章 白昼夢の物語 ———————————————————— 101

第1節 白昼夢に関する心理学的研究とその課題　101
1. 白昼夢とは　101
2. 精神分析・分析心理学的な見解　103
3. シンガーの白昼夢研究とその影響　107
4. 日本における白昼夢研究　108
5. 物語世界としての白昼夢　109
6. 反復性と空想性　111

第2節　白昼夢についての二つの調査研究　113
  1．おとな対象の調査　113
  2．反復性の軸　117
  3．空想性の軸・困難志向性の軸　125
  4．子ども対象の調査　133
  5．現実的な白昼夢と空想的な白昼夢　137
  6．設定保持／短期間保持と秘匿性　142
  7．二つの調査結果の比較　145

第3節　子どもの描画表現と白昼夢　146
  1．子どもの描画表現についての先行研究とその課題　146
  2．描画に見られる物語の表現　150
  3．描画を通しての物語の体験　152
  4．描画の中に物語を見るということ　155
  5．白昼夢をもっていないと答えた子どもたちの描画　158

第4節　白昼夢をもつことの意味　162
  1．違和感とその緩和　162
  2．世界との一体感　163
  3．無意識の神話産生機能　166
  4．白昼夢と神話　168
  5．白昼夢と心理臨床　170

第4章　生きることの物語の臨床心理学的理解の試み　172

第1節　事例A　172
  1．糖尿病への心理学的接近　172
  2．調査事例の概要　179
  3．分割された物語と箱庭の中央に表現されたテーマ　189
  4．固定化された物語とその揺らぎ　191
  5．物語の多層性　192
  6．調査者との関係と語りの変化　193
  7．慢性疾患を抱えるクライエントの心理臨床に向けて　194

第2節　事例B　196
1. 事例の概要と経過　196
2. 他者とのイメージのずれに潜む物語　207
3. 実際に起こることの検証　210
4. 「そうか、そういうことか」という気づき　212
5. 物語を共有することの難しさ　214

第5章　終論 ……………………………………………216
物語（tale）と心理臨床

1. 神話のもつ力　216
2. 物語とミュートス　218
3. 物語の中の矛盾と多層性　220
4. 物語の体験とそれに包まれること　222
5. 心理臨床における物語（tale）　224

註　229
引用文献　233
索　引　241
初出一覧　245
おわりに　246

物語（tale）の臨床心理学
"お話"にならないお話がもつ治療的意味

はじめに

　人生はしばしば、物語になぞらえられる。人はそれぞれ自分の物語の主人公として人生を歩んでいるというイメージは、小説の中などでくり返し表現されてきた。それらのものは、こんにちのように"物語"という概念の重要性が人間に関わる諸分野を席巻するよりも前に、物語が人生と密接に関わっていることを多くの人々が直観的に知っていたことを思わせる。

　子どもたちは（時には青年期的心性をもつおとなたちも）よく、家族や友人、自分のことをわかってもらいたい相手に、自分の心を強くとらえている物語がどのようなものかを伝えようとする。筆者がこれまで臨床の現場で出会ってきた子どもたちは、自分なりの見方を加えながら一所懸命、小説や漫画、映画やドラマの物語について語ってくれた。また、プレイセラピーではしばしば、ごっこ遊びや描画をおこなう中で、子どもたち自身が新しく独自の物語を生み出し発展させていくのを目のあたりにする。既存のものであるにしろ独創のものであるにしろ、子どもたちが面接の中に持ち込んでくる物語は、子どもたち自身のことを筆者に教えてくれたように思われる。

　おとなの心理療法においても、物語が語られることは重要な意味をもつ。そもそも面接においてクライエントが自分の体験したことを語ること自体がその人自身の物語であるという見解が主張されることも多い。それ以外にも、夢の内容の語りの中に、あるいは箱庭などでのイメージ表現を通して、クライエントがもっている物語を見ることができるように思われる。

　物語をめぐるこれまでの心理学的な議論では、物語は事象をつないで意味づけるための筋をもつということを強調する傾向にあった。しかし、プレイ

セラピーや箱庭、白昼夢の中で子どもたちがくり広げる物語や、整合性のあるストーリーとして定着していない断片的な神話や伝承、昔話に出会う時、筋のあるものだけではなく、荒唐無稽なもの、秩序が崩壊しているもの、矛盾を含んでいるもの、意味がわからないものをそのまま包み込むような物語の存在を考える必要があるのではないかと考えさせられる。既存のストーリーとして伝えてくれる漫画やアニメについての子どもたちの語りも、また、おとなが現実のこととして語る彼らの人生の物語でさえ、時には整合性を欠き、荒唐無稽ですらあることもある。

　そこで、本書では、そのようにストーリーにはならないものをも物語（tale）として捉えることにした。これらの点については、第1章において詳細に検討する。

　筆者が物語というものを自分の研究テーマとして考えるようになったのは、最初は、主題統覚検査（Thematic Apperception Test: TAT）を用いての物語創作に興味をもったからであった。TATは、創作された物語に何が投映されているのかを見る心理検査である。しかし筆者は、物語の内容からのアセスメント的な側面よりも、物語創作がもたらす心理療法的な効果のほうに関心をもち、物語を生み出すというのはどのような体験であるのか、その体験には臨床心理学的にどのような意味があるのかということを考えはじめ、それらについての調査研究をおこなうことにした。これが、第2章にまとめた調査研究である。

　この物語創作の調査をおこなっている時、調査に協力してくれた複数の人々から、物語を創っているうちにイメージが自然に出てくる、あるいは、物語が勝手に進んで自分の思うようにならなくなるという感じをもったことが報告された。このことから、筆者は、物語の創られるという側面だけではなく、出てくる／出てきてしまうという自律的な側面の重要性を改めて認識し、そうした自律的な要素が多分にある物語として白昼夢（白日夢）に注目するようになった。白昼夢を心理学的に理解しようとする試みは、"～という内容の白昼夢には～という願望が表れている"という図式に陥りやすく、願

望充足や未来へのリハーサルという側面が注目されがちである。しかし、そうした理解では、何度もくり返される荒唐無稽な物語の、夢見手にとってのかけがえのなさを捉えきれないのではないかと思われる。そこで筆者は、おもに反復性と空想性に着目して白昼夢の調査研究をおこなった。それが第3章で述べられている二つの調査研究である。

このように、第2章と第3章は、複数の人々に協力してもらった調査研究をもとに考察を展開した。これに対して、第4章では、より臨床的に物語を論じるために、二つの事例を取り上げ、人々が生きるということに物語がどのように関わり、面接経過の中で表現されていくのかということを考察した。二つの事例のうち最初のものは、糖尿病への臨床心理学的接近を検討するためにおこなった調査事例である。一型糖尿病を抱えて生きる女性との面接から、糖尿病について語られた表面的な一つのストーリーの下に、多層的に別の物語があるということについて論じた。もう一つの事例では、注意欠陥多動性障害と診断された男児とのプレイセラピーから、ごっこ遊びのような明らかな物語の表現がない場合にも、クライエントの言動に影響する物語が動いているということを考察した。

第5章の終論では、これらの考えをまとめながら、第1章で論じた神話的な物語のもつ力についての議論を深め、そのうえで、物語をもつことの意味と、心理臨床における物語の可能性を検討する。

第1章

序論
物語(tale)について

第1節 "物語"という概念についての議論

1. 神話的な世界とのつながり

　"物語"という言葉は、現在、心理臨床はもちろん、発達心理学・医療・福祉・教育などの、心理臨床と近接する多くの分野で馴染みのあるものとなっている。人間と関わるこれらの領域においては、"物語"を鍵概念とするいくつかの潮流が生まれたが、こうした流れは、互いに関連をもちながらも、立場によって異なった主張をもつ。そのため、この言葉の用いられ方は文脈によってさまざまに異なり、何を"物語"と呼ぶのかという問題は複雑になっている。そこでまず、心理臨床の実践と関連すると考えられる、"物語"についての議論を概観しておきたい。

　19世紀、フロイト(Freud, S.)によって現在のさまざまな心理療法につながる理論や技法が唱えられるよりもはるか以前から、心の問題は、物語と分かちがたく存在していたと思われる。エレンベルガー(Ellenberger, H. F.)は、力動精神医学の遠祖として、呪医などによる原始治療や宗教的な儀式に焦点を当てている。彼は、シャーマンが病気の原因を虫などの形に変えて取り除く治療や、怪物や神を演じる儀式による治療などについて述べている。その記

述は、近代科学以前の治療法が、なぜ魂や身体が病んでしまったのか、どうすれば病いから回復するのかについての、生き生きとした物語に基づいていることを示している (Ellenberger, 1970, pp.2-52)。

　人間は古来、心身が抱える病いとその治療・治癒を、物語によって世界の中に位置づけてきた。最古の医学書と言われているエジプトの『エベルス・パピルス』やインドの『アタルヴァ・ヴェーダ』などの中にそうした物語の断片が残されている。日本においても、以下のような記述が『日本書紀』巻第三の神武紀にある。

> 時に神、毒気を吐きて人物 咸(ことごとく) に痿(ま)えぬ。是に由りて、皇軍復振ること能わず。時に、彼処に人有り。号を熊野の高倉下と日う。忽(たちまち) に夜夢みらく、…(中略)…武甕雷神、登ち高倉に謂りて曰はく、「予が剣、当に汝が庫の裏に置かむ。取りて天孫に奉れ」とのたまふ。高倉、「唯唯(を を)」と日すとみて寤(さ)めぬ。明旦に、夢の中の教に依りて、庫を開きて視るに、果して落ちたる剣有りて、倒(さかしま) に庫の底板に立てり。即ち取りて進(たてまつ)る。時に、天皇、適(よ)く寐(みね)せり。忽然にして寤めて曰はく、「予何ぞ若此(われかく)長眠しつるや」とのたまふ。尋ぎて毒に中(あた)りし士卒、悉くに復醒(また)めて起く。
> （坂本他校注，1994, pp.208-210）

　こうした記述は、病苦は神々の力によってもたらされるものであり、その治癒も神々の力を必要とすると考えられてきたことを示す。ニーチェ(Nietzsche, F. W.) は、古代ギリシアにおいて、「あらゆる病気、死すらも、呪術的作用の結果である。…(中略)…突然、雷に打たれた人間は、神が矢をもって彼を射たのである」と考えられ、そうした世界観の中で祭祀・儀礼に莫大な労力がかけられていた、と述べている (Nietzsche, 1875-1876, p.353)。古来、人々が祭祀・儀礼に莫大な労力・財、時には人命をかけていたことを思えば、呪術や神を信じていた時代に生きた人々にとって超自然的な力が関与する病苦や癒しの物語は、自分たちの生死にすらつながるように体験されていたで

あろう。ニーチェは、神話が描き出している世界は、古代ギリシア人にとっては「常に現実のうちに生き続けていた。ギリシア人は、神話的な眼を、明るい歴史時代に入ったのちも長く持ち続け、それによって彼らは神の顕現を、そして神話が依然として生き続けていることを信じていた」と述べている (Nietzsche, 1875-1876, p.485)。ニーチェがそうであるように、神話を研究する人々は、神話が"常に現実のうちに生き続けていた"、あるいは神話を信じる人々が神話という現実を"生きていた"ことをしばしば強調する。ケレーニー (Kerényi, K.) はユング (Jung, C. G.) との共著の中で、「神話が生きていた時代には、神話を身近に感じた人々のあいだでは、神話は一種の音楽のように歌われるだけではなかった。つまり神話は生きられていたのである」(Jung & Kerényi, 1951, p.19) と述べている。また、エリアーデ (Eliade, M.) は、神話が「実在にかかわるがゆえに」絶対的に真実であり、「人は想起もしくは再演されるできごとの神聖な、高揚させる力によって捉えられるという意味において、なんらかの方法で神話を『生きる』のである」と述べている (Eliade, 1963, p.24)。

　近現代の科学の発展に寄与した啓蒙思想や実証主義は、論理や科学の重視という新しい物語を生み出したが、そのために人間は、それ以外の多くの神話的な物語を、エリアーデが言うような意味で「生きる」ことが困難になった。論理的であることを理想とする価値観が、普遍的なもの、絶対的なものとして考えられるようになると、信じる人々にとっては生き生きとしていた神話的な物語は、迷信や妄執、読みものや研究対象としての伝説に姿を変えられてしまった。

　それでも、神話的な物語は、現在の心理療法につながる19世紀後半の力動精神医学の理論の中に生き続けていた。例えば、フロイトは、精神分析における重要な概念をエディプス・コンプレックスと名づけている。神託の運命から逃れられなかった英雄の悲劇的な神話に由来するこの名称は、「人生最初の性的な感情を母親に向け、最初の憎悪と暴力的な願望とを父親に向ける」(Freud, 1900, 上巻p.339) と説明されるよりも強く、エディプス・コンプレッ

クスの、人知を超えたどうしようもなさを印象づける。また、ユングは、神話のもつ「富とけたはずれの生命力」を重視し、人間は生きるために神話を必要とすると述べた。ユングは、近代精神が獲得した科学や技術の進歩をもたらす論理的な思考を「方向づけられた思考」とし、その方向づけられた思考によって失われていった、みずからの内にある生き生きとした神話的世界とのつながりを、空想や夢が取り戻してくれることを強調した (Jung, 1952, pp.10-37)。ユング以降、分析心理学の系譜に連なる心理臨床家は、空想・夢に現れる神話や伝承の物語を重視する。日本の心理臨床における物語の重視も、このユングの考えを一つの源流としている。

2.「物語という思考様式」

　20世紀に入ると、心理学は客観的な科学でなければならないという考えがアメリカを中心に盛んになった。精神分析や分析心理学などの臨床的な実践の中で神話が生き続けていた一方で、行動主義・新行動主義が提唱され、心理学においても、ユングの言う「方向づけられた思考」の占める割合が大きくなり、心の研究と生き生きとした物語世界とのつながりはさらに弱まっていった。1950年代に促進された人工知能の研究は、人間の心のはたらきとコンピュータの情報処理とを互いにモデルにすることによって認知科学の発展に貢献したが、それはますます、心のはたらきから物語を抜き去って残った、客観的であるとされるものを研究対象とすることになった。

　ブルーナー (Bruner, J. S.) がニュールック心理学の立場から主張し、その後さまざまな領域を席巻した、物語 (narrative) という概念の重視は、認知や行動の科学が削ぎ落としたものをもう一度心理学に取り戻そうとする動きであったと言える。ブルーナーが、「物語という思考様式 (narrative thinking)」を提唱したのは、因果的説明や予測性を理想としてきた実証主義科学の限界を超えるためであった。ブルーナーは認知作用としての思考には二つの様式があるとし、それぞれが経験を整序し、現実を構築する特徴的な仕方をもたら

すと述べた。論理－科学的な思考様式では、個別例を超えた一般的な命題や検証可能性、正確さが追求されるのに対し、もう一つの思考様式である「物語という様式」は、個別の経験を時間と場所の中に位置づけようとし、「みごとなストーリー、人の心をひきつけるドラマ、信ずるに足る（必ずしも「真実」ではないにしても）歴史的説明などをもたら」す (Bruner, 1986, pp.19-20)。また、ブルーナーは、物語が人生を模倣する仕方のことを指し示すミメーシスという概念を取り上げ、物語のもつ比喩の力にも注目している (Bruner, 1986, 1990)。

　物語がものごとの理解やコミュニケーションの様式として強い力をもつとするブルーナーの考えは、実証主義によって切り捨てられがちであった人間個人の語りに焦点を当てるものであり、その考えは認知心理学だけではなく、臨床的に人間に関わるさまざまな分野にも大きな影響を与えた。心理臨床における物語 (narrative) 的なアプローチの中にも、彼から強い影響を受けたと見られるものがある。例えば、家族療法においてホワイト (White, M.) とエプストン (Epston, D.) は、ブルーナーの言う「物語という思考様式」の文脈において治療することを提唱した。それは、経験したことを筋にしてつなぎ合わせ、多様な見方をするように奨励し、ストーリーを共同制作するという手法をとる (White & Epston, 1990)。このようなナラティヴ・アプローチの流れは、「現実は社会によって構成される」、「現実は言葉によって構成される」、「言語は物語によって組織化される」(野口，2005, p.23) とする社会構成主義を一つの拠り所としてさらに発展した。社会構成主義は、実証や科学的事実が唯一絶対のものであることを疑い、それらがほかの可能性を切り捨てていることを指摘する[*1] (Gergen, 1999)。この考えは、社会心理学者のガーゲン (Gergen, K. J.) を経て (Gergen, 1994, 1999)、ナラティヴ・セラピーに取り入れられた。このナラティヴ・セラピーでは、言葉は物語の形式をとることによって意味の一貫性とまとまりを獲得すると捉え、セラピストがもつ見解を一つの物語として相対化し、クライエントとセラピストが「新しい物語」を作り上げていく過程を重視する (野口，2005)。

セラピストの見解を物語として相対化する考えは、精神分析にも影響を及ぼすことになり、精神分析の内外から、フロイトの理論そのものを物語やメタファとみなす動きが出てくるようになった (Schafer, 1980; Spence, 1987)。フロイトをはじめとする精神分析家が提唱してきた理論を絶対的な真実とすることに疑問をもつこのような議論の中には、それらの理論が物語であるゆえに価値がないのではなく、物語と認識したうえで用いることの有効性を指摘しているものもある。例えばシェイファ (Schafer, R.) は、そうした理論の道筋に沿って分析者と被分析者が語りと語りなおしをすることが、現在なされている精神分析の物語であるとする。

　このように、ブルーナーに始まる一連の流れを概観すると、物語 (narrative) というものが、それまで偏重されてきた論理的・客観的な思考様式の対極にある、個別・主観を重んじた思考様式として扱われていることがわかる。それは、アメリカの心理学が次第に失っていった、個人のものの見方への関心を取り戻す動きでもあった。また、物語という考え方は、絶対的であるように見える専門家の理論も、一つの見方として相対化されうるという気づきを、心理療法の実践の中に持ち込んだ。このような考えは、心理療法の実践にあっては、専門的な知識や理論を当てはめてクライエントの話を解釈することに警鐘を鳴らすことにつながる。ブルーナーや社会構成主義の考え方が家族療法や精神分析の中に取り入れられていったのは、クライエントの語りを物語として聞くだけではなく、セラピストがクライエントの話の中に読みとる筋も物語であるという考えが心理臨床にとって重要な視点であったからではないかと考えられる。

3. 日本における心理臨床と物語

　日本の心理臨床において、物語の重要性を早くから指摘したのは、河合隼雄である。河合は、クライエントを理解するために神話や伝説の物語から示唆を得ること、クライエントの語りだけではなく夢・箱庭・描画表現などに

物語を見ていくこと、心理療法や人生の過程において人は物語を生きていると考えられることなど、さまざまな観点から心理臨床と物語を論じた。河合は、物語が、自と他、意識と無意識、人間と人間など、複数のもののあいだをつなぐ、関係づけるという役割を担うこと、また、個別的な体験は物語によってしか伝えられないということを指摘している。また、物語を創り出す中で個人の問題が全体的コンテキストの中に位置づけられ、それが治療につながるとした(河合, 1995, 2001a, 2001b, 2003)。心理療法の実践と研究にとって物語という視点が重要であるとする河合の考えは、以降の日本の心理臨床に大きな影響を与えた。

森岡正芳は、ブルーナーが注目したミメーシスという概念を心理臨床におけるキーワードとして取り入れ、面接を物語としてミメーシスされたものとして捉えた。また、物語は筋(プロット)を通じて複数のできごとがつなげられ、一つのまとまりをもって区切られるような言語形式であると定義し、物語の基本特性として、筋立て、体験を秩序立てていくパターンを二人のあいだで見つけていくこと、ミメーシスによる模倣・描写・像の豊かさにより可能世界を描けることなどを指摘した(森岡, 1999, 2002, 2004)。このような森岡の考えは、前述したナラティヴ・アプローチの考え方を基盤としている。

皆藤章は、物語を「複数の事象がつながって筋(plot)が生成されていく」(皆藤, 2010, p.8)ものであるとし、「ときに個人を超えることもある人間の体験過程の所産」(皆藤, 2008, p.41)であると定義した。皆藤は、物語を理解するという姿勢よりも、「物語を生きる」という姿勢によって、物語が「生きる心理療法」を支えるパラダイムとして位置づけられると述べた。「事例が客観性の土俵に載せられるとき、そこに生きるイメージやファンタジーは枯渇し事例は生命力を失っていく」「物語というパラダイムの心理療法における意味は、イメージやファンタジーの復権にあると考えることができる」(皆藤, 2008, p.40, p.43)という皆藤の言葉は、物語的思考という概念を打ち出して客観主義の限界を超えようとしたブルーナーの「意味の復権」(Bruner, 1990)の試みと重なる主張を含んでいる。しかし同時に、これらの言葉は、日本の

心理臨床において物語が、ブルーナーの言う思考や語りの様式という側面ではない、言語化（時には意識化さえ）されないイメージやファンタジーとの結びつきが強い側面をもつものとして重視されていることをも示している。

　これまで述べてきたことを振り返ると、立場は異なっていても、物語を重視する心理学者や心理臨床家には、あるできごとについて客観的に捉えるよりも個人（あるいはある集団）にとっての主観的な意味を見ていこうとする姿勢が共通していることがわかる。しかし、このように共通した姿勢をもちながらも、河合やその影響を受けた日本の心理臨床家たちの視点は、物語がイメージやファンタジーと密接に結びつき、時には元型的なイメージを賦活させるという側面を重視するという点で、ブルーナーや社会構成主義、家族療法の主張とは異なっている[*2]。物語のイメージ的、ファンタジー的側面を重視するこのような立場は、物語を通して、意識から切り離されていた無意識的な心の層からのメッセージや生命力を取り戻すことが心理臨床においては必要であると論じている。これは空想や神話についてのユングの考えを受け継いでいるものであり、こうした見解とナラティヴ・アプローチの影響とが混在している点が、日本の心理臨床における物語についての議論を特徴づけている。

4. narrative と story

　日本の心理臨床における物語をめぐる議論に関連して注目されるのが、日本語の"物語"という単語をどう英訳するのか[*3]ということである。これは、"物語"という概念の重要性をどのような立場から主張したいのかということと切り離せない問題である。

　ナラティヴ・セラピーという言葉があることからもわかるように、心理臨床の実践に物語を用いるという立場からは、"物語"はnarrativeであると捉えられることが多い。このnarrativeという言葉は、「具体的な出来事や経験を順序立てて語ったもの」を基本イメージとしている（野口, 2005）。また、

narrativeという言葉は、ブルーナーの主張や社会構成主義、それにつながるナラティヴ・アプローチなどの、物語を思考や認知の様式とみる考え方、ある見解を物語として相対化する考え方や、医療の領域において強調されるようになってきた物語という視点から医療を見なおすというnarrative based medicine (NBM)という姿勢を連想させる。

　一方で、"物語"をnarrativeというよりはstoryであると捉える考え方も少なくない。河合は、"物語"という日本語を英語に訳す時に何がいいかという問題に対して「ぴったりのことばがない」としながらも、「物語るという言葉を名詞にするとストーリーということになる」と述べている (河合, 1995, p.8)[*4]。また、高石恭子は、"物語"をstoryと捉えたうえで、narrativeを「現実を描写する物語」であり、「ファンタジーの物語と比べ、自我あるいは意識の関与が相対的に強い」のではないかと述べている (高石, 2001, p.31)。

　ここまでの議論をまとめると、"物語"の中でも、現実的な"語り"に近いものをnarrative、ファンタジーも含めた"お話"に近いものをstoryと捉えることが多いと考えられる。もちろん、両者のあいだには厳密な使い分けはなく、narrativeを前面に打ち出す立場においても、物語を表すのにstoryという言葉が用いられることもある。しかし、物語という言葉をまずnarrativeという概念で捉えるか、あるいはstoryに近いものを思い浮かべるかという問題は、言葉のニュアンスの違いだけではなく、その言葉を使う心理臨床家の立場や主張の違いを反映すると言える。

　このように、物語という概念をどのように捉えるかはさまざまであるが、いずれの立場でも、narrativeやstoryについて、次の二つの側面を強調することが多い。

　①個々の事象をつないで意味づけること
　　物語の重要性を主張する研究者が特に重視するのは、ある事象と事象とを結びつけ、時系列的に秩序を与え、筋立ててつなぎ、意味づけるというはたらきである。これをよく表しているのが、物語を「二つ以

上の出来事をむすびつけて筋立てる行為」というやまだようこの定義であり、やまだは、そうした物語行為の中で意味が発生するとした (やまだ, 2000, p.1)。また、心理臨床における物語の重要性を論じた河合も、物語の機能として、事象と事象、意識と無意識をつなぐことを強調している (河合, 2005)。

②他者とのあいだで表現され、共有されること

　心理療法における物語は、クライエントの語りだけでは完成せず、物語を聴きとるセラピストも参与する共同作業として見ることが必要であるという考えが、多くの立場に共通して見られる。したがって、クライエントの物語を聴くセラピストの役割や、物語を共有する両者の関係性が重視される。

特にstoryについては、「ストーリーは筋をもつ」(河合, 1995, p.8)、「物語(ストーリー)とは、最も簡単に定義すれば、2つ以上の事象を筋によって結びつけたもの」(高石, 2001, p.26)、複数の事柄が筋によってまとめられ意味づけられたストーリーを物語とする (やまだ, 2000) など、筋をもつ、つなぐという、前述の①の点がおもに論じられてきた。日本の心理臨床において、物語 (story) は「主体と客体、生命あるものとないもの、自と他、意識と無意識などなど…(中略)…『つなぐ』はたらきをするものとして重視され」(河合, 1995, p.311) てきたのである。

5. イメージの体験としての物語

　こうした数多くの"物語"に関する議論に目を通していくと、改めて、"物語"という言葉は何を意味するのかという疑問が浮かび上がってくる。言語的に表現されたものを物語とするのか、箱庭や絵画などの非言語的な表現に現れてくるイメージにも物語を見出すのか、表出されるか否かにかかわらず個人あるいは社会が無自覚的に抱いているファンタジーをも物語とするの

か、ということは立場によって異なり、それぞれの研究が対象としている物語とされるものは、必ずしも同じものであるとは言えない。"物語"という語の意味するものを広い範囲で考えるならば、そこには、構成度・表出の仕方・虚構性などの点で、異なったものが含まれることになるだろう。したがって、ある研究が対象としている、例えば"言語化された体験の物語"は、ほかの研究で扱われている"内的なイメージが表現された箱庭表現の物語"とは、なんらかの共通した要素をもちながらも、ある意味では互いに異なった次元に属するものであるということが起こってくる。ある立場から言えば、ほかの研究が扱っているものは"物語"という語の定義から外れているということになり、このことが物語についての臨床心理学的な議論を複雑にしていると言える。したがって、本書でも、"物語"という語で何を捉えようとしているのかを示しておく必要があるであろう。

　ここで、前項で紹介した、物語というものがもつとされてきた二つの特徴について、本当にそれが、筆者が物語であると考えているものにとって本質的なものであると言えるかどうか考えてみることにしたい。まず問題になることは、物語というものが、なんらかの表現がなされた時点で物語になるのか、それとも内的なイメージが動き出した時にすでに物語と言えるのか、ということである。前項の②で述べたように、物語は、言語的に、あるいは箱庭などの非言語的な手段を用いて、他者とのあいだで表現され、共有されるものであり、そのことが意味をもつと論じられることが多い。このことは、物語がなんらかの手段で外在化されたものであることを前提としている。しかしその一方で、心理学的に物語を扱う場合、ナラティヴであれストーリーであれ、物語の中には、明言されなくても個人が心の中にもっている、ものの見方やファンタジーが含まれるのは当然であり、それは多くの立場に共通している。そのファンタジーは、必ずしも言葉にされるものではない。例えば、ある一つのナラティヴが語られている時、聴き手は言語化されないファンタジーをも読みとることがあるかもしれない。その場合、もし語られたナラティヴがなかったとすれば、そこには物語はなかったのであろうか。筆者

は、何も語られなかったとしても、心の中でなんらかのイメージやファンタジーが動き出しているならば、そこに物語があると考える。クライエントが見る夢は、面接でセラピストに語られなかったとしても、物語としての機能をもっている。本書の第3章で扱う白昼夢も、人に話されず秘されることが多いが、夢見手の心の中では物語として体験されている。そして夢も白昼夢も、内容が荒唐無稽で整合性を欠き、一つの筋をもったストーリーとしては把握されないものが多くある。いわば論理的ではないこれらの物語に、前項の①で述べた"ある事象と事象とを結びつけ、時系列的に秩序を与え、筋立ててつなぎ、意味づける"という側面を求めることがどれほどできるであろうか。

　このように、筆者が物語であると考えるものは、他者に伝えるもの、筋をもつものという以前に、夢や白昼夢のように思い浮かべられた時のその瞬間に、その場でイメージとして体験されるものとしての側面をもっている。夜の夢や白昼夢は、当然ながら言語化した時点で物語が生じたのではなく、言語化する前に、快や不快、楽しい、怖い、哀しいなどの感情や強い思いを伴った体験としてすでにあったのである。このような物語のもつ、イメージの体験という側面については、桑原知子が注目している。桑原は、心理療法における物語について、筋立ててつなぐ機能を論じたのち、筋立てることのもつ別の側面について指摘した。あるストーリーとして筋をつけてつなぐということは、そのストーリー以外の可能性を「切る」ことである、という指摘はこれまでにもしばしばなされてきたが、桑原はこの点に言及したうえで、新たな試みとして「脱物語」「イメージとしての物語」という考えを提唱し、「ストーリーを追っていくことが難しい」夢のように荒唐無稽な劇の物語を紹介している。この論文では、「あまりにも筋立てがはっきりしているとわかりやすいものの、イメージの深みが失われる。あまりにもイメージが生きていると筋がよめない」ということが主張されている（桑原, 1992, p.63）。

　この問題は、物語が他者との関係の中で共有されるという前項②の考え方にも関係している。心理臨床の実践の場で、クライエントが言語によってセ

ラピストに伝えようとする物語は、ある程度は筋立てられることを試みられた物語であるから、それに耳を傾けるという共有の仕方で、時にセラピストがまた違った角度から筋を見つけて、理解を深めていくことは可能である。しかし、自戒も込めて言えば、物語を共有したつもりでも、言語化された物語の裏の、筋をつけるために切り捨てられた複数の枝葉の物語や、語られなかったイメージの体験も含めて、本当の意味で物語を共有することは少ないだろう。"物語を共有する"ということそのものがセラピストを酔わせる美しいファンタジーになってしまわないように、物語の奥にある理解しがたいような複雑さや生々しさについても考えておく必要があるだろう。

6. 物語 (tale) とは

　心理学における"物語"という概念を重視する流れは、近現代の「方向づけられた思考」によって徐々に削ぎ落とされつつあった、個人の心の多様さ、豊かさに再び焦点を当てる動きであったと言える。

　しかし、前項で述べたように、事象をつないで意味づけることや、他者とのあいだで表現され、共有されることを強調するこれまでの議論では、まだ、生き生きした物語の理解には足りないものがあるように思われる。もちろん、事象と事象、意識と無意識をつなぎ、意味のある筋をもつ物語が、人が生きていくうえで、また、心理臨床においてクライエントの語りを理解するうえで重要であることは、否定されるべきものではない。しかし、神話的な世界とのつながりをもっていた時代には、物語というものはおそらく、筋をもったお話 (story) とも、できごとの語り (narrative) とも違ったものであっただろう。神話的な世界の物語については次節でくわしく論じることにしたいが、現代でも、白昼夢の物語、プレイセラピーの中で子どもたちがくり広げる物語、クライエントの、時には矛盾に満ちた、整合性のある筋にまとまるとは限らないファンタジーもまた、story とも narrative とも違う、しかし確かに物語と呼べるものである。物語は、人が体験するイメージであり、筋が

必ずしもはっきりしておらず、うまく言語化して表現されないこともありうる。そうした物語は、時に、荒唐無稽さ、秩序の崩壊、矛盾を含んでいる。このような物語をいわゆるnarrativeや、筋立てるという意味を含んでしまうstoryと区別するために、本書ではこれを"物語(tale)"とした。このtaleという言葉は、storyやnarrativeよりも堅苦しい言葉であるが、fairy taleやfolk tale、tall taleという表現があることからもわかるように、架空の物語や伝承、ばかばかしい作り話などを示すものでもあり、その意味で、storyやnarrativeよりも本書で扱われる物語に近い。本書では、つながない、筋立てない、他者とのあいだで積極的に外在化され共有されるわけではないものも含めて、物語(tale)を心にもつこととはどのような体験であるのか、それは臨床心理学的にどのような意味があると考えられるのかを、調査の結果や、事例をもとに検討していくことにしたい。

しかし、その前にまず、筆者の物語についての主張をよりわかりやすくするため、レヴィ=ブリュール(Lévy-Bruhl, L.)の『原始神話学』を臨床心理学的な視点から読みながら、矛盾や曖昧さ、荒唐無稽さを含んだ物語のもつ意味について論じておきたい。

第2節　矛盾、曖昧さ、荒唐無稽さを含んだ物語

1.『原始神話学』について

レヴィ=ブリュールは『原始神話学』を、次のような言葉で締めくくっている。

> そしてわたし自身
> 「驢馬の皮」の話を聞かせてくれるなら、
> ひじょうに喜ぶことであろうに。(Lévy-Bruhl, 1935, p.298)

「驢馬の皮」という言葉でレヴィ＝ブリュールが示しているのは、曖昧で矛盾に満ちた原始神話や、その名残を残す荒唐無稽さを含んだ物語のことである。学問的な著作の締めくくりとしてはまるで論理的ではないこの言葉は、文献からの推論や概念的な思考で構成された世界から、人間が"わたし自身が〜と感じる"という思いとともに生きている世界に、読む者を引き戻すためにあるかのようである。理屈を超えた体験的な主観の力強さが、ここで示されている。

　レヴィ＝ブリュール (1857 1936) は、フランスの哲学者・社会学者である。彼が提唱した「前論理」「融即」(participationというこの言葉は、『原始神話学』の邦訳では"分有"とされている) という概念は、『原始神話学』に先立って著された『未開社会の思惟』の中ですでにくわしく論じられている (Lévy-Bruhl, 1910)。レヴィ＝ブリュールは、未開社会においては、前後関係の順序や論理的な因果律にしたがってではなく、「神秘的な内部関係の共同根柢」によって現象どうしが結びつけられているとし、「それは反論理的でもなければ無論理的でもない。それを前論理的と呼ぶとき、私は我々の考え方のように何よりも先ず矛盾を避けるように強制されることはないと意味させたいだけである」と述べる。"文明社会の論理的な因果律"と"未開社会の前論理的な融即律"を対比させるこの考え方は、文化人類学者などから、原始心性を現代人の心性から排他的に区別すべきではないという批判を受けた。

　これらの心性が二分されるものではなく連続したものであるという批判は、現代社会において人々が必ずしも論理的であるわけではないことを考えれば、もっともなことであろう。しかし、『未開社会の思惟』や『原始神話学』を読むと、「融即 (分有) 律」「前論理的心性」を提唱したレヴィ＝ブリュールの主要な意図が、西洋文明と未開社会のあいだに差別的な一線を設けることにあったとは思われない。ここで注目されるのは、彼が、『原始文化』(Tylor, 1891) に代表されるイギリス人類学派の研究に対して、彼ら自身の考え方に方向づけられた独断的な説明を原始的な人々に押しつけているとして批判的態度を示していることである。つまり、レヴィ＝ブリュールが自身の原始心

性論で示したかったことは、西洋文明の基準で未開社会を判断するのはその社会の現実に則していないということなのである。文明／未開を区別したというよりも、研究者が属する文化にとってもっともらしく思える一つの軸で現象を理解しようとしてはならないことを主張したと言える。

『原始神話学』では、古典神話や民俗学的な説話とは異なる、神秘的存在が生き生きと感じられている物語への了解をめぐって、以上に述べたレヴィーブリュールの姿勢が、『未開社会の思惟』よりもよく示されている。

2. 原始神話の特徴

『原始神話学』では原始神話の特徴としてまず、それらが古典神話のように体系的にまとめ上げられておらず、一般に不完全で断片的で、整理を欠いており、相互間に矛盾を生じるのを避けられないことが挙げられている。原始神話の語り手は、それらの矛盾には気づかないことも多く、気づいたとしても無関心であり、「彼らはみな神話を心底から信じ、この方面にはほとんど論理的な要求を抱いていない」(Lévy-Bruhl, 1935, p.5)のである。

これに続いて、原始的な部族のあいだで用いられる表象が概念には還元できず、「悟性では了解されがたい」曖昧さや荒唐無稽さをもつことが多くの例を挙げて語られる。おそらく近現代的な悟性にとって理解されがたいであろう興味深い一例を挙げると、パプアのドブ族が性別・年齢を問わず部族の人間に対して用いる「トモト」という言葉は、白人には用いられないが、ヤム芋には用いられる。「トモト(人間的であるもの)」は、「人間」という概念と同じではない。それは「ドブ島の住民に共通した分有の総体」を含んだ複合的な意味をもつ。神話期から時空間を共有し、神秘的な力を分け合う部族に属するものの中に、ヤム芋は入るが白人はそうではない。このように、近現代の論理的思考ではまったく別のカテゴリに属するものどうしが意味を分け合い、複合を形成する。原始神話でも、事物や現象がそのような複合で捉えられており、神話的祖先、超自然的存在、動植物、土地、その他のさまざ

な事物・現象が、人間が存在することに時空間を超えて前論理的に結びつく。そのために、そこで用いられている言葉を明確な概念で捉えることが困難になる。「われわれが別箇であるとみなす習慣のあるもの、すなわち因果律または生産性、親縁性、時間および空間の中における位置などの関係が緊密に結合、あるいは一緒に溶け合ってさえいる」(p.51)とレヴィ-ブリュールは述べる。

例えば、原始神話では、動物と人間は容易に同化する。

> この同化は甚だ自然に行なわれ、たびたび説明なしにすまされている。神話が人間を語っているかと思うと、突然に、話の途中でカンガルーになったり、その逆が行われたりする。…(中略)…『カルビに二羽の鷲が棲んでいた…。彼らは高い岩の上に巣をつくっていた。またこの巣には二羽の小鷲がいて、これらを年とった鷲どもは、ワラビの肉で育てていた。ある日、年とった二羽の鷲はすまいから遥か遠くへ飛んで行って、そしてエリチャクワタに着いた…そこで灰色のカンガルーを槍で突き殺した。』これらの年とった鷲どもは、それでは人間であったのだろうか、いつ彼らは人間の姿をとったのだろう。神話はそこのところをはっきりとさせる必要を認めていない。(pp.62-63)

このように、『原始神話学』では、神話における人間と動物、事象と事象の同化や変転がしばしば強調される。このことから、レヴィ-ブリュールが原始神話に語られる神秘的存在を、固定化されない、流動的な生々しいものとして捉えていることがわかるだろう。

原始神話を「論理的な枠内」に押し込められないようにする矛盾や曖昧さは、タイラー(Tylor, E. B.)などのイギリス人類学派の見解によれば、人々は現象の説明として神話を考え出すが、論理的な能力の弱さのために混乱をこした結果であると受けとられる。レヴィ-ブリュールはこのような考え方に対し、論理を志向する「われわれの精神の方向」を原始心性に当てはめる

理解であると批判し、「わたしには逆に、その世界は彼らではそのまま所与であるように思われる」と述べる。彼は、説明としての神話を否定しないが、以下のように主張する。

> この神話的世界は彼らにとっては、夢なり、不思議な異常なものなり、出来事なりなどによって啓示された直接的な現実であって、彼らはそこに普通経験の世界で与えられたものをどう説明するか求める。(p.32)

これは、現象の稚拙で不充分な論理的説明として原始神話が生み出されるという考え方ではすべてを理解できず、実際の経験（そこには夢や超常的な体験も含まれる）から神秘的存在が疑いもない現実であるとする確信がまずあり、それによって現象が理解されると考えられる、ということであろう。前者が原始神話を因果律的な推論の挫折であるとするのに対し、後者は、原始神話は矛盾や曖昧さのない因果関係や論理性を追求することにはそもそも関心が向けられていないとするものである。

　そのような前論理的無関心は、幼稚さや能力の低さを意味するものではない。すでに神話を絶えず身近に感じている人々にとっては、それが現実であるという以上の説明を必要としないということなのである。原始神話をもつ人々にとっては、神話的世界は、いつでも現世界に影響しているものである。レヴィ-ブリュールは、

> 神話上の祖先や英雄、半人半動物は、精神を楽しませ、恐れさせ、あるいは悦ばせるための作り物ではない。それは、過去に存在し、現在もなお存在している存在であり、現世界にあってわれわれを取巻く実在の何にもまして、さらに深くさらに本質的な実在である。(p.74)

と述べ、原始神話は空想的な説話ではないとする。原始神話を信じる人々は、神話の世界と自分たちの現世界が異なっているという認識をもっているが、

現世界にあるものは神話の世界のもつ力を分け与えられており、それが彼らの現世界に影響を与える、とレヴィ-ブリュールは論じている。神話は、土地・動植物・人々の生活とつながりをもったもう一つの世界であり、それを信じている人々にとっては疑いなくリアリティをもつものであると言える。

3. 神秘的な力の分有

　これまで述べてきたように、原始神話では、神話の中の神秘的祖先や超自然的存在が、人間や動植物、土地、その他人間が存在することに関わるさまざまな事物・現象と、時空間を超え、因果関係や論理的なカテゴリを無視して前論理的に結びつく。その結びつけられた複合の中で、意味や神秘的な力が分けもたれる、つまり分有（融即）されることになる。

　人間もまた、神話を語り、演じることで、神話的な存在と和合し、その存在と同じ力が分有され、現世界でのできごとに影響を与えられるようになる。神話を語ることや祭儀で神話を演じることは、模倣することによって神秘的存在の力を分有することである。このことを、神秘的存在に祈ってその力を借りるという程度に理解するのは、単純に過ぎるようである。分有することの中に含まれている、意識されないほどその社会を支配している"存在の分かち合い"、つまり無意識的同一化の側面がここで重要となってくる。神話の英雄の名前を所有することや、行為を完全に模倣することで、呪術をおこなう者は、神秘的な存在に祈るのではなく、その存在と同一化し、みずからがその存在となって神秘的な力を得る。

　このように、現在生きている人間が神話的祖先である英雄を先例として模倣し、そのことが現実に影響を与えると信じられている。神話的祖先が神話期におこなったさまざまな行為とその結果は、利害に関係なく現実の人間に分有され、模倣されざるを得ない。その例として、レヴィ-ブリュールは次のような神話を挙げている。

> ある人のよい婆さんが死んだ。しかし彼女は埋められた穴から、ひそかに墓を抜け出した。そうして、子供に言った。『少し火をさがして来ておくれ、身体を温めたいから。』
> 子供は火をさがしに行くのを拒む。…(中略)…こうして婆さんはまた死んでしまった。(p.173)

　この神話では、彼女の子どもが言いつけに従わなかったために彼女は不死を失い、そのことが死の起源であるとされている。これを、人間が死ななければならなくなった原因が子どもの不服従に帰されている物語であるとするのは、原始神話の分有の力を無視した解釈であろう。あらゆる人間が死ななければならなくなった真の原因は、神話で語られた子どもの行為ではなく、神話的世界で起こったできごとの分有であって、そのために老婆よりのちに生きる人間は彼女を模倣して死ななければならない。「神話はこの分有によってしか、その意味をなさない」(Lévy-Bruhl, 1935, p.174) のである。事物や現象への共感による呪術にも、神話的祖先の行為と同じように、模倣することによる分有の要素が含まれる。雨乞いの儀式においては、雨はすでにほとんど降っているという状況を実演することで雨に暗示のようにはたらきかけると信じられる。モデルが事象を導くのである。

　『原始神話学』に挙げられているさまざまな例を読むと、分有の力を得るために模倣するのか、分有があるために模倣させられているのかわからなくなってくるが、これも因果論的な考え方から生じる疑問であろう。人間が神話的祖先の先例や神秘的存在を模倣によって分有することが所与であるとすれば、模倣する／させられるは明確にならず、人間は神話期からそうするものと決まっているとしか言いようがなくなる。『原始神話学』では以下のように述べられている。

> われわれの経験科学がなすように、現象の連鎖に執着すると、原因と結果のつながりは高いところから低いところまで無限に続く。人はい

> つまでもある二次的原因から二次的原因へ遡ろうと試みることができる。しかし、ある神話が、今日存在するものはどうして前時間の時期に存在したものの〈再生された〉ものであるかを教え、その存在理由をこの〈模倣＝分有〉にあるとすれば、それ以上何を求めることができよう。…(中略)…神話はわれわれが超絶対あるいは形而上学的と呼ぶであろうような理由を与える。しかし、当然、神話は決してこの理由を特殊でまたは具体的な用語でしか現わさないし、また物語の形態でしか現わさない。(p.183)

4. 原始神話の消滅と痕跡

　そうして現された原始神話という物語によって、病気の治療もおこなわれる。病気を克服するにあたって、神話が語られ、神秘的な動物の力や最初に病気をもった神話的祖先など、超自然的な世界の力が分有される。原始神話が、想像の産物ではなく、人間の幸福、時には生存そのものに重大な影響をもつものであると考えられていたことがわかる。それだけに、集団は外部に対して神話の秘密を守っただけではなく、集団内でも選ばれた者のみが知る神話もあった。神話にふさわしい継承者がいないと、その神話の秘密は、それを知る最後の者とともに葬られ、原始神話は消滅してしまう。

　また、宗教的な信念が徐々に形づくられ、固有の礼拝が組織立てられると、曖昧さや矛盾は整理され、"原始"神話ではなく、体系化された宗教や古代神話となっていく。矛盾に満ちた荒唐無稽な物語は、神聖さを失って秘される必要がなくなり、一般の人々にも語られる伝説・俗話・説話となる。神聖な原始神話から通俗的な物語への移行は、人々が気づかないうちに起こる。伝説・俗話は、原始神話の物語の内容とそれほど相違がない場合でも、生き生きとした真実性や、現実にまで影響するほどの分有の力をもっているかどうかという点で、原始神話とは異なっている。そのために、ある部族にとっては神話である物語が、近隣の部族にとっては通俗の説話となっているとい

うことが生じうる。

　このようにして消滅していった原始的な神話の痕跡が、根強く残りながらも、その意味がわからなくなっていることもある。その例として、レヴィ＝ブリュールは、世界中のすでに構成された宗教の中に半人・半動物の神々がいることを挙げる。

> 伝統は執拗にこれらの混合像を幾世紀にもわたって維持しようとした。神話とともに、半人・半動物の祖先の信念を維持した時代には、これらの像の意味は明瞭であった。前・宗教が固有の宗教や礼拝に位置を譲るにつれて、それは徐々に曖昧になる。ついに、これらの像は、もはや常識の眼からすると奇怪または滑稽な謎でしかなくなってしまう。
> (Lévy-Bruhl, 1935, pp.216-217)

　俗話や、構造化された神々の伝説になっても、神話期の分有の名残である、事物がさまざまな形態に変わりうる流動性は失われていない。説話や伝説には、動物であり人間である存在の物語や、皮を取り替えて変形する人間の物語がある。レヴィ＝ブリュールはこのような類の説話が民俗学的に数多く採取されていることを示したのち、説話ではなく、実際に起こった、目撃された事実として荒唐無稽なできごとが語られる例をいくつか挙げている。

> ある役所の傭人が、一腹のみごとな仔を生んだばかりの牝犬を持っていた。…(中略)…彼は隣室の椅子の下にハイエナが一匹隠れているのを見つけた。もちろん、彼は銃を持ってくるように叫んだ。ところが、彼の驚いたことに、ハイエナは、自分は人間の女で、ハイエナではない、どうか撃たないでくれと訴えた。その間に数人が、騒ぎを聞きつけて駆けつけてきて、潜んだところから出てくるハイエナ＝女を目撃した。それは頭から股の上までは人間の女で、股はハイエナであった。皆は非常に恐れをなし、巡査を呼んだ。女はキムブングからきたもので、夜

> になるとハイエナに姿を変える力を持つこと、傭人の牝犬がよく肥った犬の仔を生んだという噂を聞いたので着物を脱ぎ捨てて、ハイエナになってその家までとんできたことなどを説明した。…(中略)…この光景を目撃したものは30人ほどいて、その多くは教育を受け、表面上はキリスト教徒であった。しかも、そのすべての者が、ただ一人の人間のように、半分はハイエナで半分は人間の女の存在を見たということを固く信じているのである。通りかかったあるヨーロッパ人は、裸の女のほか何も見なかったという事実も、彼らのそうした確信をまったく揺るがすことはできなかった。(pp.263-264)

　説話の内容をまだ信じている人々にとっては、人間がハイエナに変わる事件を目撃することも日常的にありえないことではない。このことは、説話が徐々に真実性を失ってきている、「比較的に進んだ社会」でも、驚くべき信念は完全に失われているわけではないことを示していると言えるだろう。
　また、童話に出てくるような動物や事象の荒唐無稽な流動性、つまり原始神話の名残は、地域・時代を問わず、至るところに見られる。赤ずきんの狼も、長靴をはいたネコも、動物であり人間である。シンデレラの物語では、カボチャが馬車に、ネズミが馬や御者に変わり、真夜中に元に戻る。

> これらの俗話は、知られている通り古い時代に始まるものであるが、今に至っても亡びようとしていない。他の点では、きわめて相違する時代や文化を持ちながら、こうした共通の要素を持つことの深い意味を閑却するのは誤りであろう。宗教的信念、社会構造、人口の密度、経済生活、対外関係、芸術と科学との進歩、これらのあらゆる面、なおまたその他の面で、われわれの社会と原始的と呼ばれる社会との隔りは絶えず増大している。ところが、民俗学は、その本質的特徴は、至るところ相似のままである。(p.293)

西ヨーロッパ諸社会の民俗学的な説話の中にも荒唐無稽で不条理でさえあるものがあるが、そうした物語の中に、神秘的な傾向や、分有がはたらく時の矛盾に対する無関心を読むことができるのである。このような説話の中の、概念が曖昧で人間と動物が容易に入れ替わる流動的な世界は、もはや経験の中に含まれた真実ではなく、今では「空想の王国」であって、経験された現実の一部ではなくなった。論理的に方向づけられた精神は、流動的な世界の矛盾と相容れないのである。

　今ではこうした「作り話」は信じられないが、その一方で、「われわれのうちで、これらの話の魅力に無感覚なものはほとんどいない。…(中略)…それらのもたらすものは、他の何物からも求められないであろうことを、皆は本能的に感じる」(p.294)。この魅力はどこからくるのであろうか。レヴィ-ブリュールは、かつて世界中で原始神話が真実の物語として信じられていたならば、説話が根強く人々に好まれることもさして不思議ではないと述べる。ここで注目されるのは、彼が"なぜ原始的な人々は空想的な物語を信じるのか"ではなくて、"なぜわれわれはすでに長いあいだそれを信じなくなっているのか"を説明すべき問題と考えていることである。早くも古代から始まっていた合理的であろうとする文化は、原始的な心性と精神を「絶縁」させていったが、それは数世紀にわたる努力を必要とした。そこまで努力して論理的であろうとすることを、世界中が一様に目指しているわけではないと彼は述べる。明言されていないが、ここに、論理的であるか否かを基準に社会の発展を考えるタイラーらへの批判が示されているように思われる。論理性への志向は、一部の社会の価値観に過ぎず、普遍的なものではないのである。

　『原始神話学』の最後の数ページを読むと、人間にとって、論理的、合理的であろうとすることのほうが不自然なのではないかと思われてくる。論理を追求しようとすれば、絶えず人間の心に、拘束や抑制といった「一種の暴力を加えなくてはならない」(p.297)。現実が合理的であらねばならないのと同様に、小説や劇などの虚構の世界の多くも、現実の物理的な可能性や論理

的に真実らしく考えられることに矛盾することができない。

　しかし、民俗学的な説話は、そうした矛盾を意に介さない。説話のもつ魅力の深い理由はここにあるとレヴィ-ブリュールは考えている。物語に耳を傾けるあいだは、抑制が外れ、合理的な態度をとらなくてもよくなり、そのことが弛緩をもたらす。それは、祖先の見た流動的な世界を垣間見ることである。「それらをつくった心性から、どのようにわれわれが遠ざかっていると信じようとも、その光景はわれわれを捉え、われわれを離さない」(p.297)。近現代においても、人間は、荒唐無稽な物語に魅力を感じ、時にはそれを必要とする。そうした物語がもたらす弛緩と「心の底からの快さ」にレヴィ-ブリュールが言及していることは、物語のもつ癒しということを考えるうえで示唆に富んでいるのではないかと思われる。

5. レヴィ-ブリュールの姿勢

　『原始神話学』の全体を通して印象深いのは、レヴィ-ブリュール自身のものごとの捉え方、姿勢である。神話をもつ人々の心性を扱った研究であるが、神話の内容の象徴的な理解よりも、内容に含まれる矛盾、言葉の曖昧さや筋の荒唐無稽さなど、神話の語られ方に重点が置かれている。

　論理的であるか否かという価値観で社会や人間を判断することには限界がある。むしろ、その価値観をもつ社会のほうが例外的であるのかもしれないとして、みずからの属する文化の基準を相対化して眺める視点が、彼の研究を特徴づけている。概念にならない曖昧で複合的な観念、矛盾に満ちた荒唐無稽な原始神話を、「われわれの慣れた方法」で論理の枠に押し込めたり寸断したりして理解することに、彼はくり返し反対を表明する。『未開社会の思惟』が著された段階では、中国などの東洋の「恐るべき出鱈目」さの意味を把握できず否定的な見解を示すなど、論理的ではないことに彼のまなざしが沿いきれない趣があったが、『原始神話学』では荒唐無稽な物語を信じる人々とできるだけ同じ視点から現象を見ようとする、共感的な記述が多く

なっている。

　前述した、鷲がカンガルーを槍で突く原始神話を、多くの動物説話のように、鷲が変身して人間となったという筋を当てはめる、あるいは鷲が擬人化されていると理解することは可能であり、多くの人が知らず知らずのうちにそのように物語を理解するかもしれない。しかし、それは「われわれの慣れた方法」にしたがって、物語の本質を曲げてしまうことである。物語をそのままに受けとれば、この槍を持った神秘的な存在は鷲でもあり人間でもある。鷲と人間という二つの矛盾したあり方のあいだをつなぐ変身のストーリーも、擬人化という理解も必要ない。もし人間・動植物・事物・現象が力や意味を分有し合っている世界が信じられていたとすれば、一見荒唐無稽に見える神秘的存在は、説話的にはもっともらしい"鷲が変身した人間"や"擬人化された鷲"よりも、荒唐無稽だからこそ世界との分有が感じられ、どこかその辺りを歩いていそうな生きた人間と同様の、真実らしい生々しさをもつのかもしれない。"神話を信じる人々にとって真実らしく思われるであろうこと"がそのような生々しさをもつことを、レヴィ-ブリュール自身"感じて"いるようである。曖昧さや荒唐無稽さを了解するためには「超自然的で神話的な実在を前にして、原始人の恒常的態度を知ることに努め、複合をあるがままに捉えて、強いて分析しようとしないで、どのようにして彼らが超自然的なものの情的範疇に関係しているのかを〈感ずる〉」という「欠きえない努力」が必要である (Lévy-Bruhl, 1935, pp.27-28) という言葉に、彼が人間や社会の本質に迫ろうとする時の態度が示されているように思われる。

　そのように、感じよう、了解しようとする姿勢をもちながら、またその一方で彼は、了解できると考えてしまうことにも慎重である。このことは、「インディアンがある種の動物との間にあると想像している、というよりは〈感じ〉ている分有を了解させるのに——われわれは決して完全に了解しうるなどと誇張するものではないが——」(p.252) などの記述の端々にうかがわれる。『未開社会の思惟』に記されている言葉を借りれば、対象を安易に理解しようとする研究者の企てについて、「うまく行ったと思ったとき、矢は的

を外れているものだ」(Lévy-Bruhl, 1910, 下巻p.157) ということになる。

『原始神話学』は心理学者に向けて書かれた著作ではないが、そこに示されたレヴィ－ブリュールの姿勢は、人間の心という目に見えないものを対象とする心理学の研究者や、クライエントの話に耳を傾ける心理臨床家の姿勢と通底するように思われる。あるがままに捉えること、無理に分析しようとしないこと、感じることへの努力、容易に了解できると考えないこと、これらはどれをとっても、人間と人間が向き合う際になおざりにすることのできない重要な要素であろう。

文化も、個々の人間も、ある成熟の形を念頭に置いた発達の軸で捉えるには限界がある。みずからが慣れ親しんだ理解を他者に押しつけたのでは誤った結論に導かれることになる。『原始神話学』の議論の底流に常にあるレヴィ－ブリュールの信念は、クライエントの語りを聴く、あるいは作品を眺める筆者自身の姿勢を省みた時に、決して軽んじることのできない戒めを含んだものとして思い起こされる。

6. 見失われたミュートス

感じるように原始神話を（不充分であっても）了解することは、可能な限り、語り手と同じ水平にまで視点を揃えて見ようとすることである。それは、神話を語った人々がその物語を信じていることを信じることにつながる。『原始神話学』では、神話が信じられている社会では、それは人々を楽しませる物語ではなく、現実に起こったこと、それも現世界の人間も含めた事物のあり方に関わる問題を含んだできごととして語られるとくり返し主張する。

これは、原始神話がただ信じられていた、ということと同じではない。神話への信任を、レヴィ－ブリュールはニューヨークの火事のニュースに喩えて説明している。災害のニュースを耳にした時、その場を見ていない人々でも、それがどんな重大な結果をもたらしたのか、現実のできごととしてある程度は経験的に推測でき、また、ニュースが伝えている災害が本当に起こっ

たかどうか、通常は疑ったりしない。現代社会で、ニュースをそのように受けとることを盲信であると非難されることはほとんどないだろう。もし神話が語り手にとって直接的な現実であるというレヴィ-ブリュールの主張を前提とするなら、神話の語り手・聞き手たちは"現実にありもしない神話を盲目的に信じている"のではなく、"神話から現実に何が起こったか経験的に推測でき、内容を疑ってみようとしない"のである。レヴィ-ブリュールは「その世界は所与である」と表現する。神秘的なもの、現実の人間・動植物・事物・現象などが複雑に影響を及ぼし合う流動的な世界は、最初からある疑いえないものなのである。

『原始神話学』の中で挙げられている神秘的な方法を用いての治療の例は、エレンベルガーが力動精神医学の遠祖として位置づけた原始治療や宗教的な儀式 (Ellenberger, 1970) を思い起こさせる。エレンベルガーの挙げた数々の例をはじめ、第1節第1項で紹介した『エベルス・パピルス』や『アタルヴァ・ヴェーダ』などは、心身が抱える病いとその治療・治癒について、近代科学的な見解からすると荒唐無稽と言える、レヴィ-ブリュールの言う前論理的な物語を、世界中でさまざまな地域の人々が、長くもち続けてきたことを示している。エレンベルガーが記しているように、原始療法から近現代の力動論に至るまで、治療される側とする側の双方がある治療の物語を信じることが、その物語の内容云々以前に、治癒へと向かうために不可欠な要素である。呪術や祓魔術、メスメリズム、催眠術によって実際に治癒した事例が報告されてきたのは、その中に意識的／無意識的欺瞞が含まれるにしても、おもに治療者と被治療者とが、その物語の中に自分たちがいることに気づかないほどに、同じ物語を信じ没頭していたことが治癒につながったためであると考えられる。そうであるならば、神話の力は、人々がその物語を真に信じることから生じたと考えられる。それは、『原始神話学』で強調されている、さまざまなものが分有され合った流動的な世界の中で発揮される力であると言える。このように、神話は、かつては現実として信じられ、力をもっていた。しかし、論理的であることに価値観を置きはじめた一部の文化によって、長

い時間をかけて神話は真実らしさを失っていった、とレヴィ－ブリュールは述べる。

　近現代を生きる人々が知ることのできる神話は、その多くが、ホメロス（Homēros）などの詩人が芸術にまで高めた神話的題材や、『古事記』や『日本書紀』などのように体系化された古典の中にある。多くの現代人にとって、呪術や神などの超自然的な力によって与えられる病苦や癒しの物語は、書物の中に印刷され、読まれる神話や伝承にすぎない。大山泰宏は、

> 神話とは、単に人格化された神々の物語や英雄譚のことではない。正確にはギリシア語のミュトス（mythos）と言ったほうがよいかもしれない。…（中略）…無文字の口承の時代、人々は自分たちや世界の始源の物語を語り継いでいった。自分たちの根拠や祖霊とのつながりを断ち切らぬよう、注意深く反復され伝えられてきた。こうした神話は太古からの物語として語り継がれる一方で、口承の必然として、あるいは語られる時の必然的な布置や部族の集団的な無意識を引き受けながら、そのときどきの新たな要素や変容を加え生まれ変わってきた。…（中略）…しかし、そうしたミュトスが文字によって書き留められテクストとなると、それは途端に硬化し、その生成の力を失ってしまう。（大山, 2004, p.117）

と述べている。ミュートス（ミュトス）は神話・伝承・伝説という意味で用いられることもあるが、ここで言われているミュートスとは、「それぞれの民族が、自分たちの生命や世界の起源を物語で表現しようとすること」である。神話は人の心を惹きつける魅力があり、創造の源泉となることが多いが、大山の言うように、テクストの創造は神話を硬化させることになる。「原始人にとって恵まれた経験であるものは、われわれにとっては死文のままでいるものである」（Lévy-Bruhl, 1935, p.187）というレヴィ－ブリュールの嘆きの通り、『原始神話学』の中で描き出されているような流動的な世界を体験的に

感じることは、近現代の論理に慣れた人間の多くにはできなくなっている。大山はこれを「ミュトスの喪失」であると述べる。

しかし、ミュートスはいくら否定してもロゴス（論理）の中に紛れ込んでくる。論理的なことが重視される現代でも、オカルト現象や都市伝説が好まれ、新興宗教が生まれ、"〜神話"と言われる必ずしも合理的ではない信念が社会に広がることがある。科学や論理を信じることでさえ、一つの神話として捉えられるであろう。何かを信奉し、無意識的にその世界観に染まっていることの中に現代のミュートスがあると言うことができる。例えば、人間はロゴスを志向するはずだという無意識的な信念を現代社会全体がもっているとすれば、その信念そのものが、前論理的なミュートスを逆説的に示しているのかもしれない。ミュートスは喪失されたのではなく、ロゴスの中に見失われているのではないだろうか。ミュートスのもつ分有の力は、人々に対して魅力と癒しをもたらすが、それと同時に、無意識的な同一化による、ある種の危うさがある。ミュートスがロゴスの皮を被って見失われているのであれば、それのもつ魅力と癒し、そしてその危うさもまた、見失われがちであるかもしれない。

7. 物語がもたらす癒し

人間と動植物が分有によって結ばれている原始神話に考えを戻そう。原始神話を比較的受け入れやすい筋に則って変身や擬人化のストーリーとして聴くことは、その物語の理解を助ける一方で、そのような筋では理解されない、動物でもあり人間でもある生々しい神秘的存在のイメージを損なってしまう。原始神話にとってまず大切なのは、世界に強い影響を与えると信じられている存在とその力をイメージとして捉えることであり、筋立てて説明することではない。

前節で述べたように、筋立てて説明することは、心理学において、物語ることのもつ大きな意味であるとされてきた。しかし、原始神話のような、筋

立てることが重視されないものから、物語がもつ別の側面も見えてくる。レヴィ－ブリュールは、「説明すべきものの中に、超自然界の力の働きの存在を〈感じ〉、〈認め〉ているのであるから、はたして物語すなわち神話以外の形式をとることができたであろうか」(Lévy-Bruhl, 1935, p.181)と述べている。このことは、語り手にとって物語が感じられ、認められている現実であると同時に、聴き手にとってもそのようであるように期待されることを暗に示している。つまり、前論理的な物語の中の事象と事象、語り手と聴き手をつなぐものは、必ずしも筋ではなくて、分有の力がはたらく世界に包まれていることなのである。

この"形式"で充分満足できず、さらに探索を進めようとする（つまり物語の整合性に疑問を抱いて語り手を追及する）と、「その執拗さは不穏当で無作法」(p.60)であり、一種の不敬虔、冒瀆とさえ語り手には感じられることもある。また、荒唐無稽な物語の真実性を疑うことは、「われわれの態度、習慣、心的志向を、彼らに当てはめようとする」ことに由来するとレヴィ－ブリュールは述べる。

> まさにわれわれは、彼らの心性の意味に入り込もうとの努力をしないで、長い世紀を費やして発展した批評精神や論理的要求を持つ現在のわれわれなみに、よく考えもしないでそれらを推測するがままにしているのである…(中略)…物語の真実について言っているものを、われわれは、おそらく彼らはわれわれの質問を了解しないのではあるまいかとか、彼らの答えは真面目でないとか信じるよりほか知らないほどに歪曲する。しかし、つとめて忍耐強く努力して、真に彼らの考え方に入ることが必要である。彼らの心的態度をわれわれの心的態度のモデルで想像する代わりに、彼らの言語や行動の中に現れているがままに、それを解放することである。(pp.279-280)

これを心理臨床に置き換えれば、クライエントがみずからの物語を表現す

る時、たとえ矛盾や曖昧さを孕んでいても、それが物語の真実であり、強いて論理的なストーリーとして了解しようとしないこと、クライエントの常日頃の体験と物語がどのように結びついているのかを感じとる努力をすることが、心理臨床には欠かせない態度であり、そうでなければ心理臨床家は不穏当で無作法な聴き手になりかねない、と言えるだろう。

　論理を志向する現代社会の中に生きる人間である以上、クライエントが自分の体験を一つのストーリーにしていくことは、その人自身を人生の納得いかなさから守るためには必要なことであろう。しかし、本当に信じられる物語は、ミュートスの領域のものである。人生についてのストーリーを更新し続けていくだけで、人間は本当に納得できる物語を得られるのだろうか。分有の力をもっていた原始神話は、矛盾や曖昧さを含んだものであった。そこに、筆者が重視する物語（tale）の意味がある。物語は、その中に互いに相反するものが含まれていたとしても、それらはそのまま、含まれていることを許される。かつて神話は、まず、整合性のある体系であることよりも、外界のあらゆる現象や人間の心の複雑さから生じる無数の無意識的なイメージを引き受けるために、いくつもの可能性を含み込むことが必要だったのであろう。現代人が前論理的な心性をまだもっているとすれば、表面的には納得できるストーリーをもったとしても、そのストーリーで引き受けられなかったイメージが矛盾や曖昧さとなって語りの中に混入され、時にはその語りを荒唐無稽にするかもしれない。実際、心理臨床の場面では、プレイセラピーで子どもたちが演じる物語だけではなく、充分に論理的であるはずの成人の語りにも、矛盾、曖昧さ、荒唐無稽さは至るところにある。

　河合隼雄は、「たましい」や「いのち」は「分割というはたらきを拒否する」（河合，1995，p.271）と述べ、矛盾の許容されたイメージのもつ力を指摘し、矛盾することによってこそ「癒しの泉」になったのではないかと述べている（河合，1995，p.327）。河合が「筋を思わず知らずこちらが見つけようとしている時もあるし、クライエントはクライエントのほうで何か筋をつけようとしていることもある」（河合，1995，p.9）と述べているように、人間の心には筋

をつけて語ろうとする、また、筋があるように聴こうとするはたらきがある。しかし、クライエントの中には、日常での、筋をつけて語らなければいけない対人関係に適応できなくなった人、あるいは論理的であらねばならないという考えに身動きがとれず、曖昧で整理のつかない気持ちを抱えたままになっている人もいる。あるいは、ある一つの筋のある語りに固執し、イメージや気持ちが自由に動かないクライエントもいる。ロゴスの中に見失われたミュートスに翻弄されながらもそれに気づかないクライエントもいる。曖昧で荒唐無稽なイメージや矛盾を含んだもの全体を受け止め、整理のできないままの語りができる時空間というものが、場合によっては必要である。論理的であらねばならないということがレヴィ－ブリュールの言うように「一種の暴力」であるのなら、それから解放されて一息つくことにも意味があり、この弛緩が心の底から快さを感じさせるという『原始神話学』の最後の主張に同意することができるだろう。

第 2 章

"言葉の箱庭"としての物語

第 1 節　物語創作の治療的側面

1. 心理療法の中の物語創作

　第1章では、心理療法における"物語"という概念全般についての議論を概観した。この第2章では、物語の中でも物語創作、特に口頭で即興的に物語を創ることに焦点を当て、その治療的意義に関する議論を紹介したのち、それについての筆者の問題意識を述べることにしたい。

　心理療法の中に、物語を語る／書くことを一つの技法として取り入れる試みは、古くからなされてきた。ユングの提唱した能動的想像 (Hannah, 1981; 老松, 2000) や、グッゲンビュール (Guggenbühl, A.) のミソドラマ (Guggenbühl, 1993; 河合, 1995) や集団での物語創作 (諸江, 1997)、描画・コラージュなどに物語をつける試み (山中, 1990, 1992, 2003；老松, 1993；松井他, 1993)、クライエントとセラピスト相互の物語創り (村瀬, 1979；宮下, 1999) など、それらの技法は多岐にわたる。

　その中でも、物語創作の治療的意義に最も明確に焦点を当てているのは、TATによる物語創作を心理療法の一技法として用いようとする試みから生まれてきた議論である。TATは、語り手と聴き手のあいだで個別に施行さ

れることを基本とし、心理療法的な面接に近い状況の中で物語が創作されるため、その治療的効果が注目されてきた。精神分析の立場から、デブラー (Deabler, H. L.) は、面接におけるTATの役割について、初期に緊張をほぐすために使うラポールの形成に役立つこと、洞察を妨げる抵抗や防衛が起こった時にその克服を助けること、解釈を語り手自身に委ねることによって連想が深まっていくことを挙げている (Deabler, 1947)。また、クリス (Kris, E.) などの自我による退行という考えを取り入れたホルツバーグ (Holzberg, J. D.) は、TATなどの投映法の体験は、統制された状況下で適応的な退行を経験する機会になり、退行に対する不安による変化への抵抗を軽減するとした (Holzberg, 1963)。

　こうしたTATの心理療法的な活用の意味として、物語に投映されたものからの自己認知、自己洞察の効果ということを強調する議論が多い。ベッテルハイム (Bettelheim, B.) と、その影響を受けたルボルスキー (Luborsky, L.) は、TATの自己解釈法を提唱している (Bettelheim, 1947; Luborsky, 1953)。また、ベラック (Bellak, L.) は、TATの使用において重要なことは、語り手が自分自身からある程度の「距離」をとるようになり、心理療法を受ける態度を確立することであるとし、また、自他のTAT物語を聞くことで自分の思考過程を客観的に見るようになると主張した (Bellak, 1954)。

　日本では、木村駿が、ラポールの形成や自己解釈などの観点から、TATの心理療法への応用について論じている (木村, 1964)。また、実際にTATを用いた心理療法の事例も報告されるようになった。例えば、藤掛永良らは、「カウンセリングの進展が困難であった」事例にTATを用いることによって「来談者のカウンセリングに対する積極性を促し、来談者の自己認知を深め、これを契機として面接を治療的に進展させることは可能」であると主張し、筆記した物語を音読させたうえでクライエントにそれについての陳述を促すという試みをおこなっている (藤掛・吉田, 1963)。村瀬嘉代子は、TATを「自分の問題点を受け入れられる許容範囲に応じつつ、意識化して課題とし、時に自己洞察の端緒を摑むために用い」ていた事例を報告している (村瀬,

1978)。また、下山晴彦はTATなどの図版を用いた絵物語法を提唱した(下山, 1990)。絵物語法においては、聴き手との「治療的対象関係」を通して語り手の「日常的対象関係」にはたらきかけることが重視される。下山は絵物語法を、絵や物語についてのフォーカシング(体験過程的側面)、時間や因果関係の認知(認知発達的側面)、自我による自我のための退行(遊戯療法的側面)、行動のリハーサル(認知行動的側面)、「第三の対象」(芸術療法的側面)といった観点から論じている。下山の研究は、物語を創ることをさまざまな角度から検討し、一つの技法として体系化したという点で意義がある。このほかにも、渡部千世子は、TATによる物語創作が、自己開示の促進や、クライエントとセラピストとのテーマの共有という意義を心理療法においてもつと論じている(渡部, 2009)。

　これらの研究は、投映されたものからの自己理解を中心に、関係性の形成や退行といった点から物語創作の意味を論じることが多かった。結果としてもたらされる自己理解や関係性は、確かに心理療法にとって重要なものである。しかし、物語を創作することが、無意識的なイメージを外在化させる作業であることを考えれば、結果から得られるものだけではなく、創作する過程そのものの体験が語り手にとって心理療法的な意味をもつ可能性が考えられるのではないだろうか。

2. "言葉の箱庭"

　"イメージの外在化"は、物語創作のほか「絵画、箱庭などの造形物や、身体を用いてのダンスなどの表現」(河合, 2000)の過程でも起こっている。この中でも特に箱庭は、無意識的なイメージを用いた技法として広く使われているものであり、筆者も心理臨床の現場でしばしば使ってきた。

　箱庭療法とは、クライエントが砂の上にさまざまなミニチュアのアイテムを置いていき、時には砂を動かし、砂の箱の中にクライエントの表現したい世界が創られていくというものである。何もなかったところに世界が創造さ

れるという点で、箱庭を制作する過程は、物語を創作する過程と似ていると筆者は考えている。

創作過程の重要性について論じる前に、物語創作と箱庭制作の類似点について整理しておきたい。

　①置き換えの困難さ
　　物語創作に使われる言葉は、箱庭に置かれるアイテムのように、イメージを表現するために選ばれる。そしてその選択においては、箱庭のアイテムの場合と同様に、イメージを表現するためにほかの言葉ではなく"その言葉"が選ばれたということに意味があるのである。物語に登場する人物・事物・事象は、箱庭のアイテムが置き換え困難であるように、語り手にとっては容易にほかの人物・事物・事象に置き換えることのできないものなのである。

②イメージ表現の限界
　　アイテムと言葉の類似点を別の面から考えれば、それは両者が、多かれ少なかれイメージ表現の限界をもたらすという点が挙げられる。箱庭療法に使われるアイテムは、面接室の中に用意されている棚の中のミニチュアから選ばれるものである。セラピストがどんなに多くのミニチュアを準備したとしても、クライエントがいつも、自分のイメージしたものを表現するのに完全にふさわしいアイテムを見出せるわけではない。むしろ、「自分のイメージを表現するのにどうもしっくりするものがない」あるいは「このミニチュアがもう少し〜だったら」と残念がる言葉をクライエントから聞くことが多い。そのように嘆きながらも、クライエントは、少しでも自分のイメージに近いアイテムを選択し、箱庭に置いていくのである。言葉は、面接室の限られたアイテムに比べれば、無制限に使えるもののように思われるかもしれない。語彙や表現力には個人によって差があるので、苦もなく自分のイメージを表現できる人も中にはいるであろうが、筆者が出会ってきた人たち

は、完全に自分のイメージを言い表すことは困難であると感じていた人がほとんどであったように思われる。言葉もまた、いま一つしっくりいかない、もう少し何か違った表現があったら、と残念に思いながらも、語り手はなんとか、自分のイメージに近いものを選択して語らざるを得ないのである。

③構成という要素

そのようにして、物語創作でも箱庭制作でも、ほかのものには置き換えられない言葉やアイテムが、完全にイメージそのままではないにしても、表現のために選ばれる。そしてそれらは、選ばれて終わりではなく、一つの箱庭、一つの物語へと構成されていく。箱庭でも物語でも、構成するということは、決して軽く見積もることのできない要素である。

④物語的な世界の出現

しばしば箱庭の制作過程で物語が出現することが指摘されている。箱庭が制作されることはすなわち、物語が生み出されていくことであるとも言えるほどである。これについては次項でもう少し検討したい。

⑤"作り手と見守り手" ／ "語り手と聴き手"の関係

通常は、作り手がいるだけでは箱庭は置かれない。作り手と見守り手とのあいだに箱庭の作品は作られていくのであり、当然ながらその両者の関係が重視される。物語創作における語り手と聴き手もまた同様である。物語は語り手と聴き手とのあいだに生み出され、両者がどのような関係性であるかによって左右される。

以上、物語創作と箱庭制作とを比較して類似点を挙げた。このように見ると、物語を創ることは、いわば"言葉の箱庭"を創ることであるのではないかと思われてくる。

3. 箱庭の中の物語

　以上の類似点はどれも重要であるが、その中でも④の箱庭制作の過程の中で物語が出現するということは、物語がどのように生じるのかを考えるうえで興味深い。

　山中康裕は、「赤頭巾庭子」という事例の中で、不登校の少女との2年半の箱庭療法について述べている（山中，1978，pp.49-106）。この事例では、治療者には自己像と思われた「赤頭巾ちゃん」人形が森の探検に出発し、「動物の国」や「太古の世界」で起こるできごとを見聞きしていく。動物や怪獣の世界は、箱庭に置かれたままの、平和で静かな世界ではない。闘いによる破壊とその修復、殺害・誕生などのテーマを含んだ、動きのある物語の世界である。「庭子」の事例を読んでいると、子どもにとって箱庭作品は、箱庭の砂の上に"置かれる"ものではなく、時には荒々しいまでに動きのある物語として"演じられる"ものであるということを考えさせられる。この事例だけが特別だというのではなく、実際に筆者がプレイセラピーの中で経験した子どもたちの箱庭は、多くがそうであった。作品としてアイテムを並べていくという創られ方をしたことはほとんどなく、街の中である家族が日常生活を送る物語、動物や怪獣が闘う物語、動物を閉じ込める（動物側から言えば脱出しようとする）物語などが展開するにつれて箱庭が創られていく。

　箱庭と物語の関係の深さは、子どもの事例に限ったことではない。山口素子は、ある箱庭作品について、次のように述べている。

> 作成時間はわずか30分あまりであったが、実際の時間を超えたはるかに長い長い時間の流れをもつ一つの物語がそこに出現しているのがわかる。本人の感想によると、「箱庭を作る前は何のイメージもなかったし、どうしてこんなものを作ったのかよくわかりません。けれども出来上がったものは自分の箱庭であると感じるし、どれがどこか自分の物語であるという感じを持ちました」…（中略）…一人の人が一人の人の

立合のもとで箱庭を作るとき、わずかな間にたちどころに一つの物語が出現するのを私たちはしばしば目にする。(山口, 2001, p.116)

　この点は、第3章で述べる子どもたちの描画と物語の関係に似ている。物語を自覚的にはもっていない子どもたちが、自由に絵を描くことによって物語的なイメージを表現したように、箱庭において展開されるのは、表現されるのを待っていた物語ではなく、表現されることによって動き出した物語なのである。
　つまり、箱庭は、すでにある物語が砂の上に置かれるというより、アイテムによって活性化された物語が砂の上に紡がれていくというものであると言える。そのような箱庭の制作過程は、すなわち物語の創作過程でもあるという一面をもつのである。

4.過程の重要性

　箱庭のもつ治療的意義については、自己治癒力の促進を中心に、治療的人間関係の形成やカタルシス効果、砂による退行や作品からのフィードバック、自己表現と美意識の満足などが挙げられる(岡田, 1984；木村, 1985)。
　それらの意義は、作品を制作した結果のみから得られるものであるとは考えられていない。箱庭の中に創られた作品から投映法的に事例を論じることも、どのような順番でアイテムを置いたのか、その時のクライエントの様子がどうだったのかなど、その作品の創作の過程抜きにして考えると的外れになることがあるだろう。箱庭だけではなく、夢などのイメージの体験も、ロールシャッハ・テストやTATなどの投映法も、内容の象徴的解釈に終始するだけでは不充分である。クライエントや被検査者にとって、どのような体験であったのかを知ることのほうが重要な場合がある。
　そもそも箱庭は、内容に何が投映されているかよりも、創作する過程が体験されたということそのものがもつ癒しが重要であるように筆者には思え

る。物語もまた同様に、それが創作される過程で、語り手が体験をすることそのものが、その人にとって治療的に（もしかすると反治療的に）はたらくのではないだろうか。箱庭療法ではもちろん、過程の重要性について指摘されている（金田・小山, 2006）が、臨床心理学における物語創作の研究や事例の報告では、ほとんどが過程よりも内容についての議論、時には象徴的な解釈に終始する。

箱庭や物語の作品をあとから解釈することは、その場にいない第三者でもある程度はできる。しかし、箱庭が創られたり、物語が語られたりしている時に、作り手・語り手がどんなことを体験しているのかは、その場のその人にしかわからない。その体験は、たとえ言葉にされたとしても、他者である見守り手・聴き手からは本当にはわかりにくいものであるが、それを少しでもわかろうとすることが必要なのではないだろうか。

5. "ぴったりする／しない"ということ

この、体験という問題で注目されるものの一つに、「ピッタリ感」（三木・光元・田中, 1991）、「自分の本質にぴったりした自己イメージ」（東山, 1994）、「ぴったり感」（後藤, 2004；金田・小山, 2006）がある。東山によれば、箱庭が「心理療法に効果的であるためには、自己の本質をぴったりした表現で表すことができる過程を含んでいなければなら」ず、それ自身が「強い治癒力」をもつという。既成のイメージをもった既製の遊具を自分流に膨らませて自分にぴったりした意味世界を創ることは、「本当の自分と自分のもつ自己イメージの乖離」を少なくし、「自分というもの」を統合することに役立つのである。

物語創作を"言葉の箱庭"とする観点から考えると、物語を創るという体験の中にも箱庭療法と同様に、自分の本質にぴったりした表現をする過程が重要なのではないかという推測が浮かんでくる。言葉も、「既成のイメージをもった既製の遊具である」箱庭のアイテムと同様に、イメージ表現に多かれ少なかれ限界を与えるものである。イメージを表現するものでありなが

ら、イメージ表現を限定するものでもある言葉を使って、語り手は自分の意味世界を構成していかなければならない。ぴったりする／しないという感覚が、おそらく物語を語る過程を通して感じられ、それは箱庭と同様に「自分というもの」を統合するのに役立っているのではないだろうか。

　しかし、物語創作過程で得られると推測した"ぴったりする／しない"という感覚と、箱庭療法で指摘されている「ピッタリ感」や「自分の本質にぴったりした自己イメージ」がまったく同じものであると言えるだろうか。これまでは、"言葉の箱庭"としての物語創作と、箱庭制作との共通点を強調して論じてきたが、もちろん、両者には大きな相違点もある。ここで、相違点のほうも整理しておこう。

　①直接的な身体感覚の有無
　　箱庭を創る場合には、砂をさわり、アイテムを手に取るという触感や動作が伴うが、物語を創る場合には、直接的な身体感覚として"ぴったりする／しない"と感じられるそのような要素が乏しい。
　②可逆性の有無
　　箱庭が構成されていくのは空間的な広がりにおいてであり、物語が構成されていくのは時間的な流れの中においてである。特に口頭で即興的に創られる物語の場合、一度語られはじめると、時間の流れは、語り手の長い逡巡を困難にする。多くの人は、言葉を充分に選べないまま語る。箱庭制作においても、もちろん時間の流れはあるが、箱庭制作の途中で置いたアイテムが自分にぴったりしないことに気づいた場合、それを取り除く、つまり"戻す"ことが可能なのである。口頭での物語創作では、言葉が充分に選べないうえに、一度口にした言葉を"戻す"ことは不可能である。言葉を打ち消すことはできるが、打ち消されたとしても、一度発せられた言葉は、言いなおされた言葉とともに、物語の一部として語り手の心に残ってしまうことが多い。

③作品全体の振り返りやすさの違い

　箱庭は、最後に一つの作品として、自分の創作したものを目のあたりにすることができる。物語創作は、書かれたものを残す場合は別だが、口頭で語られただけのものであれば、作品は目に見える形では残らず、録音などで自分の語りを聞き返すことも通常はない。したがって語り手は、全体を通して自分の作品を振り返ることが困難である。

　②や③は、文字で物語を書く場合には当てはまらないが、TATをはじめ、心理臨床の現場で使われる物語創作の多くが口頭での即興的なものであることを考えれば無視のできない問題であろう。
　このように違いを見ると、物語創作は、箱庭よりも"ぴったりしない"ものを取り除こうとする機制がうまくはたらきにくいこと、作品が"ぴったりした"という感覚をもちにくいことが推測される。また、感じられているもの自体が、身体感覚的な要素を欠くなど、箱庭とまったく同じというわけにはいかないようである。そこで、箱庭療法で指摘されているものを参考にしながらも、物語を語る時に感じられている"ぴったりする／しない"という感覚を、物語創作独特のものとして捉えなおす必要があるだろう。これについて、次節でくわしく論じたい。

第2節　物語創作過程におけるぴったり感

1. 物語創作過程に関する調査

　物語創作の治療的側面についての推論をまとめると、①物語に投映されたものからの自己理解や聴き手との関係性というだけではなく、物語を創る過程そのものに意味があるのではないか、②物語創作過程において、箱庭療法で指摘されている「ピッタリ感」に近い、しかしまったく同じではない感覚

第2章 "言葉の箱庭"としての物語　49

があり、それが治療的意味をもつのではないか、ということになる。

　これらの点について、実際に検討してみる必要があると考えられた。そこで、調査協力者に物語を創ってもらい、その過程で本当に"ぴったりする／しない"という感覚が得られており、それが意味をもつのかという研究をおこなうことにした。

　"ぴったりする／しない"という感覚を、ここではぴったり感と呼ぶことにする。それは、内的世界から生じるイメージを把握して表現する際に、その表現を自分の本質に属するものとして受け入れる感覚で、表現の過程の中で感じられるものである、と定義される。

　調査のために、6枚の絵の描かれた図版を用意した。これは、調査に協力してくれる人々が、何も手がかりがないところから物語を創るということに困惑するであろうと考えたためである。絵図版のうち3枚は、TATハーヴァード版 (Murray, 1943) の中から、図版11・図版12BG・図版19を使用した。これらを選択したのは、人物が明確には描かれていない図版がTATではこの3枚のみであったからである。人物が明確に描かれた図版では人物を主人公とした定型的な物語が語られやすい傾向があり、使用を避けることにした。物語の"言葉の箱庭"という側面に注目したこの物語創作では、通常のTATとは異なり、主人公となる重要な"アイテム"があらかじめ決められてしまうことは好ましくないと考えられたためである。しかし、この調査では、協力者が全部で6話もの話を創ることになっており、絵図版が3枚では選択肢が少なすぎる。そこで、TAT図版以外に3枚の図版を用意した [図2-1][*5]。また、図版に描かれた手がかりを必要としない、あるいは邪魔に感じる人がいる可能性を考えて、絵による制限のない白い図版 (図版20) も1枚用意した。

　調査協力者は10名 (A1～A10) であり、一人ひとりに対し、原則1週間に1回[*6]、合計3回の調査面接をおこなった。1回の面接で創る物語は2話であった。一つの物語につき、以下の3段階の調査をおこなった。

①物語段階

　7枚の図版の中から1枚選んでもらい、それを手がかりに物語を創作するように求めた。その際、図版の絵の通りでなくてもかまわないこ

[図2-1] 物語創作過程の調査に使用した図版

と、何度も同じ絵を選んでもよいこと、物語の録音を録らせてもらうことを告げておく。

②評定段階

物語段階の直後、調査協力者に、自分の語った物語の録音を聴いてもらう。この時、聴きながら、物語を創っている時の"ぴったりする／しない"感じについて、評定用紙にグラフを作成するよう求めた。評定用紙にはあらかじめ、"とてもぴったりする""ややぴったりする""どちらでもない""あまりぴったりしない""まったくぴったりしない"の5本の基準線が引かれており、協力者はそこに鉛筆で折れ線状のグラフを描くようになっている。

③質疑段階

評定段階で描かれたグラフを見ながら、なぜそのようなグラフになったのか、どういう気持ちを感じたのかを、評定の上下したところを中心に内観報告してもらった。

2. ぴったり感の評定と内観報告

得られた評定グラフの例を［図2-2］〜［図2-4］としてまとめた[*7]。

A1・A3・A8・A9・A10の評定には、共通して、以下のような特徴が見られた［図2-2］。

①第1回第1話（以降、1-1話と示す）において評定の変動が大きかったが、1-2話以降では変動が減少する。
②第2回、第3回にかけて、評定線は全体的に上昇し、第3回においては、ほぼ、"ややぴったりする"から"とてもぴったりする"までのあいだで安定する。
③回を重ねるにつれて、出だしに階段状あるいはなだらかな坂状の評定（以降、右上がり評定と呼ぶ）が見られ、物語の途中での評定の落ち込

みにも同様の特徴をもった回復が見られるようになった。

　これらの特徴をもつ5名をグループⅠとすることとした。
　その一方で、次第に変動が増加する傾向を示す調査協力者が2名（A2・A5）見られた［図2-3］。この2名のグラフを見ると、1-1話では"とてもぴったりする"をベースとした評定がなされるが、最終話では"まったくぴったりしない"と評定されることも多くなる。彼らの評定グラフと、右上がり評定を特徴とするグループⅠの評定グラフとを比較すると、両者が対照的なグラフを描いていることがわかる。そこで、この2名をグループⅡと呼ぶことにする。
　残りの3名（A4・A6・A7）の評定では、1-1話において評定の変動が大きく、回を重ねるにつれて急激な変動が減少する傾向にあったが顕著ではなく、右上がり評定も見られなかった［図2-4］。A4とA6は、評定線にそれぞれ固有の特徴があり、毎回同じような形を描いた。この3名をグループⅢとした。
　以上、評定グラフからは、グループⅠでの、右上がり評定をくり返しながらぴったり感が安定していく傾向と、それとは対照的なグループⅡの傾向を読みとることができた。以下では、これらの特徴に注目しながら、物語創作過程で得られたぴったり感について、より詳細に検討していきたい。
　また、質疑段階では、調査協力者が"ぴったりする／しない"を、なぜ、どのように感じたのかについての内観報告をしてもらっている。これらのコメントを一文ずつ区切り、それぞれに言及されている要素を細かく抽出し、小カテゴリとした。それらの中で、比較的意味が近いと思われるものをまとめ、大カテゴリを作成した。これらのカテゴリとその定義を［表2-1］に示した。
　この分類表にしたがって、各調査協力者のコメントを分類する[*8]と、［表2-2］のようになった。この表から、グループⅠとグループⅡは、評定グラフが対照的であるというだけではなく、何をぴったりすると感じるのかということについても大きな違いがあることがわかった。この点については、各グループの事例について考察したのち、改めて検討することにしたい。

第2章 "言葉の箱庭"としての物語　53

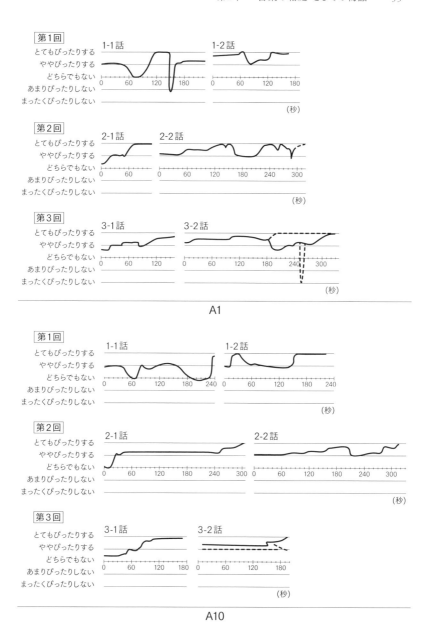

[図2-2] グループIの評定グラフの例

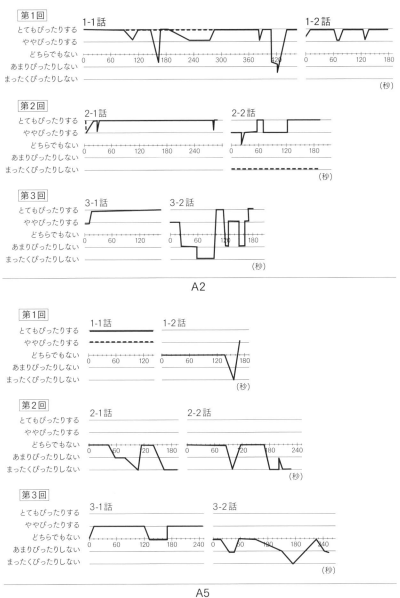

[図2-3] グループIIの評定グラフ

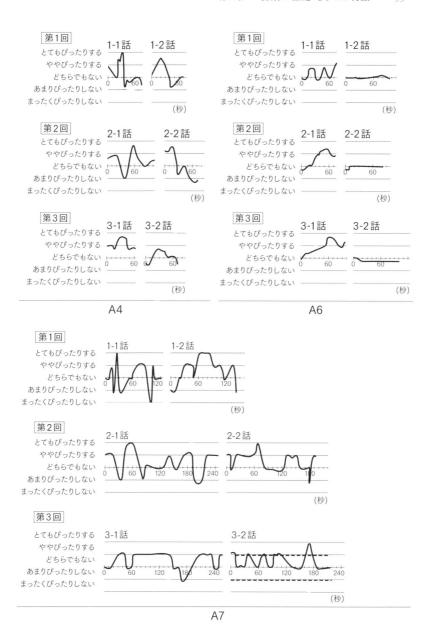

[図2-4] グループIIIの評定グラフ

[表2-1] コメントの分類カテゴリとその定義

大カテゴリ	小カテゴリ	定義
イメージ	状況・事物のイメージ	物語全体、または設定した状況・事物についてのイメージについて言及したもの
	登場人物のイメージ	登場人物のイメージについて言及したもの
語り手	語り手の気分・気持ち・感情	語り手自身の気分・気持ち・感情に言及したもの
物語	物語の技巧	言い回し・単語などの表現や構成など、物語創作の技巧的な側面に言及したもの
	物語の独創性	物語のオリジナリティに言及したもの
	物語の客観性・必然性・現実性	物語を客観的に見て、展開の必然性や現実性に言及したもの
図版	図版との一致	図版に描かれているものへの一致／不一致について言及したもの
その他		

[表2-2] コメントの分類（上段は出現数、下段は％を示す）

	状況・事物のイメージ	登場人物のイメージ	語り手の気分・気持ち・感情	物語の技巧	物語の独創性	物語の客観性・必然性・現実性	図版との一致	その他
A1	21	17	17	1	0	1	1	0
	36.2	29.3	29.3	1.7	0.0	1.7	1.7	0.0
A2	13	1	5	4	1	10	11	0
	28.9	2.2	11.1	8.9	2.2	22.2	24.4	0.0
A3	36	10	6	5	2	0	3	0
	58.1	16.1	9.7	8.1	3.2	0.0	4.8	0.0
A4	5	0	0	0	0	14	7	0
	19.2	0.0	0.0	0.0	0.0	53.8	26.9	0.0
A5	5	4	6	5	1	8	9	4
	11.9	9.5	14.3	11.9	2.4	19.0	21.4	9.5
A6	8	3	2	0	0	0	0	1
	57.1	21.4	14.3	0.0	0.0	0.0	0.0	7.1
A7	28	32	21	0	9	3	4	0
	28.9	33.0	21.6	0.0	9.3	3.1	4.1	0.0
A8	5	5	10	1	0	1	0	0
	22.7	22.7	45.5	4.5	0.0	4.5	0.0	0.0
A9	21	33	5	5	0	3	0	0
	31.3	49.3	7.5	7.5	0.0	4.5	0.0	0.0
A10	6	9	5	0	0	2	2	0
	25.0	37.5	20.8	0.0	0.0	8.3	8.3	0.0

3. 右上がり評定を特徴とする三事例

 以下では、右上がり評定を特徴とするグループⅠの5名の調査協力者の中から3名の事例を紹介し、それぞれ何を"ぴったりする／しない"と感じているのか検討したい。

 事例1：A1（28歳、女性）　このA1は、図版から受ける印象を物語の出だしとして使ったのち、物語が進むにつれて、図版の印象のうち気に入らないものを取り除いたり、物語自体のイメージを膨らませたりして、自分の気持ちに合った展開にもっていく傾向が見られた。

 その例として、1-1話を挙げる。

[例2-1] A1の1-1話（図版11）

　物語の要約[*9]：岩がごつごつしたところに洞窟があって、竜が閉じ込められている。長いあいだ竜は独りで待っていて、ある時、小人が通りかかって助けてあげようと思う（小声で「これやっぱ小人じゃないのかなあ」）。小人が助けを呼びに走り去っているあいだに、小人が乗ってきた小馬と竜が話をしている。竜が、「もう一千年くらい閉じ込められている。ある国の城をつぶしたので、その国の魔法使いに閉じ込められた。すごく反省している」という話を小馬にすると、小馬が変身を解いて一千年前の魔法をかけた魔法使いになり、「じゃあ、出してあげよう」と言った。出してもらった竜と魔法使いは、それから一緒に世の中のためになることをした。

　コメントの抜粋：馬が主人公だった。（前半で評定が下がった個所について）"小人"というのは違う。いてもいなくてもいい感じ。"小馬"はユニコーンみたいな感じかもしれない。小人が乗るから小馬にしたが、もっと神聖な感じがするようにしたかった。さらに今の

> 気分と違う。ちょっと違うな、ここも違う違う、という感じ。小人がいなくなってから、そんな感じそんな感じ、という感じ（で評定が上がった）。（後半で評定が下がったところについて）竜が閉じ込められた理由が考えつかなかった。もっといけないことをしたんだと思う。（"とてもぴったりする"について）竜の孤独感みたいな感じ、千年のあいだ、孤独な思いをしてきた。（ということが）うまく言えたかどうかわからないが、ぴったり。長い時間の流れというか、ここだけ時間が止まっていた。竜にとっては長いか短いかわからないが、竜も長いと思ったと思う。

　この物語の前半では、A1は、図版の中に見える人間のようなものを「小人」とするかどうかで迷っていた。物語の最中にしばしば見られた、「人……やっぱ小人さんみたいな感じ」「この馬さ……小馬さんが」などの言いなおしは、図版に描かれているものは小人・小馬のように見えるが、自分の語りたい"神聖な馬＝魔法使い"という主人公のイメージとは矛盾するので、本当は小人・小馬にしたくないという思いの表れであったと考えられる。しかし結局、図版の中に小人を見てしまったことを無視できず、そのことによって"神聖な馬＝魔法使い"である主人公のイメージが影響を受け、物語前半は「ここも違う違う」と創り手に感じさせるものになってしまい、評定が下がった［図2-5］。そこで、物語の途中で小人を退場させることによって、自分の物語のイメージにそぐわないものを排除し、語りたかった方向へと物語をもっていったと考えられる。そうなると評定は上がっていく。つまり、図版から受ける印象によって自分の物語として語りたいもののイメージが損なわれてしまうと評定は低くなり、そうした印象が語りたいイメージに合わせて修正されていくと評定が高くなると言える。1-1話からは、図版に描かれたものを退場させるなど、違和感のある外的刺激をかなり能動的に創り変え、自分のイメージの世界を守ろうとするA1の特徴がうかがえる。

第2章 "言葉の箱庭"としての物語　　59

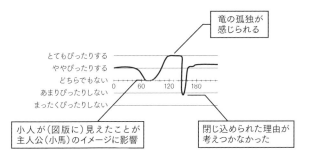

[図2-5] A1の1-1話の評定

[例2-2] A1の2-1話（図版12BG）

　物語：近所のちっちゃいおうちに、おじいちゃんと女の子が住んでいました。すごく天気が良くて、気持ちのいい朝なので、おじいちゃんと女の子はお散歩で、この川の川べりまで遊びにいきました。で、お花とかいっぱい咲いてて、お花摘んだりとか、鳥が鳴いてたのでこう鳥を見たり、手をつないで歩いてます。ここに舟があるので、この舟に、おじいちゃんと女の子は、乗ろうと、お話をしました。で、二人で、力を合わせて、川のほうに舟を押して、二人で乗りました。川の両側から木が生い茂ってて、木漏れ日がすごくきれいで、きれいな小川を、おじいちゃんと女の子は、ゆっくりゆっくりと、漕いで、遊んでます。川の中には魚とかもいっぱいいてて、とても楽しい感じがしました。
　コメントの抜粋：創っているうちにだんだんイメージが膨らんできて、だんだん自分の世界にぴったり（するようになった）。最初は、（おじいちゃんと女の子が）いたんだろうなあ、ぐらいだったが、川に入っていくにしたがって（イメージが）見えてきて、自分の言いたいイメージとぴったりしてきた。実際に川のところに舟があって、（自分が）さわっているような感じ（がした）。だんだん、そうそうってい

> う感じ。自分が女の子になったような感じ。だんだんイメージが膨らんでいくような。(舟に)乗ってからのほうがイメージが膨らんだ。乗るまではただ見ているよう(だった)。

A1の右上がり評定がはっきりと示されるのは、この2-1話以降である。コメントから、この物語の評定が次第に上がってくるのは、だんだん「自分の世界にぴったり」になっていったためであることがわかる［図2-6］。また、この物語のコメントで特に注目されるのが、語り手が物語の場面を見ている立場から、自分が登場人物の女の子であるかのように舟に乗り、その舟をさわったような感じがした、ということである。これは、身体感覚に近いイメージを伴って物語の中へ入っていく体験であり、ぴったり感の一つの重要な側面を示していると思われる。

この2-1話に続く2-2話は、主人公の男性が漂流して誰もいない島に打ち上げられ、鏡の中に閉じ込められた人々を助けるという物語である。この物語についてA1は、物語が進むうちに話の筋が膨らんで、「自分でも思いがけない話になった」と述べている。評定については、困難を打開するために積極的に行動する主人公の活躍が語られるとぴったり感が上がり、その他の人々の「ぼうっとした」何も行動を起こさない状態が語られると下がるということが報告された。これについてA1は、主人公に共感できるかどうかが手がかりになっていると述べたうえで、しかし、「自分だったら、実際はぼうっとしているだろうけれども、理想としては動いてほしい」と述べた。ま

［図2-6］A1の2-1話の評定

た、この物語ではイメージが広がらないと評定が下がる傾向にあり、例えば、人々が鏡に閉じ込められたいきさつが思いつかなかったことはぴったりしないとされた。この物語に限らず、登場人物に対する共感やイメージの広がりに対するコメントが多いことも、A1の特徴であった。

ところで、2-2話で自分の物語の思いがけなさに言及したように、A1はほかの物語でも、途中で語り手にとって思いがけない、あらかじめ話そうと思っていた物語の筋からずれたイメージが出てくることが多かった。次の3-2話は、特にA1が、イメージのずれが大きかったと述べたものである。

[例2-3] A1の3-2話（図版19）

　　物語の要約：森に木こりの家族が住んでいた。フクロウが鳴いている夜、おじいさんが訪ねてくる。「道に迷って、寒くて凍えそうです」と言うおじいさんを、木こりの家族は招き入れる。「どうしてこんな寒い夜に、独りで森の中を歩いていたの？」と子どもたちが聞くと、おじいさんは、「病気の孫娘の夢に、雪のあいだに咲く幻の花が出てきた。それを孫娘に見せたくて探しにきたんだけれども、見つからなくて道に迷ってしまったんだ」と言った。おじいさんを一晩泊めた次の朝、おじいさんがお礼を言って外に出たら、家の前一面に、銀色のきれいな花が咲いていた。それが探していた幻の花で、おじいさんはいっぱい取って家に帰った。家の上に止まって鳴いていたフクロウが実は魔法使いで、温かい家族を見ているうちにいいことをしてみたくなって、花を咲かせてあげたのだった。

　　コメントの抜粋：こんな話になると思わなかった。初めはフクロウが（おじいさんになって）入ってきたことにしようと思っていたが、なんとなく違った。普通のおじいさんだった。どこから違ったのか。孫娘登場のところから違ったと思う。あれ、おじいさん、

人間?と思った。(孫娘の話で)どんどんイメージが違ってきた。おじいさんのイメージが崩れていった感じ。

　A1は、自分の思い浮かべたイメージに合う／合わないということに対する言及が多いが、調査の体験を振り返って、「大概いつも失敗したものがある。話しているうちに、途中でちょっとチェンジする、ちょっと間違える。最初思っていたイメージと違ってくる」と述べている。例えばこの物語では、孫娘が出てきたことによって、フクロウの化身としてのおじいさんのイメージが崩れていった。しかし、こうした「チェンジ」のあと、銀の花と魔法使いのフクロウが出てくることによって、もともとのイメージに近い筋に戻すことに成功している。

　ところで、この物語に用いた図版19について、A1は「初めに見た時はひいた」「怖かった」と報告しているが、物語については「そんな怖くなかった」「気に入った」と述べた。これ以外の物語でも、しばしば、もともとの絵の印象が、物語を創作するうちに変化したことが報告されている[*10]。1-1話で考察したように、図版から受ける違和感を物語の流れの中で取り除き、物語と自分の内的世界とがぴったりであることを能動的に追求する態度が強い。おそらくこの図版でも、物語を語るうちに、受け入れがたかった図版の印象を緩和する機制がはたらいたのではないかと思われる。

　外的な刺激から受ける違和感も、内的なイメージの思いがけない「チェンジ」も、A1にとってはぴったり感を損なう要素であった。しかし、そうしたぴったりしない体験が生じた時に、A1は能動的に物語を作り変えることによって、「もともとのイメージ」を取り戻そうとする意識がはたらくと思われる。A1の右上がりの評定は、こうした動きを反映しているのではないかと考えられる。

　事例2：A3(29歳、女性)　このA3は、物語にとって重要であると感じら

れる状況や事物に関連するイメージをできるだけくわしく表現しようとするため、物語創作の時間の平均は調査協力者の中で最も長かった。また、充分にくわしく表現できなかったと感じられる時に、「描写不足」であるという理由から評定が下がることが多かった。「描写不足」という言葉は、聴き手に対して自分のイメージを描写しきれていない状態を意味するもののようだが、A3の場合はそれ以上に、「わたしなりに消化不良」であると感じられる状態、すなわち、状況やアイテムの意味づけ、価値づけが自分にとって満足にいかなかったということを意味していると思われる[*11]。これらのことから、A3の評定は、物語が自分のイメージを納得いくまで表現するものであったかどうかということが手がかりとして重視されていたことがわかる。

　第1回、第2回において、特にこの傾向が著しかった。特に2-2話（戦争をしようとしている王さまを、王子さまと魔法使いが止める物語）は、この理由から6話中最も長い物語になり、さらに「もっと時間をかけて、昔の伝説の剣やら何やらも、いっぱい出したかった」という感想が語られた。細部にわたってイメージが湧き出し、納得いくまで表現しきれなかったことがうかがえる。

　しかし、第3回になると、物語は短く簡潔に創られるようになった。また、質疑段階で描写の不足に言及しながらも「でも、そこまで言ったら話が長すぎるからやっぱり、これぐらいでいいのかなあ」などの、描写不足を許容する言葉を付け加えるようになった。こうした許容によって、評定は全体的に安定、上昇したものと考えられる。

　ところでA3は、物語が終わった後に、物語では使われなかったイメージを報告することが多かった。これは、多くのイメージが動く中で、矛盾したものを整理し、切り捨てて物語を創作せざるを得なかったためと考えられる。このような例として、1-2話を挙げる。

［例2-4］A3の1-2話（図版12BG）

物語の要約：男が、小さい頃からの幼馴染である恋人とよく一

緒にボートで遊んだ川に戻ってくる。男は、恋人と結婚の約束をして遠くに行ったが、町で新たな人生を見つけ、帰ってくる約束を破ったまま10年経った。恋人はずっと待っていて、やがて川辺で冷たい姿となって見つけられた。町ですべてをなくした男は、子どもの頃のひどく懐かしい夢を見て、川に戻ってきた。恋人との思い出にふけるうちに、男は足を滑らせ、体が沈んでいった。川はまた、もとのように静かに戻り、もう使えなくなった古いボートが一艘残っていた。

コメントの抜粋：（評定が下がった箇所について）ここはただ沈んだほうがよかったのか、それとも昔の恋人の幻影、幽霊が出てきて引きずり込んだほうがよかったのか。初めにオフィーリアのイメージがあって、その時から（引きずり込まれる）イメージがあった。そっちのほうが楽しかったかなと思った。

ここでは、"恋人の幽霊"という捨てたイメージへの心残りが物語の評定を下げる要因になったと報告されている。一つの筋をもつ物語では、枝分かれする複数の可能性を剪定していかなければならず、そういったことがぴったり感を損なう場合があることがわかる。

また、A3は、次の物語について、選択されず、物語の中では語られなかったイメージが、ぴったり感に影響したという報告もしている。

[例2-5] A3の2-2話（図版19）

物語の要約：寂しい荒野に大きな太い木が杭のように立っていて、周囲の村人たちからは、はりつけの荒野として恐れられていた。その杭にはりつけられて死んでしまった人の幽霊が出るという噂があった。都会から引っ越してきてその噂を知らなかった女

の子が、杭の幽霊と出会う。幽霊よりも都会の空気が怖いという女の子と幽霊は毎日話をするようになる。幽霊は生前は庭師で、杭の下に財宝と花の種が埋まっていることを教え、花を咲かせてくれるなら財宝をあげると女の子に言う。女の子がその約束をした次の日、幽霊の丘の杭は大きな音を立てて倒れ、大きな箱が出てきた。女の子はその花の種を荒野いっぱいにまき、数年後、その荒野は美しい花でいっぱいの野原になった。

コメントの抜粋：（終わりになって評定が下がったのは）やっぱり、あの、杭の下にやっぱり、埋まったまんまで……どくろが（というイメージがあった）。きれいにまとめたかったので、女の子がどくろを見つけるというのはいや。どくろ、出てもいいんだけど……出てもいいんだけど、やっぱり、杭が倒れて、花の種があったという時に、どくろが一緒に出てくるのは怖い。

コメントに言い淀みが多いことが、どくろのイメージへの抵抗が大きいことを示している。この抵抗のために語られなかったどくろのイメージが、実際に語られた物語の評定を下げる要因になっている。このことは、物語創作の体験というのは、語られたものだけではなく、語られなかったものにも影響を受けるということを示唆している。

事例3：A9（29歳、女性） 評定についてのA9のコメントでは、物語が自分のイメージに合うかどうか、主人公に共感できるかどうかに言及されることが多かった。例えば、1-1話は、木曾路を歩いていた主人公（男性）が、「聞こえない声」に惹かれて木曾路を逸れ、どこに向かうかわからない道を進んでいくことになったという物語である。この物語では、評定はおもに、物語が自分のイメージに合うかどうか、主人公に共感できるかどうかが手がかりとされていた[*12]。特に主人公の内心の焦りが言及され、その焦りに合った

表現になると評定が上がり、本当は焦りがあるのにそれにそぐわない行動を主人公がとると評定が下がることが報告された。

この1-1話では、「聞こえない声」に導かれて辿り着いた底の見えない神秘的な湖を"どちらでもない"と評定したことについてのコメントが興味深い。

[例2-6] A9の1-1話（図2-1a）

> （調査者の言葉を〈　〉で示す）
>
> **コメントの抜粋**：あまり言いたくない（評定したくない）。神秘的なものとして湖というものがぴったりすると言われればぴったりするし、違うだろうと言えば違うし。〈もしその幅を書くとしたら、どこからどこまでくらいになりますか？〉"とてもぴったりする"から"まったくぴったりしない"。それで、どっちもいけなかった。鏡みたいだって言ってたでしょ（実際には言っていない）、何か、映し出すもの、自分を？　そういう意味で、ぴったりする。でも、「底が見えない」はぴったりしない。ほんとはちゃんと底が見えてるんだけど、見たくないから見えないって（言った）。それなのに「濁っている」と言ってしまった。

A9は、鏡のようで底の見えない湖というイメージが、"とてもぴったりする"と同時に"まったくぴったりしない"と感じられたので、どちらにすることもできなかった。このことは、個人の中に複数のぴったり感があり、それが互いに相容れない場合があるということを示唆している。

1-1話はA9が「話しづらかった」と感じた物語であった。1-2話は、1-1話のぴったり感の不安定さとは対照的に、表現の巧拙を理由にした変動がある以外は、ほぼ"とてもぴったりする"に評定された。内容も、"聞こえない声に惹かれる"という1-1話の重いテーマから一転して、小さな男の子とおば

けの子のコミカルな物語になった。前の物語で足りなかったものを補うという、二番目の物語のはたらきが感じられる。

2-2話は、「秘密の島」での冒険物語である。出だしで見られた右上がり評定について、「話せば話すほどイメージぴったり。膨らんでいくけどずれていかない」と述べた。しかし、このあと、イメージのずれがしばしば起こり、数回評定が下がっている。物語の途中で生じるこのようなイメージのずれと、そのずれによる影響からぴったり感が回復していく過程は、A9のほかの物語でも報告されており、その特徴が最もよく表されている3-2話をのちに取り上げることにしたい。

次の二つの物語は、用いた図版も語られた回も違うが、共に、長年立っている木と過ぎ去っていく時間の流れをテーマとしたものである。

[例2-7] A9の2-1話（図版12BG）

物語：わたしはここにいます。ずっと前からここにいます。でも誰もわたしがここにいることを気づいていません。わたしのもとにはたくさんの人がやってきました。楽しそうな恋人たちは舟に乗って、それを川に浮かべて、幸せそうな会話をしていました。また、ある時は、暗い顔をした、男の人が、川のほとりに立ちました。そしてまたある時は、楽しそうな女が、幸せそうな女、悲しそうな女、怒った女、老人、若い者、幼い者、少女、たくさんの人がわたしの足もとを訪れては去っていきました。今はもうここには誰もいません。ただ、昔、恋人たちの乗っていた舟だけが打ち捨てられています。川は流れています。今でも滔々と流れています。だけど、やってくる人間はありません。彼らはどこに行ってしまったのでしょうか。今もどこかで、泣いたり、笑ったり、怒ったり、悲しんだり、そんなことをしているのでしょうか。わたしはここからは動けないから、彼らはどこに行ったのかまった

く知りません。だけど、彼らはまたいつかここにやってくるような気がして仕方がないのです。何年も、何年も、何年も、ここにずっと立っています。彼らはいつから来なくなったのでしょうか。わたしには、時間という概念がないので、それはいつのことだったのかも、もうすっかりわからなくなってしまいました。ただ、昨日でもないし、一昨日でもなかったことだけがわかります。ねえ、彼らはどこに行ったんだろう？ 流れていく川に問いかけます。しかし、川は、さわさわと小さな音を立てていくだけで、何も答えませんでした。ねえ、きみなら、動けるんだから、彼らのことを知っているんじゃないのかい？ もう一度尋ねてみても、答えは返りません。また、わたしは、しばらく、黙って、じっと、そのままそこに立っていました。季節はめぐり、何度も何度もめぐっても、やっぱり誰もやってきません。彼らは、もう本当に、やってこないのでしょうか。

　コメントの抜粋：無理やり説明しているところで下がる。年齢を挙げて説明しているけど、あんまりこの木は年齢は気にしていない。ほんとは、この理由で人間たちが来ないんだなって思い当たることはあったが、それをあまり見たくなかったから、知らないと言って（評定が）下がった。

[例2-8] A9の3-1話（図2-1a）

　物語：木はぼんやりと立っています。ずーっとなんだかぼんやりしています。時々意識がはっと目覚めては、その道を通る人を眺めたり、風の音を聞いたり、緑の木々を眺めたり、鳥の声を聞いたり、そんなことも感じるのですが、普段はずーっとぼーんやりとしています。ふっと久しぶりに目が覚めました。やっぱりずっ

とぼんやりしていたようです。風の音が聞こえます。幹を揺らしてざざざざざ、という気持ちのいい音がします。なんだか明るい光が射し込んで、とってもいい気持ちです。木は、またしばらくすると、ゆっくりとぼんやりとした中に戻っていきました。またある時はっと気がついてみると、人が足もとを通っていきます。えっちらおっちら、汗をかいてとても大変そうです。木は、またぼんやりとしたところに戻ります。ぼんやりとしていると、とてもとても気持ちがいいのです。何も見えないし、何も聞こえないし、ただぼうっとしているだけなのですが、ほんとにほんとにそれは気持ちいいのです。風の音、鳥の声、人が通っていく音、人の話し声、息遣い、そんなものが幹を通ってすうっと通り抜けていきます。まわりのものは、ただただ流れていきます。ある日目覚めると、霧の中でした。ぼんやりとしている時は、そうそうそんな感じ、白い闇の中に自分だけがひょっこり浮かんで、ぼうっとしている、そんな感じです。木は少しのあいだだけ考えます。こんなにぼうっとしていていいんだろうか、こんなに楽でいいのかなあ。そんな思いも、ぼうっとしているあいだに溶けて消えていってしまいます。自分というものはどんどんなくなっていきます。ただなんだかぼんやり浮かんでいるだけのような気持ち、どんどん、幹や、枝や、葉っぱが溶けて、まわりの木々と一つになっていく感じ。ふと、木は思いました。ああ、みんなはほんとはつながっていたんだなあ、ほんとはみんな一つだったんだなあ、ほかの木も、地面も、空も、鳥も、人も、風も、ほんとはみんな一つのとこから来たんだなあ、みんなそれを忘れているだけなんだなあ。ぼんやりと木はそう思って、また、白い闇の中に沈んでいきました。

　　コメントの抜粋：（評定が下がったところは）木が言葉でそう考えたっていうよりも、ほんとになんとなくぼんやりしたまま感じ

> だけなので、はっきり言葉になるのは変。言葉にすると嘘っぽい。
> (右上がり評定について)感じとしては(いつも)一緒ですよ、そうそうそうそう、そうそうそうそう、みたいな。自分もぼうっとしていた。ぼうっと気持ちいい感じに合わないと下がる。眠い、眠い、眠い感じがする。ゆったりまったりした話だったんで。

　二つの物語のコメントを見ると、どちらも、言語的にはっきり表現・説明することに対する違和感が示されている。その一方で、3-1話では、自分もぼうっと気持ちよく、眠いという身体的・感覚的なぴったり感が報告されおり、さわっているような感覚を報告したA1の2-1話を思わせる。興味深いことに、そういった身体感覚的なぴったり感について、A1が「だんだん、そうそうっていう感じ」と述べたように、A9も、「そうそうそうそう、そうそうそうそう、みたいな」と述べている。物語の中に入っていくような、「そうそう」としか言えないような全体的なぴったり感は、身体的な感覚として体験されているような感じを伴っているのではないだろうか。

　ところで、3-1話は、2-1話と同じ主題をもつというだけではなく、A9のぴったり感が最も動揺した1-1話で用いたのと同じ図版が用いられている。また、次に紹介する3-2話でも、先のわからない道を行くという1-1話のテーマが語りなおされている。さらにこの第3回では、1-2話の続編として書かれた物語を持参した。つまり、最終回である第3回において、第1回、第2回の物語の語りなおしが何重にもおこなわれていると言える。おそらく第1回・第2回の物語は、評定にはそれほど顕著には現れなかったが、どこかぴったりしないと感じられたのではないかと推測される。それは、A9にとっては、最後に語りなおさざるを得ないものと感じられていたのではないだろうか。A1とは異なったやり方ではあるが、自分の物語を能動的に"ぴったり"にもっていこうとするA1と同様の姿勢をここに見ることができる。

[例2-9] A9の3-2話（図版11）

　物語の要約：門番である竜のところに、一匹の生きもの（ブタ）がやってきた。竜が、「おまえは何者だ？」と問いかけると、生きものは、「わたしはわたしだ。わたし以外の生きものじゃない」と生きものは胸を張って答えた。竜が、「ここを通って何をしに行くんだ？」と尋ねると、生きものは、「わからない。だけどここを通らなくては、先に進めないんだ。せっかくここまで来たんだから、引き返す気はないよ。この先へ、絶対に行くんだ」と言った。竜は呆れて、「行ったところで、死んでしまうんだよ。ごちそうがあるかもしれないし、会いたい人がいるかもしれないし、もっとすばらしいことが待っているのかもしれない。だけど、この道の先には、死というものしかないんだよ」と言うと、生きものは、「生きものは死ぬんだよ。おまえは何年生きているか知らないが、おまえも生きものである以上、死というものがあるのに違いないのだよ」と答えた。竜は困惑して、「そこまで言うのなら通るといい。ただし、きっと殺されるよ」と言うと、生きものは、「それまでに何か見るだろうし、食べるだろうし、嗅ぐだろうし、きっと、すばらしいものをたくさん見るだろう」と答えた。意気揚々と道を渡っていく生きものを、竜は羨ましそうに見送った。

　コメントの抜粋：（思っていたのと）違う話になった。最初は、自分を人間だと勘違いしているブタの話をしようと思った。どこで間違えたんだろう。ブタの答えが間違っている。「わたしはわたし」ではなく、「人間だよ」と答えてなければいけなかった。その辺からずれた。それはそれで、（この物語は）いい話にはなったと思う。〈お話としては気に入った？〉はい。前向きないいお話だ。でも一番聞きたくない話かも。

A9は、コメントに述べられたような、ブタの答えのずれに対して、評定をいったんは下げるが、「それはそれでいい」と肯定的に捉え、そうしたイメージを取り込んで、物語の流れを"とてもぴったりする"までもっていくことができている。A9には、このように、評定が右上がりになっていくところでは、不意に出てきたずれと、そこから物語のイメージが徐々に回復することが報告されるという特徴があった。これは、A1と共通した点として注目される。また、先ほど見たように、A9は1-1話で湖のイメージを両価的に評価しているが、この物語でも、「前向きないいお話」でありながら、そういう前向きさに対して「一番聞きたくない」とも述べている。A9にはこのほかにも、「本当は知っているけどわかりたくないから、物語では理由がわからないと言った」など、二重性を示す報告が散見される。ぴったりしながらぴったりしない、いい話でありながら聞きたくない、わかっているけどわかりたくない、というこれらの二重性は、物語の体験がさまざまな水準をもっていることをうかがわせる。例えば、無意識的なイメージをよく表現しているという意味でぴったりする物語が、自我にとっては受け入れがたく、ぴったりしないと感じられることが起こりうると思われる。

4. 変動増加を特徴とする二事例

　前項で紹介したグループⅠと対照的であるのが、次に見ていくグループⅡである。

　事例1：A2（30歳、男性）　このA2は、ほかの調査協力者にはあまりなかった、どのような物語を創作すればいいのかということについての質問や、自分の物語について「いいんですか、こんなんで」と調査者に確かめることが見られた。また、調査には本当は別の意図があるのではないかという疑いをもっていたということが、のちに語られている。

[例2-10] A2の1-1話（図版11）

　物語を始める前の質問：質問していいですか。話を創るというのは、自分が何かをしようとしているんじゃなくて、客観的にこの場面をきっかけに話が始まっていくのかと、ここに自分がいるのかとでは、全然違う。映画を観ているような感じで"作る"のかと？〈どちらでもかまわない〉

　物語の要約：ぼく（冒頭のみ一人称）は初めて行く洞窟に冒険に行こうとしている。すごいものがあると聞かされていて、その主人公はそれが何かを知りたくて、近所に住む老人に、行ってはいけないと言われているのに来てしまった。その葛藤の中で足取りは重いんだけれども進んでいく。その葛藤の場面がなかなか大切。好奇心と相反する心情が、この主人公にはある。老人の言うルールというものは世の中によくあるが、若者は目で確かめたい。すると、暗闇の向こうに、すばらしい景色があった。滝、緑、草原、木々が生い茂っていて、動植物が生き生きとしている景色が目の前に広がった。主人公は、前人の教えは大切にしなければならないけども、チャレンジしようということも大切なんだなと思った。

　コメントの抜粋：絵の事象事象を見て、第一印象と合っていればぴったりする、そこ（絵の印象）から勝手に膨らませた部分、自分が語っている部分はぴったりしないという基準（で評定した）。最初のほう（7分過ぎまで）は、自分で創った話をもう一回聞くんだから、ぴったりして当然とずっと思っていて、下に振れる（評定が下がる）というのがどういう状態なのか手探りの状態がずっと続いていた。それで、これは果たしてこのまま（まっすぐ）いってしまっていいのかな、（調査者に）悪いというところも正直あって、無理やり（変動を）作りはじめた。

注目されることは、A2が、「自分で創った話だからぴったりして当然」と思ったということである。7分過ぎまでの変動は、調査者を気にして無理に作ったとのことで、あとからまっすぐに訂正された[図2-7]。このことは、A2の他者を気にする側面と、自分の言動が自分にとってぴったりしたものでない可能性があまり考えられていなかったことを示す。

　7分過ぎからは、図版の第一印象や、図版から読みとれることがらに、物語が合っているかいないかということを手がかりにしている。この物語のコメントで、図版の印象から物語が逸れることを「勝手に膨らませた」という言葉で表した。

　これ以降の物語についても、A2はほぼ一貫して、自分の物語が図版の印象に合うかどうか、特に「絵から客観的に」わかるかどうかを評定の手がかりとして重視したと報告した。A2のコメントには「勝手に膨らませた」「勝手に作った」という表現が多く、そう感じられるところで評定が下がる傾向にあった。「勝手に作る」の意味についてA2に尋ねたところ、場合によって、イメージが自然に（＝勝手に）出てくることと、自分が筋を無理に（＝勝手に）作ることとの両方の意味に使われていることがわかった。このことについてA2は、「ぼく自身は（その二つに）違いがあるとはそんなに思わない」と述べた。自然にイメージが出てくることと筋を作り上げようとすることは、物語を進めるうえでどちらも必要であり、それを分けて考えることは不可能であろ

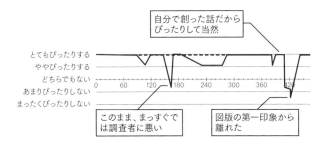

[図2-7] A2の1-1話の評定

う。しかし、ほかの調査協力者には、どちらかの側面に注目した報告が多い。この二つの側面を区別せずに報告することが、A2の特徴であると言える。

このようなコメントからは、A2が「客観的に」図版に忠実に物語を創作しているかのような印象を受けるが、実際にはそういうわけではない。例えば、1-1話は、図版11で通常、竜や動物、人と知覚される部分を完全に無視した物語となっている。図版通りの印象とA2が言うものも、実はA2の主観的なものである。A2はそうした自分の主観的な意味づけに気づきにくいようである。それは、次の物語にも表れている。

[例2-11] A2の2-1話（図2-1a）

物語：世の中、不景気ながらも、お金を持っている人なり、それなりの裕福な人たちっていうのは、いろいろ温泉に行って、ちょっとリフレッシュしたりだとかいうふうな人もいると。旅芸人の人たちっていうのは不安定な生活であるし、お呼びがかからないと仕事がなくて、日々、生活の不安を感じながらもいろいろと呼ばれている。ギャップみたいなのがある。お客さんのほうは羽振りもよくて、おいしい料理も食べてるし、その旅芸人を宴会の席に呼んで楽しい時間を過ごしてる。一方で、その旅芸人の人たちっていうのは、自分が食べたこともないような料理を前にしながら、貧しい生活ではあるけども、その人たちに対して楽しませてるっていうふうな構図が見えます。で、一番下っ端の、若い娘さんが、そういった世の中を、自分の宿命としてね、今ある自分の置かれている立場と、目の前にいてるお客さんの立場の違いを感じながら、必死に生きている姿があると。本人はまわりの人から見るほど、とてもつらいとは思っていなくて、とてもそれは楽しいひと時であると。つらいけれども、お客さんの喜んでる姿を、自分の唄なり、三味線なり、踊りなりを見て、喜んでもらっ

てる姿を見ると、とても幸せを感じて、貧しいけどもやり甲斐なり生き甲斐なり働き甲斐なりっていうのを感じている、ていうふうなとこですね。この木は本当に、日本の木っていうふうな感じがして、西洋、欧米のほうにはあまり見られないような木なんで、もう本当に純和風、日本っていうふうな、風景が見られます。緑豊かで、季節はちょうど今ぐらいかな、新緑ぐらいで、一番仕事もしやすいし、村から村へ移動するのにも、そんなに苦痛じゃない、とてもいい季節であると。

　コメント：第一印象が『伊豆の踊子』。学生との淡い恋みたいなのが描かれていたが、そういうのはぼくは、この絵にはダブらせなかった。あれをきっかけに、勝手に作ったという感じ。この絵は好きなほう。うっそうと茂った、涼しい、今ぐらいの季節の山を歩くっていうのが好きなんで。

　これは、川端康成の『伊豆の踊子』のような旅芸人の娘の物語である。図版に対して『伊豆の踊子』のイメージを投映していることがすでに、図版を客観的に見ているとは言えないが、さらに「季節はちょうど今ぐらいの新緑」「涼しい、今ぐらいの季節」という設定が二度述べられていることが注目される。この第2回の面接をおこなったのは、実際には8月上旬の猛暑のさなかであり、おそらく、現実の季節を間違えるほど、「新緑」という強いイメージをこの図版に投映したと思われるが、A2は最後までこの誤りに気がつかなかった。つまり、A2は、「絵から客観的に言えること」をぴったり感の手がかりとして強調する一方で、「客観的に言えること」そのものが本質的には、自分の無意識的なイメージの投映を多分に含んでいることには注意を向けていなかったと言える。

　しかし、第3回の調査終了時、この物語を振り返って、「（第2回時には）絵のままの物語なので評定が高くなったと言ったが、よく考えればこれ（評定

が高くなった『伊豆の踊子』の印象に合った個所）も勝手に作っている」と述べ、投映の引き戻しが起こっている。また、この時、全6話について、「（勝手に）膨らませているところもオッケーオッケーとしている」ところもあると言い、これまでのぴったり感の報告に疑問をもったことが述べられた。おそらく、これらのコメントが口にされる前から、A2のぴったり感の体験は、徐々に変化していったのではないかと思われる。自分の物語だから「ぴったりして当然」であるという観念や、絵の印象は客観的なものであるという思い込みは、調査を通してかなり揺らいでいることがわかる。それまでこれがぴったり感であると思っていたものに疑問を抱くようになったことが、A2に評定の基準を見失わせ、グラフの変動が増加することにつながっていったのであろうと推測される。

　ところで、A2は2-2話で、グループⅠ以外では唯一、語られなかったイメージについて報告している。2-2話は老夫婦の生活に邪悪なもの（それが何かは物語では言及されていない）が近づいてくるという物語であるが、物語が終わったあとに、A2は、「話しながら頭で考えたのは、実は原子力爆弾がね、投下されてガッと世の中が消滅するイメージ」があったが、それは「いやなもの」で、物語には出さなかったと述べた。A3の「どくろ」の報告とは異なり、「原子力爆弾」のイメージと評定の下降との関係は言語化されなかったが、このイメージが評定に影響した可能性は充分に考えられる。

　事例2：A5（26歳、男性）　A5は、物語を心理学的に解釈されるのではないかということを気にする発言や、自分で自分の物語に精神分析用語を用いた解釈を試みようとすることがしばしばあった。また、この調査協力者は、評定グラフを書くことがなかなかできなかった。特に第1回時の評定では鉛筆をはっきりと紙につけることをせず、A5が鉛筆で指し示したところにしたがって調査者がグラフを書いた。第2回時では、物語再生中は評定グラフを書けなかったが、のちにA5本人が線を書いた。第3回になって、ようやく物語再生中の評定を得ることができた。

［例2-12］A5の1-1話（図2-1a）

　物語：秋か冬くらいの午前中に、特に理由というのはないんだけど、ぼく独りで山の中を歩いていきます。そういうのは比較的、険しいはずだから、散歩とかそういうのなんで、ぼうっと登っていくと、何か霧みたいなものが取り囲みはじめ、(早口)まあでもそういう場合はぼくは別に怖いというのはなく平気なほうなんで、ずっと上まで上がっていきます。上に行くほど霧が深くなっていきます。だんだん辺りに何も見えなくなってきて、戻ってって、そんなに高い山ではないと思うので、比較的頂上に近いほうまで行くと、まわりも見えなくなってきて、それでも来た道がわかるので、特に帰り道に不安というわけではないような気がします。辺り一面霧がかかったところで、何をするかっていうこともなく、何か心を打つような直感みたいなもの、霊感みたいなものがあればいいんですけれども、そういうものも何もなく、ただ、さらさらとこう霧が晴れていって、そうするうちに、30分ぐらいしてから、することもないやと思いながら、もと来た道を帰っていきます。その途中でも、別に誰にも会わないです。

　コメントの抜粋：(グラフが書けなかったことについて)別にグラフの変動はない("とてもぴったりする"をまっすぐ示す)。ぴったりというのは、話のイメージと、心境と……自分がしゃべっている時の心境とその言葉自体のイメージ、人間は嘘つけますからね、語彙の喚起するイメージとそれをしゃべってる自分の自己意識がぴったりするかと思ったんで。(のちに"ややぴったりする"まで評定を下げたことについて)普通にしゃべったことに対して心境に近かったとしても、それを語っている以上、それを操作している意識みたいなものがあるはず、と思った。それで一段下げた。

この物語のコメントや、3回の面接調査全体を通じて見られた内容の解釈にこだわる態度から、A5はぴったり感を評定するという教示を、嘘をつかずに自由連想のように心に浮かんだイメージそのままを話したか、意識的に操作しなかったかが問われていると考えていたのではないかということが推測される。課題をそのように受けとっていたとすれば、評定することに抵抗を感じ、目に見える線を書くことがなかなかできなかったことも理解できる。最初、"とてもぴったりする"を指し示し、「変動もない」と述べているのは、自分は嘘をつかずに心境そのままを述べた、と言いたかったと言えるかもしれない。

　注目されるのは、「心境に近かったとしても、それを語っている以上、それを操作している意識みたいなものがあるはず」だから心境をそのまま語ることはできないとして、質疑段階で評定を"ややぴったりする"に下げていることである。つまり、「操作している意識」を今この物語を創作するうえで自分が体験したということではなく、「嘘をつく」ものである人間には「操作している意識があるはず」という、いわば一般論を評定の根拠にしているのである。この時点では、物語がぴったりする／しないということを、自分の感覚として評定するという姿勢に乏しかったと言える。

　ところで、物語の中には、「特に〜ない」などの打ち消しの表現が散見される。例えば、「特に怖くない」「別に不安ではない」などは、怖い、不安であるということが心によぎったことを打ち消したと言える。前述した評定の仕方とあわせて、この調査協力者の防衛の強さをうかがわせる。

[例2-13] A5の2-1話（図2-1c）

　物語：中年くらいの男が野良仕事の帰りで、夕方時を、山ではないんですが、山沿いの道を歩いています。辺りは霧がかかりはじめていて、でも別に天気が悪いというわけではないという感じがします。夕暮れどきですから、暗いというわけではなくて、む

しろゴッホの絵のようなどぎつい明るさを感じられるような天気だと思います。普通に家に帰るべく歩いています。遠くから男が歩く姿を眺めていると……だとしたら、(早口) なんかわら人形が歩いているような何か不気味なものを、感じるかもしれ……まあ、普通に歩いて暗くなる頃には家に帰ろうとします。その家には、ごく普通の奥さんと娘さんがいて……おしまい。

　コメントの抜粋：無理やりストーリーにするために、無理やり家に帰ったって話をでっちあげた感じ。なんかこれじゃストーリーにならないと思って。一応ストーリーにしなきゃいけないと思ったので、別に歩いている気配はなく、別に動いているようには見えないが、それだとストーリーにはならないと思って (男を動かした)。表現主義にこれに近いような感じの絵があった。山があって道があって、絵の真ん中あたりに歩いている男がわら人形っぽいイメージがあった。自分でストーリーを創っているというよりは、自分の記憶の中からそういう絵を引っ張り出してきて、その絵について語ってしまっている。だからちょっとわざとらしい。「普通に家に帰る」がやっぱり、無理やりストーリーにしているような、イメージが湧いたというよりも、ストーリーを創るためにはどういうイメージが必要かと考えた。(最後の評定が"まったくぴったりしない"になったことについて) これ以上またストーリーを創ると、また無理に、頭で作ってしまうような感じ (がする)。

　1-1話で「操作している意識があるはず」という一般論的な見方は、この物語のコメントでは、「自分の記憶の中の絵について語ってしまっている」「無理にストーリーを作った」という、"操作している意識"を具体的に体験したという語りに変化していることが注目される。おそらく、嘘をつかずに自由連想のように心に浮かんだイメージそのままを話したか、意識的に操作

しなかったかを評定しなければならないと思っているらしいことはこの第2回においても第1回と同様であったと思われるが、基準に自身の体験が入り込んできたことによって、評定は大きく動揺するようになったのではないかと考えられる。

また、この2-1話でも見られるが、これ以降、A5は、登場してくるものに動きがある、特に人物が活動的になると評定を下げる傾向にあった。次の物語にそれがよく示されている。

[例2-14] A5の3-2話（図2-1b）

物語：19世紀のフランスの地中海側か西側かはどちらでもいいんですが、海岸の灯台の下にあります、要塞です。いかにもフランスらしい感じでからっとした晴れ方をしています。それで、戦争中なんですが、今は別に敵が攻めてきているわけではなくて、なんか知らないんですけれど、船がないんで閑散としています。兵隊は表にはいないです。見張りの兵士が、敵が攻めてこないかどうか、望遠鏡で見ています。遠距離まで届く大砲の専門の兵士がやはり待機していますが、その男もあくびをしています。…（中略）…低めの崖みたいなところに接している。砂はないんですけど、カニとかがごそごそ動いています。結局、この日は何も起きずに一日終わりました。

コメントの抜粋：人間を登場させないといけないと思ったが、別に登場させる必要がないという感じがしたんで、なるべく人の数の少なそうな話にした。望遠鏡で見るというのはとりあえず活動的なこと。そういうのはやっぱり、絵の印象とは結果として馴染まない。大砲を撃つ必要もない。要らないと思った。それ（カニがごそごそ）は、あまりにも人間関係の話ができないから、動物か植物でも作ろうかと思った。別にそれもなくてもいいかと。

この物語では、兵士やカニの動きに言及している個所で評定が下がっている。望遠鏡で眺めている兵士や、大砲のそばで待機してあくびをしている兵士、ごそごそしているカニは、それほど「活動的」に動いているとは言えず、どちらかと言えばささやかな動きであるように思われる。しかし、語り手であるA5にとっては、そのささやかな動きでも「絵の印象」から外れるものとして「要らない」と感じられているようである。調査者は調査全体を通して、A5がどの物語でもいったん語ったイメージを頻繁に打ち消して広がらないようにすることや、結局は何もなかったという強調をよく入れてくることから、物語のイメージが自律的に動き出すことへのA5の恐れを感じていた。動きに対するA5の違和感は、それに関連したものであると思われる。

　しかし、第1回では動きが評定を下げることについては言及されていないので、動きが気になるようになったのは第2回以降ということになる。動きによる違和感は、A5の変動が増加していくことの一因となっている。一つの可能性として、物語を創作する体験を重ねるにつれて、物語の中にどうしても動きが出てこざるを得ないことに気づくようになったのではないかと考えられる。

5. その他の三事例

　第2項で述べたように、グループⅠ・Ⅱにはグラフと内観報告に特徴があり、それぞれ類型的な理解が可能であると考えられる。しかし、グループⅢのグラフの形状や内観報告は、グループ内の調査協力者に共通のなんらかの特徴があるというわけではない。それだけに、個々人の特徴が浮き上がって見えてくるように思われる。

　事例1：A4（20歳、男性）　［表2-2］からわかるように、A4は、物語が現実に即しているかどうかや物語の必然性、図版と物語の一致について言及することが多かった。特に物語の必然性や図版との一致については、図版からは

わからないことを思いついた、あるいは、図版からはわからないのに自分が決めてしまった、という時にぴったりしないと感じると報告した。図版から外れて物語を創ったことをぴったりしないとすることは、グループⅡの調査協力者にも共通して見られる特徴であったが、A4の報告を詳細に見ていくと、グループⅡとは異なった点も見えてくる。グループⅡでは、最初から図版に忠実に物語を創作することで自律的なイメージが動き出さないようにする防衛的な態度が顕著であった。それに対して、A4には、物語段階では防衛的な態度はあまり見られなかった。

　A4の特徴を示すものとして、次のような二つの物語とそれらについてのコメントが挙げられる。

[例2-15] A4の1-1話（図2-1b）

> 物語：ここらへん（石畳の道を指す）から、向こう側から、戦いが始まって、この右の階段を上っていって、向こうの城のところに攻めて行くような感じです。この塔から、相手が監視している感じで、すごくむつかしい戦い。城のすぐ横に崖があって、なんか攻めにくく、こっち（階段）から回って、戦いに行く前の段階みたいな。
>
> 評定が下がった個所についてのコメント：（崖と言ったところは）わからない。（戦いの）前の段階かどうかわからない。これ（塔）は、何かわからない、想像しただけなんで。

[例2-16] A4の2-2話（図版19）

> 物語：夢の中の……なんで、登場人物とかもいなくて、嵐の中を船に乗って、いろんなおばけから逃げているという感じですね。

> 逃げても逃げても、どっちも、おばけが追ってきたり、ほかのおばけが出てきたりですね。だんだん波も高くなって、この船も、空想の世界なんで、形もはっきりしてなくて、船が嵐に呑まれて沈んでいって、おばけに囲まれてですねえ、でまあ、びっくりして起きてしまう、いうふうな感じですね。
>
> 評定が下がった個所についてのコメント：何かわからなかった（のにおばけと言った）。このおばけがやっぱり、いいやつか悪いやつかわからない（ので、追いかけてくるのかはわからない）。船でなくてもよかった。車とか。

このように、A4の特徴としては、質疑段階で、自分の述べた物語に対して「〜かどうかわからない」「〜でなくてもよかった」と打ち消すことが多かった。これは、物語創作の段階ではおそらく思いついたままに近いイメージを言っておいてから、のちになってそれでよかったのだろうかと迷いや悔いが生じたためと思われる。つまりA4は、最初から物語を創ることに対して構えがあったグループⅡの2名とは異なり、無意識的なものを表出することに歯止めはあまりかかっておらず、表出してから不安を感じてしまうようである。そういう意味では、グループⅡよりも、内的な衝動から自分を防衛する力が弱いと言えるだろう。

特に、2-2話の「おばけに追いかけられる夢」の物語では、生々しい印象を感じたままに物語に出してしまった可能性がある。というのは、この2-2話が語られた第2回に続く第3回では、直前のキャンセルが二度にわたってあった。そして3回目の設定でようやくおこなわれた第3回では、[表2-3]からわかるように、A4は第2回に創った二つの物語とほとんど同じ主題の物語を二つ創り、調査終了時に調査者から尋ねられるまでそのことに気づかなかった。つまりA4は、第2回に創った物語を忘れていたのである。これらのことも、外的な刺激から受けた衝撃をまず表出してしまい、その後で心

[表2-3] A4の物語

	物語のあらすじ
第1回	【1-1話（図1b）】戦いが始まって、階段を上って城に攻めていくような感じ。この塔から相手が監視している感じで、すごくむつかしい戦い。城のすぐ横に崖があって、なんか攻めにくく、こっち（階段）から回って戦いにいく。
	【1-2話（図1a）】おじさんがゆっくりこの長く続く山の中を散歩してゆく感じで、いろいろな木などを見たり、昆虫や鳥を見たり写真を撮ったり、これからスタートしていく段階。
第2回	【2-1話（図1c）】ラクダに乗ったおじさんたちが、千キロぐらい離れた村まで砂漠を旅している。アリやサソリが出てきて、それで同じような風景がずっと続いているので、途中で道もわからなくなる感じ。喉も渇いて、水もなくなって、だいぶまあ周りがぼやけてきた。
	【2-2話（TAT図版19）】これは夢の中。嵐の中を船に乗って、いろんなおばけから逃げているという感じ。逃げても逃げてもおばけが追ってきたり、ほかのおばけが出てきたり。だんだん、波も高くなって、船が嵐に呑まれて沈んでいって、そこでおばけに囲まれて、びっくりして起きてしまう。
第3回	【3-1話（図1c）】エジプトかどっかの砂漠で、真夏の日に何人かがラクダに乗って、300キロぐらい離れた場所まで旅をする途中の風景で、途中にはアリやサソリがいたりして、何日間かかけて泊まったりして、毎回毎回砂漠の形状とかが変わって、楽しみながら行っているような感じ。暑くて、木も生えていないような砂漠をえんえんと旅している。
	【3-2話（TAT図版12）】春の天気のいい日に、桜か何かの花見をしに出かけていて、川沿いを舟に乗りながら見ている。その花の横にスペースがあって降りて休憩する。ゆっくりしたスピードで、次の見やすいところがあれば降りる。

が揺れる、そしておそらく解離的になる、というA4のあり方が推測される。

ところで、[図2-4]のA4の第2回・第3回の評定グラフを比較すると、グラフの形状としては似たものが得られたが、わずかに上昇した。また、コメントの変化として注目されることは、第2回では「わからないものを決めたから」とぴったりしないとされた部分（虫などの砂漠の描写）が、第3回には「もしかして違うかもしれないが」と言いながらも、ぴったりすると報告されたことである。物語の内容も、旅の描写がより詳細になっており、旅の苦しさが楽しさになるなど、変化が見られた。第3回では、自分が「わからないのに決めた」ものに対して以前よりも肯定的になっており、それまでよりは自信をもって自分のイメージを展開している様子がうかがえる。第3回時はイメージが展開しているだけではなく、第2回よりは物語の構成度もやや高くなっており、図版の刺激から少し距離をとって心の動きが統制できるように

なってきた可能性がある。第3回の評定グラフがそれまでの2回よりも安定したのは、これらのことを反映したためではないかと考えられる。

　事例2：A6（19歳．男性）　A6の評定は、状況・事物のイメージとのぴったり感や、人物への共感や反感によるところが多く、どちらかというとグループⅠに近かった［図2-4］。

　A6のグラフは3回とも、同じような形状になった。毎回、はじめに創作された物語についてはいずれも変動があり、1-1話では波状を、2-1話・3-1話では一つの大きな山状の線を描いている。それに対して、各回の二番目に創作された物語の評定は常に、"どちらでもない"からほとんど動かない。このことから、A6は、おそらく、状況や図版から刺激されて心を動かされ、呼び起こされたことをすぐに表出する傾向にあり、初めの物語はそうした動揺がコントロールされないまま創作された可能性が考えられる。こうした物語の評定について、A6は多くの場合、主人公や物語の「肝」になるもの以外についての言及があると、ぴったりしないと報告した。「肝」とは、A6にとって重要であると感じられる中核的な部分のことであり、それ以外の、例えば状況の説明や主人公以外の行動・感情は「興味がない」と述べた。その一方で、自分の語りたい興味のあるイメージになると評定が山状に上がっていく。先ほども述べたように毎回二番目の物語で評定の変動がほとんどなくなるが、このことから、初めの物語で感じた動揺を二番目の物語でコントロールした、あるいは、初めの物語で激しいものを表出しすぎたために感情が平板化した可能性が考えられる。

　このように、A6は3回とも同じようなグラフのパターンを示している。しかし、コメントの内容を見ると、最終の3-2話では、それまでの物語創作時とは違った心の動きを見ることができる。

[例2-17] A6の3-2話（図版20）

　物語：空を見上げると、うんざりするほど明るくて、暑く照りつける太陽があって、それを顔をしかめながら視点を眼下に戻すと、例えば子どもたちがグラウンドで無邪気に遊んでたりする。その時に、ああ、この街のガキどももまだ元気だなあとか思って、時々、自分もそういえばこんなところでこういうふうに遊んでたなって思ってる。どの程度遊んでいたっけ、それが思い出せない感じ。おとなになっちゃったけど、あの子どもの頃に思い描いていた夢はかなわないなあ。というか、あの頃思い描いていた夢が何かも、ちょっとよく思い出せない感じ。無邪気な子どもたちを見ていて、結局なんかよくわからない暗い気分に襲われる自分に嫌気がさし、また、夏の暑さがうっとうしいと思いながら、歩いているのかな。もう（実家に）帰ってくるのやめようかなあとか、そんなことを思って。

　コメントの抜粋：おれが話してる、という感じがする。たぶん、声を変えて、おれを結構よく知っている人間に聞かせれば、十中八九（自分だと）わかる。人からどう見えてるかわからないけれども、6割ぐらいの生活では、そういう（物語に出てきたような）感情を噛み殺してやっているという気がしているから。〈おれらしい話、でも、ぴったりはしない……〉やはり、（そのような話を）好んではならないと。そこで正当化しちゃいけないと。

　それまでの物語では、自分の興味のある登場人物や状況の、いわば「おれらしい」イメージが語れているかどうかを評定の手がかりにしていたA6が、この最終話では、「おれらしい話」であるとしながらも、「好んではならない」「正当化してはならない」と述べている。のちに、この物語を振り返って、

A6は、「ぴったりしているかどうかという点では、自分らしい話というのでぴったりしているとも言えるが、それだからこそいやだ（ぴったりしない）」という感想を述べているが、この言葉は、物語と語り手がぴったりくるかどうかという問題の複雑さを示唆している。

　事例3：A7（41歳、女性）　[表2-2]を見ると、この調査協力者もA6と同様に、評定については、状況・事物のイメージや登場人物のイメージを重視するというグループⅠに近い報告をおこなっていることがわかる。つまり、ほかの多くの調査協力者（グループⅡの2名とA4以外）と同様の傾向を示したということであり、それ自体は大きな特徴であるとは言えない。

　A7がほかの調査協力者と大きく異なる点は、物語の独創性に特に言及する点にある。A7は、自分の表現が「ありがち」「陳腐」であると感じると、評定が下がる傾向にあった。また、それに加えて、A7は、登場人物や彼らの置かれている状況が、自分や自分の生活している状況と重なるかどうかについての言及も多かった。つまり、A7にとって、「自分の物語」は自分だけの独創的なものでなければならず、より自分や自分の状況に近いものでなければならなかったのである。自分の内界と物語とのぴったり感を求めることはグループⅠの調査協力者と共通するが、A7の場合にはより強烈に物語が「自分」のものであることを意識していたように思われる。

　もう一つ、A7について興味深いのは、1-1話・3-1話・3-2話において、同じ主題の物語を3回も創っていることである[表2-4]。A4も2回、同じ主題の物語をくり返したが、A4の場合はそのことに無自覚であったのに対し、A7は意識的にくり返している。A9の語りなおしと同様の意味があると思われるが、A9が語りなおしによって感覚的に"ぴったり"することを求めているのに対し、A7のほうが意識的に"自分らしさ"に固執しているように調査者には感じられた。特に第3回において、同じ主題の二つの物語を、展開を変えて語っていることは注目される。この二つの物語を語ったのち、最終話の感想として、A7は、「ぴったりしないわけではないし、物語としてまと

第2章 "言葉の箱庭"としての物語　89

[表2-4] A7の物語

	物語のあらすじ
第1回	【1-1話（図2-1b）】時代はかなり前で、若者が、近くの島の人と文通をしている。ずっと手紙のやりとりをしていて、相手に興味をもった。でも、波も荒く、航海技術も発達していないために、なかなか会うことはできない。けれども、ある日、その文通相手が、この島に、重要な用事があるためにやってくることになった。それを聞いた主人公はとても喜び、心待ちにしていたが、その日になっても、その船が来ない。心配になりつつ、主人公は毎日毎日、沖を眺めて、友人が来るのを待っている。
	【1-2話（TAT図版11）】岩山に、一頭の竜が住んでいた。特に邪悪というわけでもなく、善良というわけでもなくてごく普通の竜。この竜の楽しみにしているのは、毎日この道を通っていく旅人と話をすることだった。かといってそれほど人が好きなわけでもないので、あまり通られても困るので、人がそれほど通らないように、岩などを並べて通りにくくするいたずらもしていた。旅人がやってくると、気に入った相手だと何時間も、何日間も一緒に話をして過ごす。その旅人から小耳に挟んだ話によると、人間がこの辺りをもっと整備しようとしている。なんとか、それをさせない方法はないだろうか、竜はそのことばかりを考えていた。
第2回	【2-1話（図2-1a）】山の中腹にある村から、青年が下に行く時、いつも、何人に出会うかを当てるのを楽しみにしている。今日は気候もいいし、6人、と考えて降りはじめた。しばらくすると、中年の女性3人が見えた。青年は、急ぐ用事なので、簡単に挨拶をしたあと通り過ぎた。今度は、郵便を届けにくる人に出会った。今度は子ども2人、遊びながら駆け上がってきた。あと1人でぴったりだったが、とうとう麓の村に着いてしまった。
	【2-2話（TAT図版19）】海が大好きな若者たち十数人が潜水艦で旅をしていた。同じメンバーで旅をしているわけではなく、もしその土地が気に入った人がいれば、その土地に上陸してずっとそこで一生を終わる。途中で停泊した村から、希望者がいれば同乗してもらうこともあった。そうやってメンバーは増えたり減ったりしつつ、旅が続いた。ある日、上がってみると、何か様子が変で、今まで見た世界とはまったく違う光景が目の前に展開されていた。とりあえず、また深海に潜り検討したが、わからない。確かに、外部からの電波もしばらく途絶えていた。青年たちは、結局浮上し、全世界を調査してみることにした。
第3回	【3-1話（図2-1b）】離れた島に住む、文通を交わしていた人が、その友の島へやってくることになった。しかし予定していた日を過ぎてもやってこない。島にいる青年は、毎日、海の彼方を見て、友人が来るのを待っていた。友人のほうは、海賊に船を襲われ、遠く知らない国へ奴隷として売られていた。十数年の月日が過ぎてから助けられ、ふるさとに帰ってきた。友人の島を訪ねると、その青年は、海賊を取り締まる運動をしているうちに亡くなったことがわかった。友人は、友の運動を引き続きおこない、海賊は少なくなった。
	【3-2話（図2-1b）】文通相手を、青年はずっと待っていた。そのうち、どうやら船は遭難したという連絡が入ってきた。もしかしたら海の中に消えてしまったのかもしれないと、青年は心配していた。その頃、その友人は、島の離れたところに打ち上げられ、陸路を来た。こうして、思いがけないかたちで出会うことになった。友人はほぼイメージしていた通りの人物で、親密に話をした。友人は音楽を志しており、島を統治する本国のほうへ向かう途中で、文学を志している島の青年に、一緒に行かないかと誘った。しかし青年は島にとどまり、文通相手の青年は島を離れて音楽の勉強に行った。二人の文通だけは、一方が亡くなるまで続いた。

まっていると思うが、細部の矛盾や納得のいかなさがある」と述べた。この言葉は、納得のいかなさを、くり返し同じ主題の物語を語ることによって、なんとか納得しようとする姿勢と、くり返し語ってもやはり完全に納得するものにはならないというA7の思いを表していると思われる。

　以上、グループⅢの3名についてそれぞれ検討した。先述したように、グループⅢはグループⅠ・グループⅡのどちらにも入らなかった、いわば"その他"の人々であったため、グラフやコメントについては、グループ全体のまとまった傾向は見られない。しかし、3名ともそれぞれのやり方ではあるが、自分の創った物語を自分にぴったりなものとしてどのように受け入れていくか、あるいは、どのように物語をぴったりだと感じられるように創っていくか、ということを模索するという点では共通している。そこには、矛盾や納得のいかなさからぴったりしない思いを抱えながら、自分のテーマをなんとかより納得のできるものへ、ぴったりするものへと、近づけていこうとする意識的・無意識的な努力を見ることができる。

第3節　物語創作における体験

1. ぴったり感の安定と揺らぎ

　前節で検討した個別の事例からわかるように、物語を創作している時に、何を"ぴったりする／しない"と感じるのかということについて、グループⅠ・グループⅡで共通する特徴が見られた。グループⅠは、内的なイメージや語り手の気持ちを重視して評定したという報告が多いのに対し、グループⅡは、物語創作のテクニックや図版に合っているかどうかを重視する報告が多かったと言える。前者は、与えられた図版をそのまま受け入れず、自分の表現したいものに合わせて変えて使用する。ものごとの価値づけ、意味づけを重視し、内的イメージや自分の感情に対して開かれており、表現が豊かな

一方で、気が済むまで表現しようとする傾向が見られた。それとは対照的に、グループⅡは、与えられたものから外れないように表現し、評定は共感や反感などの感情には左右されないようである。グループⅠのように自分の何かとぴったりする、あるいは、グループⅡのように図版の印象にぴったりするかは厳密に分けることはできず、その二つは実際には表裏一体である。しかし、どちらの側面を強調するかは、その人の生きる姿勢につながる問題であると言える。

　グループⅠでは、まず、第2回・第3回で評定が高いところで安定するのが大きな特徴であるが、これはもちろん、だんだんどうすれば自分にぴったりする物語を語れるのかがわかってきたということにも一因があると思われる。例えば、このグループでは、次々とイメージが膨らむ、出てくる、という報告が多かった。そのように次々と思い浮かんだイメージを多く物語に盛り込もうとするため、このグループの物語は長くなる。特に第1回では、イメージがうまくまとまった筋にならず、時には収拾がつかない状態になってしまうということが起こり、そのことが評定が不安定になる一因となっていた。しかし、第2回・第3回では、あるイメージが浮かんだが選択しなかったという報告をする人や、明らかに描写が簡潔になる人が出てくる。これらのことから、グループⅠの調査協力者たちは、物語を創り続けるうちに、思い浮かんだたくさんのイメージの取捨選択が、徐々にできるようになっていったと推測される。

　しかし、第3回であっても、評定が完全には"とてもぴったりする"に沿うことはなく、どの調査協力者も時々グラフが小さな落ち込みを示す。この小さな落ち込みについて、思いがけないイメージの出現や膨らみが、自分が語りたかった筋からも外れさせるようにはたらいたという報告があった。つまり、イメージの取捨選択がうまくいくようになっても、創り手の意図を超えて現れてくる思いがけないイメージが物語に入り込んで、ぴったり感を損なうのである。しかし、そのようにして損なわれたあと、ぴったり感は、急激な回復を試みられるのではなく、ゆっくりと回復されていく。この一連の

過程が、特徴的な右上がり評定を生じさせたと推測される。これは、グループⅠが、思いがけず出現した必ずしもぴったりしないイメージに対して大きな拒否や動揺を示さず、それらを物語の中に徐々に取り込んでぴったりするものへと変えていく力をはたらかせているからではないかと考えられる。これは、日々、自分の内側に生じた違和感にどう対処しているのかということにも通じる。

　これまで述べてきたように、内的なイメージとぴったりするかどうかが評定の手がかりとなっていること、身体感覚的なぴったり感（箱庭における身体感覚的な「ピッタリ感」とは違ったものであるが、それについてはのちに述べる）の報告があること、イメージの選択肢が多いことを考えあわせると、このグループに属する人々は、自分の内面や感覚に焦点を当てることが多く、無意識的なイメージを比較的受け入れやすいのであろうと思われる。語り終わった時に自分の物語の展開に対する意外さ、思いがけなさがしばしば述べられるが、ほとんどの場合、その意外さは肯定的に捉えられている。A1やA9の事例から、これらの人々が単に無意識的なイメージが受け入れやすいというだけではなく、時にはかなり能動的に、違和感のあるイメージを自我親和的なものへと創り変える傾向があると言えるだろう。

　一方、グループⅡの調査協力者は、「勝手に作る」(A2)、「（状況や人物が）動く」(A5) など、図版の印象から外れると評定が下がる傾向にあった。また、物語が調査者によって心理学的に「解釈」(A5) されるのではないか、調査に隠された意図があるのではないかということを気にする態度が、ほかの調査協力者よりも顕著であった。これらのことから、この2名は、無意識的なイメージがはたらくことや、それを解釈されることへの防衛が強かったのではないかと推測される。特にA5の場合は、イメージが動くということに対する自分自身への内的な防衛も必要であったのかもしれない。

　図版からの客観的な印象を強調する (A2)、あるいは、物語の動きを制限しようとする姿勢 (A5) は、イメージの自由な動きを肯定的に捉えるグループⅠとは対照的に、物語が展開していかない窮屈な印象を受ける。しかし、

第2回・第3回になってくると、そうした窮屈さの裏で、原子力爆弾（A2）など、強い印象を与えるイメージが動いていたという報告が出てくることが注目される。グループⅡの人々も内的なイメージの動きを感じてはいたが、グループⅠのようにそれをうまく取り込んで展開させるというよりは、何かわからない「邪悪なもの」や「わら人形っぽい」人間など、どちらかと言えば否定的な印象を伴って物語の中に入り込んできたと言える。変動が増加したことの原因の一つとして、第1回での防衛的な態度が第2回・第3回ではやや崩れ、裏を流れていた受け入れがたいイメージの動きが物語に入り込んでくることがあった可能性が考えられる。

　また、このグループでは、1-1話の評定を「当然」や「はず」という言葉で報告したことが注目される。つまり、最初のうち、評定は、ぴったりするということがどのような感覚かがわかりにくく、観念的にぴったりするはずかどうかということを考えがちだったと言える。しかし、調査が進むにつれて、"ぴったりする／しない"ということに対して自分なりの基準ができるようになっていった。また、A2の事例で見たように、調査を通じて投映の引き戻しが起こるようになり、絵の印象は客観的なものであるという思い込みが変化した可能性が高い。このように、ぴったり感が質的に変わっていったことが、評定グラフの変動が多くなっていったことに影響していると思われる。

　以上のことから、湧き上がってくるイメージに対する態度の違いによって、物語創作の過程から得られる体験が違うのではないかということが示唆された。グループⅠは自律的なイメージに開かれている状態であると言えるが、自我がそうしたイメージを統制して自分の物語に合うように創り変えようとするところもある。グループⅡは防衛的な態度が表に出ているが、統制しきれないイメージが物語に影響してしまうこともある。しかし、イメージと物語に対するこのような両者の態度は、単純にそのまま、彼らのパーソナリティの問題に還元することはできないであろうと筆者は考えている[*13]。したがって、筆者がここで論じたいのは、両者の心理的な類型ではなく、物

語を創るということが、この二つのグループに見られるように、ぴったり感を安定させようとする側面と、ぴったりしないイメージを語り手に吹き込んで安定を揺るがそうとする側面の両方があるということである。ぴったり感が安定するということは、イメージを表現し、それを自分のものとして受け入れるということであり、東山の言うように「本当の自分と自分のもつ自己イメージの乖離」を少なくし、「自分というもの」を統合することに役立つ（東山，1994，p.4）。しかし、そうしたぴったり感の安定が望ましいことであると考えられる一方で、安定を保持しようとしすぎると、ぴったりしないと感じられるものが意識に入り込むことができないと考えられる。すなわち、安定を保持しようとするはたらきは、無意識から上がってくるぴったりしないものへの防衛につながる。無意識的なものを意識に送り込んでくるイメージのメッセージ性を活かすためには、ぴったり感が揺るがされることも、安定していくこととともに重要であると言え、"言葉の箱庭"としての物語の意味は、創作する過程においてその両方のはたらきのバランスを探っていくことにあると言えるのではないだろうか。

2. 語り手と物語との一致／不一致の体験

　グループの考察で取り上げた個々の事例から、個人のぴったり感はある程度互いに共通する要素を含んでいると同時に、まったく同じぴったり感を共有しているわけではないことがわかった。今回は事例として取り上げなかった調査協力者のぴったり感にも、それぞれ個人に特有の傾向が見られた。また、個人の中でも、どのようなことが"ぴったりする"あるいは"ぴったりしない"と感じられているのかは、場合によって異なり、変化していくものであった。

　このように、さまざまなぴったり感が得られたことは、何と何とが"ぴったりする"と感じられるのかという組み合わせが無数にあることを示唆する。また、その組み合わせが同じものであったとしても、評定の理由を報告

する時には、個人が平常こだわりを感じていること、あるいはその時ちょうど気にかかっていたことなどに結びついた言葉で把握され、説明されると推測される。特に、"ぴったりしない"感じは、A4の「わからないものを勝手に決めた」、A7の「ありがち」「陳腐」のように、個人の特色が出やすいと考えられる。

　ぴったりする感じは、ぴったりしない感じに比べ、説明は曖昧になる傾向がある。中でも、右上がり評定には、「そうそうという感じ」としか表現されないものもある。この調査で示されたように、質の異なる複数のぴったり感があるとすれば、語り手と物語とが本質的にぴったりすると感じられれば感じられるほど、体験された感覚的な一致は言葉にしにくいと考えられる。それは、次元の異なるものを含んだ複合的なぴったり感であるために、何と何の一致なのかを報告するのは困難に感じられるだろう。

　このように、ぴったり感を複合的なものを含んでいると捉えると、ある体験について、ぴったりすると同時にぴったりしないという一見矛盾する感じが起こってくることは充分にありうることであると考えられる。例えば、A9の1-1話に登場する湖のイメージは、語り手に"とてもぴったりする"と"まったくぴったりしない"を同時に感じさせている。また、A6が、「おれらしい話」について、自分らしいからこそぴったりしない、と述べていることも示唆的である。これらの調査協力者の言葉は、自分と物語との一致／不一致の体験が複雑なものであり、相反する、あるいは一見矛盾する感情を同時に抱かせるものであることを示している。

3. 物語の感覚的な体験

　ぴったりする感じが、ぴったりしない感じに比べ説明が曖昧になるということに関連して、箱庭療法においては三木は、「こうだ！」という感覚的な言葉でしか「ピッタリ感」は表現できないことを指摘している（三木・光元・田中, 1991）。A1やA9が述べているぴったり感も、三木の述べているものに近い

のではないかと考えられる。

　ここで注目されるのは、そのようなぴったり感が報告された物語において、A1とA9がともに身体的な感覚に言及していることである。A1は舟をさわっているような触感である一方で、A9は眠さであり、それぞれまったく違う体験ではあるが、これらはともに、思考や概念のレベルでぴったりするのではない、体感的なレベルでのぴったり感について考える必要を示唆するものである。そうしたぴったり感は、ロジャース（Rogers, C. R.）やジェンドリン（Gendlin, E. T.）が論じた体験過程における感覚に通じるものがあると考えられる（Rogers, 1961; Gendlin, 1978）。

　A1とA9のこれら二つの物語では、語り手が、みずから登場人物として物語の中に入っているかのような体験をしている。小説・ドラマから強い感動・印象を人に与える時、人は"入り込む"という表現をすることがある。小説を読む・ドラマを観るということと、それらの中に入り込むということのあいだには、体験として大きな差があるのではないかと考えられる。その差を生じさせるのは、感覚的な体験の有無である。みずからが物語の中にいるように感じながら物語が創作される時には、単に物語を考え出すというだけではなく、小説やドラマに入り込むのと同様の体験が語り手になされていると推測される。

　この問題は、今回の調査で扱った創作された物語と、後述する白昼夢や人生の物語とをつなぐ、共通の要素として注目される。物語は、意図的に創作されたものであっても無意識的に生み出されたものであっても、語り手・聴き手を包み込むものとなりうる。語り手や聴き手がひとたび中に入ってしまうと、それは彼らにとって体験される世界となり、時には物語であることが見失われてしまうこともある。

　今回の物語創作の調査を通して、筆者が改めて認識したのは、物語というものは語り手にとって一筋の言葉のつながりではなく、その中に入り込んでしまうくらいの広がりと奥行きをもった世界となるものであり、語り手は時にその世界の手ざわりに近いものを感じるほどの生き生きとした体験をする

のだということであった。夢や箱庭、描画などの非言語的なイメージの表現では目を向けられている体験という側面が、物語創作では、言語的であるために忘れられがちであるかもしれない。

4. イメージの自律性と物語 (tale)

　A1は、物語が進むうちに話の筋が膨らんで、「自分でも思いがけない話になった」「こんな話になるとは思わなかった」と述べている。A1だけではなく、複数の調査協力者から、自分が創作した物語に対して思いがけない感じをもったということが報告された。箱庭療法においても、どうしてこのような作品になったのかわからないが、できあがったものは自分の箱庭であるという感じをもつことがあるという指摘がなされている (山口, 2001)。この思いがけなさは、語り手が物語を意識的に創作しているつもりでも、無意識的なイメージのほうが、いわば自律的にはたらくことから生じるものと考えられる。

　今回の調査では、物語を語るうちにイメージが自然に出てくる、あるいは、物語が勝手に進んで自分の思うようにならなくなるという感じをもったという報告が多かった。このことは、物語の"創られる"という側面ではなく、出てくる（出てきてしまう）という、先述したような自律的な側面の重要性を示唆するのではないかと思われる。このような自律的なイメージが出てくる物語についての体験の報告は、大きく二つに分かれる。一つには、自律的なイメージにしたがって物語が進んでいくことが、意外ではあってもぴったり感を損なうものではなく、むしろ前項で述べたような感覚的な体験を伴って、"とてもぴったりする"と思われるものとなったという報告である。もう一つは、出てきたイメージがぴったりしないものであり、それが物語の中に入れられても入れられなくても、ぴったり感を下げるという報告である。

　後者の報告において特に注目されるのは、A3の「どくろ」やA2の「原子力爆弾」のように、語られなかった自律的なイメージが、実際に語られた物

語の評定を下げる要因になっていることである。このことは、口頭で何かを語るという体験は、語られたものだけではなく、語られなかったものにも影響を受けるということを示唆している。語るにつれて生じてくる自律的なイメージは、必ずしもその場で口にされるのにぴったりであるとは限らない。イメージが言葉にされる時、語り手の意識が受け入れられない、あるいは、それまでに語られた筋とは相容れないものであるという理由で、それらのイメージはストーリーに合うように剪定される。思い浮かんできたイメージをすべて矛盾なく一つの物語に入れることは困難であり、A3のようにそれを追求する姿勢の強い調査協力者でも、言葉にする時には何かを切り捨てて語らなければならない。しかし、言葉にした時に切り捨てられたものでも、心の中には切り捨てられないままに残る場合があると考えられる。言葉にされた物語の筋とは関係のないところで、語り手が、湖が鏡のように澄んでいてかつ濁っていたという矛盾をそのまま心の中で体験している可能性があることを、A9の報告などが示しているように思われる。

　何人かの調査協力者が、ストーリーにすることに苦労したという意味の報告をしているが、これは、今回の調査が物語を創ることを求めるものであったので、表に出てくるものはストーリーにならざるを得なかったためである。ストーリーではなく、序論で述べたような物語(tale)であることを許される語りであったならば、"澄んでいてかつ濁っている"鏡のような湖という、論理的にはありえない、しかし語り手にとっては重要であったかもしれない自律的なイメージがより多く入り込んできたかもしれない。

5. 聴き手の役割と心理臨床

　それぞれの調査協力者のプロトコル全体を見渡すと、語り手と聴き手との関係の形成が、多かれ少なかれ、語り手の内面に影響を与え、語りを変化させていた。例えば、A6の場合は、それまで「嚙み殺して」いた感情が出てきた、A10の場合は、「数年前に感じていたことをまた感じるようになった」

などの語りが、第3回になって出てきている。

　こうした語りは、物語の聴き手の役割の重要性を考えさせる。箱庭療法における創り手と見守り手との関係のように、"言葉の箱庭"としての物語創作においても、語り手と聴き手との関係の形成は、創作の体験を左右する一つの大きな要素であると言える。創作された物語を、体験を含めて聴き手が真剣に聴くということは、物語のもつイメージや、時には物語とは直接には関係のない、言葉にされなかった物語まで、可能な限り聴きとるということである。ほとんどの調査協力者が、自分の心に浮かんだイメージを、聴き手である調査者に少しでも伝えようとする努力を見せた。それは、自分の物語創作に影響を与えた、小説などの既存の物語、絵画や音楽の紹介であったり、ストーリーに使われなかった切り捨てられたイメージへの言及であったりしたが、中でも回を重ねるにつれて、創作された物語に関連する、自分自身についての語り（中には、親族の死についての語りや、事故で大きな身体的損傷を負ったという語りもあった）が現れてくる調査協力者がいたことが印象的であった。A6やA10は特にその傾向が強く、例えばA6は、初め「おれを知らない人が（物語を聴いて何か）わかるのかと思った」と述べているが、最終回には「おれらしい話」の"おれらしさ"について、物語創作よりも長い時間を費やして語っている。そうした彼らの語りを聴くと、調査の終盤では、通常であればそこまで語られなかったであろうところまで掘り下げて、自分の物語に潜んでいるものを調査者に聴きとってもらいたいと彼ら自身が望みはじめるということが起こっていたように思われる。

　今回筆者がおこなったのは調査であり、物語創作の体験の聴きとりであった。ここで得られた語りと、心理臨床の現場におけるクライエントの語りがまったく同じようなものであるとは言えない。しかし、聴き手にとって比較的わかりやすい、創作された物語であったとしても、誰かの物語を共有するということがそれほど容易ではないことを改めて考えさせられる。人は、語りのあいだにその語りと自分についてのさまざまな思いを体験する。言葉にしない思いは、時に切り捨てられ、聴き手の耳には届かないかもしれない。

どくろがぴったり感を揺るがしたように、語られなかった何かが語りの体験に影響を及ぼすことは、おそらく、クライエントの語りでも起こりうることであろう。そして、そうした体験を含めて物語を聴きとろうとすると、徐々に生き方についての語りになりうるということも、心理臨床の現場でのクライエントの語りを聴くために有用な視点であるように思われる。

第3章
白昼夢の物語

第1節　白昼夢に関する心理学的研究とその課題

1. 白昼夢とは

　キプリング (Kipling, R.) の短編小説『ブラッシュウッド・ボーイ』[*14]の一節に、次のようなものがある。

> 六歳の子がベッドに寝たままいろんな話を作りだしていた。それは新たに発見した能力だった。ひと月前、母親から途中まで聞いたおとぎ話の続きを作ることを思いついたのだ。自分の頭から出てくる話が、まるで「はじめから」聞く話のように面白いので、うれしかった。(Kipling, 1895, pp.186-187)

　白昼夢はこのように、しばしば文学作品にも登場し、人間の心的活動として広く知られるものの一つである。
　白昼夢は、必ずしも文字通りに昼に見る夢というわけではない。白昼夢の"白昼"とは、昼夜を問わず(キプリングの小説の主人公は夜、「ベッドに寝たまま」白昼夢を見ている)、睡眠中ではなく意識が覚醒している状態でいることを示

す。白昼夢は夢に似た無意識的な空想であり、それをもつという行為も比較的無意識的におこなわれるものであるが、ある程度のまとまりをもった物語として、夢よりは意識的に把握されている、あるいは意識的な統制がかかっていることが多い[*15]。そこで、白昼夢の定義としては多くの場合、"覚醒時においてさまざまな空想にふけること"であると考えられている。ただし、こうした定義では、無意識的なもの思いなども含まれてしまい、実際、白昼夢の研究の中にはもの思いとの区別を曖昧にしているものもある。しかし、誰でももつ無意識的なもの思いとは異なり、白昼夢をもつということは、多くの場合、空想的な物語を生み出すことを好んでくり返す、あるいは、好まないにしてもくり返さざるを得ないことを意味する。そこで本書では、白昼夢とは、意識が覚醒した状態で空想にふける嗜癖的な傾向から生み出された物語であると定義することにする。

　ところで、フロイトは、白昼夢を以下のように説明している。

> 白日夢とは空想（空想の産物）です。これは非常に一般的にみられる現象で、健康的な人にも病気の人にもみられ、自分自身について研究してみることもできます。…(中略)…この白日夢は思春期前期、ときには早くも幼児期後期にはすでに現れて、青年期まで続き、その後はなくなってしまうこともあり、ずっと後年までなくならないこともあります。…(中略)…白日夢は、非常に変化の多い運命をたどります。短時間で消え去って新しいものがこれに代わることもあり、あるいはそれが固定されて、長い物語に発展していき、生活事情の変化に応じて変っていくこともあります。白日夢はいわば、時とともに歩み、時によっては新しい状況の影響を立証する「時の刻印」を受けるのです。白日夢は文学的な創造の原料となるものであり、白日夢から作家は、変形、粉飾、短縮などによっていろいろな情景を作り出し、これを自分の短編小説・長編小説・脚本に盛り込むのです。白日夢の主人公は、直接に自分の姿が現れるにせよ、容易に見破られる別人の姿を借りるにせよ、いつ

> も自分自身なのです。(Freud, 1917, pp.130-131)

　これらの特徴をもつ白昼夢という現象をなぜ人間は必要とするのか、人間の心にどのような作用を及ぼすのか、ということは、心理学の黎明期から関心をもたれてきた。この章では、白昼夢に関する研究を概観し、それらが残している課題について検討したい。

2. 精神分析・分析心理学的な見解

　白昼夢についての精神医学的な報告は、古くはアンナ（Anna, O.）の事例に見られ、以下のように記述されている。

> 彼女はきまって白日夢を追っており、彼女自身はこれを「私だけの芝居小屋」とよんでいた。皆は彼女が自分たちと一緒に居あわせていると信じた時でも、彼女はその心の中では童話の世界を生きていたのであった。…(中略)…この精神的な活動をほとんどやすむことなく、いとなんでいたのである。(Breuer & Freud, 1895, p.154)

　この事例では、アンナの創っていた白昼夢について、「健全な人間の習慣化した夢想」が「病気に移行」したという病理的な側面を指摘し、「単調な家庭生活と適切な精神活動がなされないために、心的活動性とエネルギーとが余ってしまい、空想という永続的な作業の中に発散」され、「習慣的な白日夢が創り出され、それによって精神的人格の解離の基礎がしかれ」たという考察がなされている (Breuer & Freud, 1895, p.172)。

　その後、フロイトは、おもに病理や幼児期の体験との関連で白昼夢を論じた。

> 白日夢も夢と同様に願望充足であり、大体において幼児期の諸体験の

諸印象に基づいているという点もまた夢と同様である。(Freud, 1900, 下巻p.237)

白昼夢は，頻度では男女差はないかもしれないが、その性質は、女性の場合には未婚、既婚を問わず、一律に性愛的なものであるのに対して、男性の場合は、性愛か功名心かのどちらかにかかわっているようにみえる。とはいえ、性愛の契機のもつ重要性は、男性の場合でも、副次的とみるわけにいかない。通例、男性の白昼夢に少し詳しく立ち入ってみると分かるように、しかじかの英雄行為がなされ、しかじかの成果が勝ち取られるのは、ひとえに、意中の女性に気に入られ、その女性から、なみいる男性たちのなかでとくに目をかけてもらいたがるためなのである。これらの空想は、欠乏と憧憬から発した欲望満足なのであって……（以下略）(Freud, 1908a, pp.241-242)

幸福な人は空想しない、空想するのは満たされない人にかぎるということです。満たされない欲望こそ空想の原動力でして、個々の空想は、いずれも欲望成就であり、満足をもたらしてくれない現実を修正せんとするものなのです。(Freud, 1908b, p.231)

これらの空想の内容は、非常にはっきりとした動機によって支配されています。白日夢の中の情景や出来事においては、利己的な欲求、野心、権力欲あるいはその人の性愛的な願望が満たされるのです。若い人々の間では、おおむね野心がその先頭をきり、女性のように自己の野心を恋の成就にかけている人たちの間では、性愛的な空想が優先します。しかし、男性の間でも性愛的な要求が背後にはっきりとみえることもあります。英雄的な行為やさまざまな成功はすべて女性の讃嘆と好意とを求めるためなのです(Freud, 1917, 上巻p.131)

これらに記されているフロイトの考えを特徴づけているのは、白昼夢などの空想は現実には満たされない欲望の成就であり、それは特に性的なものであると強調する点である。周知の通り、フロイトは精神病理を論じるうえで性の問題を重視したが、これらの白昼夢の記述も、彼のそうした考え方を反映している。フロイトは、治療の際に患者の語る空想の多くが性と関連したものであると考え、そうした空想のおもな源泉が白昼夢であるとした。つまり、性的なものとなんらかの関連をもった白昼夢が抑圧されて無意識的な空想となり、それがヒステリーなどの症状を引き起こしていると考えたのである。このように、無意識的空想に先立つものとして白昼夢を位置づけることも、フロイトの白昼夢についての見解を特徴づけている。フロイトは、子どもの遊びが白昼夢へと変わるが、成長するにつれて、現実世界で行動するように期待されること、白昼夢の内容が恥ずかしいものであると考えるようになることで、白昼夢は抑圧され無意識的になるという一連の流れを示している。

　精神分析的な立場から白昼夢を論じる研究は、フロイトのこの考えをおおむね継承している。例えば、クリスは、白昼夢は外傷体験を統制する試みであり、外傷体験を快い征服の体験につくりなおす楽しみをもたらすとし(Kris, 1952)、ラパポート(Rapaport, D.)は、生体的欲求や内なる攻撃衝動の充足であると述べている(Rapaport, 1960)。このように、フロイトをはじめ精神分析的な見解では、白昼夢が必ずしも病的ではないとしながらも、カタルシス効果が認められるような場合でも、白昼夢を病理との関連で否定的に捉えることが多かった[*16]。

　一方、ユングは、その著書において、フロイト同様に白昼夢と空想とを明確に区別して考えたわけではないことを示している[*17]。ただし、ユングは「労なくいわば自発的にはたら」く視覚的なイメージを伴う空想から白昼夢が生じると考えており(Jung, 1952, p.22)、その点で、フロイトの「白日夢の中では体験したり幻覚を感じたりすることはなく…(中略)…人は自分が空想していることを知っており、見ているのではなく考えている」(Freud, 1917, 上巻

pp.130-131）という見解とは異なっている。つまり、フロイトが白昼夢は意識的な思考であるという側面を強調したのに対し、ユングは、特に視覚的なイメージが自律的・能動的にはたらいている側面に注目しているのである*18。夢や白昼夢などの「空想的思考」について、ユングは「現実から顔をそむけ…（中略）…適応にかんしては非生産的である」と述べている（Jung, 1952, pp.22-23）が、これはそうしたものの有害さを論じているわけではない。むしろユングは、これに続けて、言語に「方向づけられた思考」によって客観的な現実への適応を強いられ、みずからの内にある生き生きとした神話的世界とのつながりを失っている人間の精神にとって、「空想的思考」がそのつながりを再び取り戻すはたらきをすることを強調した（Jung, 1952）。ユングによれば、「空想的思考」は決して、それまでの精神医学において考えられていたような、客観的な思考よりも劣った幼児的・自己愛的な病理ではなく、それ自体は正常であり、本能に基づく「精神の基礎にある古代的な」ものなのである。空想の中では「抑圧されている者は抑圧者と闘いぬいて勝利をおさめる。無能なものは功名心からさまざまの計画を立てて悩んだり楽しんだりする」としている点はフロイトと同様であるが、ユングは、それは意識に対する無意識の補償であるとし、こうした空想が世界と主観的な見方を調和させる意味をもつこともあわせて述べている。

> 空想上の人物の身に起る、ということは、その空想の主自身はそのことをしていない、ということの証拠である。空想のなかで起ることは意識の状態や姿勢に対する補償である。これが夢の法則である。（Jung, 1952, p.474）

しかし、ユングも含め、分析心理学の流れの中では、技法としての能動的空想については論じられる一方で、日常的な嗜癖としての白昼夢はあまり論じられてこなかった。そうした中で、子どもの「内的夢想」の破壊的な作用を指摘しながらもその治療的価値に注目したのはウィックス（Wickes, F. G.）

であった。ウィックスは、不適応に陥った子どもたちの事例から彼らの内的な世界を論じた研究の中で、白昼夢などの内的夢想について、外界の対象と適切な接触を欠いた内向性は、現実の生活が恐ろしく、脅威的に感じられるような影の国へ人を誘い込むことがあるとし、人生をファンタジーと同一視して自分の本当の価値を見出そうとしないのが問題であると述べている。しかしその一方で、子どもの内的夢想が、両親や治療者から軽蔑されずに新しい価値を与えられることで、治療的にはたらくことを強調した。また、ウィックスは、白昼夢と子どものタイプとの関連について触れ、例えば内向的直観タイプの子どもたちの内的夢想は、現実逃避をしたくて白昼夢を見る子どもたちと区別し難いとしながらも、その子どもにとって重要なものであることを指摘している(Wickes, 1927)。ただし、ウィックスのこれらの論は、ユングが強調した、生き生きした神話的世界とのつながりを取り戻すという、意識への補償という視点からは隔たったものである観が否めない。

3. シンガーの白昼夢研究とその影響

　以上見てきた精神分析・分析心理学的な白昼夢観の一方で、1960年代以降、より多面的な白昼夢へのアプローチが試みられるようになった。シンガー (Singer, J. L.) と、彼の影響を受けた研究者らがおこなった白昼夢への多彩なアプローチは、精神分析的な見解に加えて、認知的、発達的な観点を重視した彼らは、白昼夢に付随する眼球運動の研究 (Antrobus, Antrobus & Singer, 1964)、実験課題遂行中の想考の流れの研究 (Antrobus, Coleman & Singer, 1967; Singer, 1974)、白昼夢と夢との関連 (Starker, 1974)、白昼夢と性差・年齢・環境・薬物使用・知能・メディアとの関連 (Singer, 1975) など、臨床的な側面だけではなく、生体反応、認知や行動、社会や文化などのさまざまな側面から白昼夢を論じた。そうした中で注目されるのが、シンガーがおこなった、幅広い年代の人々を対象に白昼夢の内容についての調査である (Singer, 1974, 1975; Singer & Singer, 1990)。シンガーは「白日夢尺度」という質問紙を作成し、不安

と混乱の白昼夢、罪悪感と否定的感情の白昼夢、肯定的で生気のある白昼夢の3類型に分類した。また、肯定的白昼夢を「幸福な」白昼夢と呼ぶ一方で、混乱の白昼夢と不安神経症的あるいはヒステリー的パーソナリティとの、また、否定的白昼夢と強迫的パーソナリティとの病理的な関連を論じた。また、さまざまな側面からの白昼夢の調査を網羅的に考察し、白昼夢を、正常な人間の現象であり、幼児期からさまざまな筋道を通って発達するうえで役立つ認知的技能であるとした。シンガーは、白昼夢の機能として、欲求不満・怒りを低減する、現実の環境に変わる環境を与えるなどを挙げているが、特に重視したのは、未来の行動のリハーサルをすることができる、世界への対処のための情報処理モデルとなるという点である。シンガーに始まる一連の研究は、その後の白昼夢への心理学的なアプローチに大きな影響を与えた。

4. 日本における白昼夢研究

日本では1970年代に、近藤敏行が、TATの生みの親であるマレー(Murray, H. A.)の概念である「テーマ」という概念を白昼夢の研究に導入し、圧力と欲求の観点から分類を試みている(近藤, 1978)。その分類とは以下の通りである。

① 願望充足型空想：物質的、生理的、精神的欲求とその満足が主題となる。
② 自我強調(変身型)空想：主体が現実とはまったく違った能力をもって、何事かを成し遂げるか、または主体が変身することによって願望が成就するなど。
③ プレス変更型空想：現在おかれている環境の圧力とは無関係な世界に遊ぶ。逃避のメカニズムがはたらいている場合が多いと推定される。

この分類は、白昼夢の内容と欲求を関連づけたものであるが、白昼夢が願望や欲求を充足する手段であるとする従来の観点の域を出るものではない。また、近藤が聴取した資料の中には幻覚やもの思いに近いものまで含まれている。それらと白昼夢とを明確に区別するのは困難な場合があるとはいえ、「空想（白昼夢）はあらゆる種類の表象結合のうち、認知と課題解決思考を除いたものと言ってよかろう」（近藤, 1978, p.17）という考えは、白昼夢を広義に捉えすぎており、そのために白昼夢の本質を把握し損ねている感を免れない。

　また、前田重治は、シンガーの言う肯定的なタイプでも、現実からの逃避である病的なものもあることを指摘しながらも、シンガーの提唱した3類型を基本的に踏襲している（前田, 1985）。前田が白昼夢の機能として挙げたものは、自己愛の満足を得るための代償作用、カタルシス、未来のリハーサル、自我の退行による創造である。今泉真由は、日本人の白昼夢は建設的ではなく、罪や不安を伴う傾向にあり、男性は白昼夢から有益なアイデアを得ているが、女性は現実から心が離れやすいという性差を指摘した（今泉, 2004）。

　日本におけるこれらの白昼夢の研究は、願望充足・自我による退行といった精神分析的な見解や、シンガーの白昼夢研究の影響を受けており、それらの観点から大きく外れるものではなかった。

5. 物語世界としての白昼夢

　以上見てきたように、これまでの研究は、白昼夢のもつ機能についてさまざまに論じてきた。多くの研究に共通する傾向として、"内容が〜の白昼夢には、〜という願望が表れている"という図式に陥りやすいということが挙げられる。内容に何が投映されているのか、夢見手のどのような願望を充足させているのかなどが白昼夢の理解に役に立たないわけではないが、内容にばかり注目していると、白昼夢をもつという体験そのものの意味を見落としてしまうのではないだろうか。先述したように、日常的に白昼夢をもつとい

うことは時には嗜癖的でさえあり、その人の一つの心理的な傾向を示している。内容だけではなく、その人が白昼夢にふけるという癖や傾向をどのようにして、どのような様式でもっているのかということにも注目する必要があるだろう。

　これまで概観してきた白昼夢研究とは違った角度からの観点として、シルヴィ (Silvey, R.) とマッキース (Mackeith, S. A.) の考えがある。彼らは、白昼夢に見られる「自然に創造される、しかし保持され手が込んでいる、想像上の私的な世界」に注目し、これを「準宇宙」と呼んだ (Silvey & Mackeith, 1988)。彼らは準宇宙としての白昼夢が、防衛や補償的な反応と関連しているだけではなく、個人の想像力、好奇心、探索傾向の自然な発露であるとした。この論で強調されているのは、ブロンテ (Brontë) 姉妹、ルイス (Lewis, C. S.)、トールキン (Tolkien, J. R. R.) などの作家の創造性と白昼夢との関連であるが、筆者としては、それ以上に、彼らが白昼夢を、広がりをもつ「準宇宙」とした点に注目したい。しばしば指摘されているように、文学作品は、作家の白昼夢を源泉としている。しかし、小説のように、筋をもつストーリーとして言語的に構成されていくのは白昼夢の中でも一部のものである。多くの白昼夢は、言語的な一つの流れとして把握されるわけではない。現実の世界が余すところなく言語に還元することのできないものであると同様に、白昼夢もまた、容易にはストーリーとして表現できない、時空間的な広がりをもった世界なのである。「準宇宙」という呼び方は、こうした物語世界としての白昼夢の性質をよく捉えたものであると考えられる。「準宇宙」的な性質をもった白昼夢では、物語を生み出す夢見手自身が、その物語世界の中に入り込んでいるかのように体験される。したがって、このような白昼夢を、ストーリー性のある思考の流れという側面のみで捉えると、多くの白昼夢がもつ、視覚的あるいは聴覚的イメージといった、感覚的で前概念的な要素を捉え損ねることになる[*19]。そうした意味では、"夜の夢"と共通する性質をもつと言える。

　白昼夢を時空間の広がりをもつ物語世界として捉えなおすと、白昼夢につ

いての心理学的な先行研究の課題が見えてくる。これまで見てきた白昼夢を体系的に分類しようとする研究の多くが、白昼夢の内容に何が投映されているのかを分析し、それをもとにいくつかの白昼夢の類型を提唱し、どのような内容の白昼夢が心理的にどのような機能をもつのかということについて明らかにしようと試みている。しかし、物語世界をもつ白昼夢の特徴として、長期間保持され、何度もくり返されるという性質がある。一つの物語がくり返し思い浮かべられるうちに次第に変化し、時には複雑に広がり、さまざまな要素をもつことになる。何度も反復され、時の変化を受けて複雑になる物語を、ある一つの類型に帰属させるのは容易ではない。この点を考慮せずに白昼夢の分類をおこなうと、その分類は単純化されすぎたものになるか、把握することが困難なほど複雑なものになるという問題がある。

　もう一つ、「準宇宙」という言葉が示唆しているのは、白昼夢の物語が現実以外のどこか、いわゆるパラレル・ワールドのような空想上の世界を舞台にしているということである。白昼夢の中には確かに、過去に実際に体験したことがらに近い物語や、未来へのリハーサルであると言える、現実に起こりうる状況を想定した白昼夢もあるが、多くのものが、夢見手本人が実際に生きている生活を直接題材にはしていない。一般に白昼夢が現実からの逃避であると言われるのも、白昼夢の物語世界がもつ非現実的な性質に一因があると言える。精神分析的な見解では、架空の世界を舞台にした白昼夢は幼児的であり、退行した形式であると考えられがちである。しかし、本当にそうなのであろうか。願望充足のための物語であれ、未来へのリハーサルのための物語であれ、現実的な白昼夢もあれば非現実的な白昼夢もあるのはどうしてかということも、これまでの研究であまり論じられてこなかった問題の一つであると言えるだろう。

6. 反復性と空想性

　白昼夢についての検討を、これまでの研究のように、物語の内容からの解

釈や分類を中心におこなうことには限界がある。内容が重要ではないとは言わないが、白昼夢の本質的な意味を探るには、物語がどのような形式になっているのかをあわせて考える必要があるだろう。前項で述べたように、まず注目されるのが、反復性と空想性の問題である。

　まず、反復性の問題から考えてみたい。プレイセラピーでしばしば観察されるように、子どもの遊びでは、同じようなごっこ遊びが何度もくり返しおこなわれることが多い。子どもの遊びに限らず、例えば箱庭などでも、同じような場面や主題がくり返し表現されることがある。

　遊びの中で見られる反復的な行動について、フロイトは、心的外傷や葛藤と結びつけて考察し、反復は、印象の強さを鎮めてその場面の支配者となるためのものであるとした (Freud, 1920)。白昼夢に見られる反復が外傷体験や葛藤と結びついているかどうかについては一考を要するが、物語の反復が、内的に抱えている問題との強い関連を表している可能性が考えられる。また、そうした反復がなく、即興的に創られて一度きりで失われていく白昼夢の物語が、反復される物語と同じような意味をもつのか、それとも異なるはたらきがあるのかということについても注目される。そこで、本研究では、反復性を、白昼夢を考察するための第一の視点とした。

　白昼夢について考えなければならないもう一つの問題は、空想性である。ここで言う空想性とは、物語が現実的な世界の直接的な模倣ではない度合いを表す。白昼夢には、現実に起こりうる場面を想定するものがあり、シンガーはこれを根拠に、現実のリハーサルとしての白昼夢の機能を論じた (Singer, 1975)。しかし、白昼夢には、例えば超自然的な存在が登場する空想性の高い物語もあり、こうしたものがシンガーの注目した、起こりうる未来についての現実的な物語と同じ機能をもつと言えるのかどうかを検討してみる必要がある。「準宇宙」と呼べるほどの空想的な物語世界を創り出すイメージは、現実で起こりうる場面を想像する時にはたらくものと質的に異なる可能性が考えられる。現実的な物語としては表すことのできない、より複雑で、創り手にわけのわからなさを感じさせる内的なテーマが、空想性の高い物語

には反映されている可能性があるだろう。

　以下では、反復性と空想性を中心に、白昼夢がどのようにもたれているのかを聴取した二つの調査の結果について論じる。

第2節　白昼夢についての二つの調査

1. おとな対象の調査

　はじめ白昼夢に関する調査を計画した時には、のちに述べる、子どもを対象とした調査をおもにおこなう予定であった。この節で述べるおとなを対象とした調査は、いわば、子どもへの本調査の前の予備調査としておこなわれたものであった。しかし、改めて二つの調査の結果を見ると、子どもたちが自分の白昼夢について教えてくれたことは充分に示唆に富んでいるとはいえ、彼らには言い表せなかったものがあり、それをおとなたちが言及してくれているように思われた。当然ながら、子どもたちにとって白昼夢という内的な体験を言葉にすることはかなり困難だったのである。その点、子ども時代を振り返って報告をしてくれたおとなたちは、白昼夢という体験を言語化できる人々であり、白昼夢の本質的な理解に役立つことを調査者に教えてくれた。そこでまず、おとなたちの白昼夢についての語りを検討し、そこで得られた理解をふまえて子どもたちへの調査について述べることにする。

　調査をおこなうにあたって、18歳以上のおとなを対象に60部の質問紙を配布したところ、その質問紙の中で「白昼夢をもったことがある」と答えたのは18名であった。そのうち、面接調査に同意が得られなかった9名については質問紙のみで調査を終了し、残りの9名については面接による聴取もおこなっている。この調査における質問項目を[表3-1]に示した。

　質問紙および面接調査で報告された白昼夢の物語の諸要素を、前節で述べた反復性と空想性を中心に整理した。物語の内容が空想的かどうかは、それ

［表3-1］おとな対象の調査の質問項目

質問1	物語の内容	
質問2	白昼夢が出てきたきっかけであると思われること	
質問3	反復の有無	
質問4	時間が経つにつれて物語がどのように変化したか	
質問5	白昼夢所持の時期	
質問6	質問5の時期は調査対象者にとってどのような時期か	
質問7	白昼夢は調査対象者にとってどのようなものと思われるか	
質問8	物語が自然に出てくる、勝手に出てくるなどの体験はあるか	
その他		

が反復的なものであるか即興的なものであるかという問題とは必ずしも関連しない。そこで、反復性と空想性を独立した次元のものであると考え、それぞれの軸を設定した。反復性の軸は、"反復"と"即興"を両極とするが、調査で得られた物語にはそのあいだに位置するものが多かったため、"設定保持または短期間の保持"という中間の段階を置いた。この中間の段階がどのようなものであるかは、考察のところでくわしく述べる。

空想性の軸は、"空想"と"現実"を両極とし、その中間的なものとして"仮定"という段階を置くものである。この調査において、空想的な物語が多く得られたため、さらにくわしくそれらを考察できるよう、空想の要素を、"超自然""擬人""準宇宙"の三つの下位要素に分けた。

この調査で報告された空想的な物語の中には、互いに非常に異なる印象を受けるものが多く含まれていた。それらの違いは、これまでに設定した二つの軸では捉えられないものであった。一つには、旅に出る・戦うなどの波乱に富んだものと、日常的な営みをくり返すものとでは、同じ空想的な物語でも、夢見手の体験としてはまったく異なったものとして感じられているのではないかと考えられた。そこで、第三の軸として、困難志向性の軸を設定した。困難志向性とは、艱難辛苦を登場人物に負わせる傾向の度合いを指す。この軸について、"冒険""日常的困難""日常的安定"という要素を設定した。

以上の三つの軸で整理される要素、下位要素がどのような特徴を指すのかを［表3-2］にまとめた。また、この3軸について、物語の中に見られるそれらの要素の有無を調べた結果を［図3-1］に示す。

また、白昼夢を所持していた時期について尋ねたところ、［図3-2］のようになった。この結果から、白昼夢をもちはじめるようになるのは、B5・B8の二例を除いて、ほとんどが小学校中学年までであることがわかる。白昼夢が消失する時期は個人によって大きく異なり、小学校入学前に消失したと報告した例もあれば、調査時現在でまだ消失していないと報告した例もあった。

［表3-2］要素と下位要素の特徴

要素と下位要素			特徴
反復性の軸	反復		ほぼ同じ内容の物語が長期間保持され、ある場面または物語全体がくり返される傾向にある
	設定保持または短期間の保持	設定保持	同じ設定の物語が長期間保持されるが、場面は日によって異なる
		短期間の保持	数日間保持されるが、文章・絵などで外在化されるまたは完結を迎えると消失する
	即興		一過性で即興的に浮かんでくるが、すぐに消失する
空想性の軸	空想	超自然	超自然的・非現実的存在への言及がある
		擬人	動植物・事物が擬人化されている
		準宇宙	物語の舞台が創り手が日常的に生活する場ではない
	仮定		物語の舞台は創り手が日常的に生活する場ではあるが、現実とは異なる設定をもつ
	現実		物語の舞台が、創り手が日常的に生活する場である
困難志向性の軸	冒険		旅・遍歴などの背景があり、戦い・飢餓・拘束などの生命・身体の危機的状況が語られる
	日常的困難		主人公の日常生活がおもな舞台であり、そこに生じる葛藤や病気などの困難が語られる
	日常的安定		主人公の日常生活におけるルーティンや対人関係が語られる

	反復性			空想性					困難志向性		
	反復	設定保持または短期間の保持	即興	空想			仮定	現実	冒険	日常的困難	日常的安定
				超自然	擬人	準宇宙					
B7	●			●		●			●		
B10	●			●		●			●		
B1①	●				●	●			●		
B9①	●				●	●			●		
B2①	●				●	●					●
B9②	●				●	●					●
B4①	●					●			●		
B31	●					●					●
B14②	●					●					
B3①	●						●			●	
B3②	●						●			●	
B4②	●						●				
B11	●										●
B14①	●										●
B1③		●			●	●					●
B33		●			●	●	●				
B5		●				●			●		
B13①		●				●				●	
B6		●				●				●	●
B1②		●				●					●
B9④		●				●					●
B9③		●				●					●
B2②		●				●					●
B13②		●				●					●
B13③		●					●		●		
B4③		●						●			
B8①			●	●		●					
B8②			●			●					
B8③			●			●					
B35				●					●		
B34				●			●				
B12					●	●					

[図3-1] おとな対象の調査における物語の諸要素
（B1①は、調査協力者B1が語った白昼夢の物語のうち一つ目のものを指す）

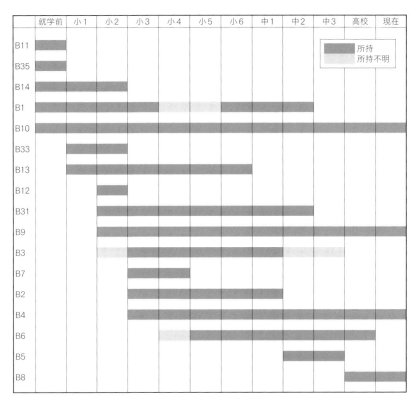

［図3-2］白昼夢所持の時期（おとな対象。B34については不明）

2. 反復性の軸

　［図3-1］からわかるように、今回の調査で報告された白昼夢の物語は、ほとんどのものが"反復"あるいは"設定保持または短期間の保持"のどちらかであった。"設定保持または短期間の保持"が短いあいだであれ反復することを考えると、ほとんどの白昼夢が反復する性質をもつと考えてよいだろう[*20]。反復がまったく見られない即興的な物語はわずか三例であった。

　日常的に反復されていたと報告された物語には、次のようなものが挙げられる。

[例3-1] B4（24歳、男性）

　面接の要約：『三国志』の長坂坡の戦いで、曹操の大軍に追われて劉備が逃げるところで、自分は、劉備の子どもを助ける趙雲についていく役になりきっていた。趙雲が窮地に陥った時に、自分がその軍勢2000人ぐらいに独りで立ち向かっていって趙雲を逃がす。自分はそこで討死してしまう。いつもくり返していた。好きなシーンがあった。言葉で浮かぶというよりも、向こうのほうに林がざあっと広がっていて、（軍勢が）2万いる中に、自分たちがいて、という情景が浮かんでくる。夢の中に出てくると、自分が趙雲になっていることが多かった。気がついたらそうなっていた。

[例3-2] B7（32歳、女性）

　面接の要約：小さい子どもたちが遅くまで遊んでいて、一人ずつ帰っていく時に、残った一人の女の子が走って家まで駆けていく。すると後ろから影がつかず離れずついてきて追いかけてくる。いつしかその影はドラキュラになっていって、女の子はひたすら逃げて、逃げきる。その場面だけ鮮明に覚えている。くり返すが、展開はいつもない。スリルがあったけど、楽しいというのではない。なんか怖い。小さい頃にみた夢がほとんど同じような感じで、毎晩みていた。

[例3-3] B10（18歳、女性）

　面接の要約：自分がお姫さまで、食人植物に捕まったり、氷の

> 中に閉じ込められたり、悪者に捕まったりして、助けを待っている、というのをしょっちゅう空想していた。捕まって助けを待っている場面をくり返した。拷問など過激になっていった。助けられた場面（を思い浮かべたこと）は一度もない。

　これらの三例はいずれも、ある場面が何度もくり返されることで成り立っている。例えば、B10の物語は、「捕まって助けを待っている場面」のくり返しが中核となっており、物語の結末とも言える「助けられた場面」の欠如が注目される。B7も、「展開はいつもない」と述べている。ここに挙げた例のほかにも、反復する白昼夢をもっていた調査対象者たちはしばしば、「始まりも終わりも明確ではない」(B9、23歳、女性)ことを報告している。この種の白昼夢では、中心となるいくつかの場面に重点が置かれ、ことの起こりや結末について語られることがあまりなかった。つまり、こうした白昼夢をもつ夢見手は、ある特定の、あるいは少数の場面に対して集中的な関心を抱いており、その場面をひとつながりの文脈に入れ込むことにあまり力を注がない傾向にあった。彼らにとっては、白昼夢のストーリーとしての完成度を上げていくことよりも、自分の強く惹かれる状況に浸り続けることが重要なのであろうと推測される。

　このような物語の中で、反復が時に夢見手の意志を超えて起こってくることが報告されたことは興味深い。例えばB3(24歳、男性)は、「気づいたらその中にいる」と述べている。くり返し反復される物語の場合、白昼夢の物語の中に入るという状態を夢見手が意図的につくるというだけではなく、そういう状態が半ば自然発生的に生じてくることがあると言える。一つの極端な例として、「お話をしないと気がすまないくらいに動かされていた、執着していた。何か月も(同じ物語を)毎日やっていた」というB9の報告が挙げられるが、このことは、白昼夢が時には強迫的にくり返されざるを得ないことを示している。一般に、白昼夢の内容には自我親和的なものが多いために、夢

見手が意図的に物語を操作していると考えられがちである。そうした側面があることは否めないが、白昼夢を論じる際には、ほかの多くの嗜癖と同様、常習化した物語に夢見手のほうが支配されるという、いわば"どうしようもなさ"もあることを考慮に入れる必要があるだろう。

　自我親和的という観点から言えば、今回の調査でも、反復される場面や物語のほとんどが、夢見手にとって快い感情を伴うものであり、白昼夢に対して夢見手の否定的な感情が報告されたのは一例のみであった。そうした快い感情を得ようとして物語をくり返していると見ることができるという意味では、白昼夢が現実逃避のためのものである、あるいは、快楽を求めるものであるものとされてきたことを裏づける結果になったと言える。しかし、ただ一つの例ではあるが、B7の例では、否定的な感情を引き起こす物語が反復されていることが注目される。のちに論じるように、白昼夢には主人公（すなわち夢見手自身）が困難や危険に直面するという物語が多く、ここに挙げた三つの例もすべてその傾向をもつ。しかし、B7以外の二つの例も含め、そのほとんどがむしろそうした状況を楽しもうとする傾向にあるのに対し、B7のみ、「スリルはあった」としながらも、「楽しいというのではない。なんか怖い」という体験だったと述べている。稀な例ではあるが、白昼夢から得られるものが快というよりも恐怖などの否定的な感情であったとしても、そうした感情を引き起こす物語を反復せざるを得ない場合があると考えられる。したがって、前段落で述べた反復の"どうしようもなさ"には、快を得る行動がやめられない[*21]というだけでは説明できないものをも含んでいる。つまり、反復という側面から白昼夢を見ると、白昼夢が単に"現実から逃避するための楽しい空想"というだけではないことがわかるのである。前田は、白昼夢を反復することを意識的にやめようとしても、それがうまくいかない例を報告している（前田, 1985）。この調査や前田の例に見られる"どうしようもなさ"を伴った反復は、どのようにして起こってくるのであろうか。一つの可能性としては、白昼夢を生み出す源泉となった夢見手の内的なテーマが、何度も同じ白昼夢を見せているということが考えられる。この観点から

すると、その個人の、意識的あるいは無意識的な願望や関心の固着が、ある場面をくり返すことで表現されていると見ることができる。その一方で、白昼夢の内容には、共通して現れてくるイメージがいくつも含まれている。あるイメージが、個人の中で"どうしようもなく"反復され、また個人を超えた万人の心の中にくり返し立ち現れてくることは、そのイメージ自体がもつ自律性の可能性を示唆する。

　以上のことは、"夜の夢"の反復とも関係しているのではないかと考えられる。"夜の夢"はほとんどが一過的なものであり、次で論じるように、即興的に思い浮かべられた白昼夢のほうに近いと言える。しかし、フロイトが「ある白日空想の、おそらくは無意識のままでとどまっていた白日空想の繰返しのうちにのみ存立するような夢」(Freud, 1900, p.314)があることを指摘しているように、ここで挙げた三つの例のうち二つに関連して、夢の中でも白昼夢とほぼ同じ内容の物語が反復されていたと報告されており、反復する類の白昼夢といわゆる反復夢との深い関わりを思わせる。"夜の夢"の中でも、個人の内的なテーマからくるイメージと、個人を超えて普遍的にくり返されるイメージとが、夢見手の意志ではどうすることもできない自律性を伴って現れてくる。比較的意識的統制が強く効いているとされる白昼夢においても、"夢"の基調には、そうしたイメージの自律性がはたらいているのではないかと思われる。

　ところで、ある物語や場面がくり返し反復されるといっても、それがいつまでも変わらないままで保持されているわけではない。物語が消失する、あるいは、ほかの物語に取って代わられることももちろんあるが、そうでなかったとしても、反復されているあいだに、物語は少しずつ変化を起こすことが報告されている。反復されていた物語の消失や変化も、反復と同様に、いつのまにか起こる、あるいはどうしようもなく起こるもののようである。フロイトがしばしば白昼夢は「時の刻印」を受けると指摘している (Freud, 1908b, 1917) ように、先述したような夢見手の内的なテーマや関心の消失や変化によって物語も否応なく変わっていくと言えるだろう。

ここまで検討してきた白昼夢は、ある一つの物語やある場面が常習的にくり返されたと報告されたものであるが、そのように同じものを何度も反復するわけではないが、かといって即興的・一過的とも言えない一群の白昼夢がある。それが、今回の調査で"設定保持または短期間の保持"とした、反復と即興との中間のものである。これらの中には、設定保持の側面が強いもの、すなわち、ある一つの物語の世界は比較的長期間保持されるが、まったく同じ物語や場面を反復するのではなく、その物語の世界の登場人物や背景などの設定はそのままに、別の場面や筋が展開するものがある。

また、このような設定保持の白昼夢に加えて、中間的なものの中には、短期間保持の白昼夢がある。これは、反復的な白昼夢が、ある物語や場面を執拗にくり返すのに対して、ある程度の期間は保持されながらも物語が一つのストーリーとして完結する、あるいは絵や文章などで外在化されるとそれ以上はあまりくり返されなくなるものである。反復される白昼夢に特徴的な特定の場面への固着が比較的少ないものであると言えるだろう。

設定保持の白昼夢と短期間保持の白昼夢には、この両方の性質を兼ね備えるもの、どちらとも判断のつかないものが多いため、今回の調査では、これらをまとめて、反復と即興の中間的なものとして扱うこととした。例として、次のようなものが挙げられる。

[例3-4] B5（25歳、男性）

> 面接の要約：自分と親友が異世界に迷い込む。いろんな人たちと出会ううちに、メインキャラが増えた。（彼らは）最初はメインキャラではなかったが、いろいろやっていくうちにメインキャラになってきた。その頃いっぱい話を書いていた。〈同じ場面をくり返すこと？〉同じ場面が出てきたら、これはもう書いたからいいや、と思った。空想でやってて、それをあとから文章化する。

こうした白昼夢の特徴としては、物語のイメージを断片的で曖昧なままにしておかず、ストーリーとしての整合性や完成度が重視される。手の込んだ物語世界の構築、絵や文章などでイメージを外在化し固定しようとすることは、ストーリーにしようとする努力の表れであると見ることができる。したがって、これらの中間的な白昼夢には、反復的なものや即興的なものに比べて、おそらく意識的統制が物語に大きくはたらいているのであろうと考えられる。

　設定保持や短期間保持を特徴とするこのような物語は、調査で報告された32話中12話であった。多くの白昼夢が中間的な形式をとることの一因として、もともとある場面を断片的に反復していた物語であったものが、夢見手が自分の意志にしたがって物語をストーリーとして構成し固定させようと試みることによって中間的なものへと変化する可能性が考えられる。つまり、中間的な白昼夢は、前に述べたような"どうしようもなさ"を伴った自律的なイメージが、くり返されるうちに統制可能なものに変化し、自分が納得するストーリーとして意識の中に収めることに比較的成功するようになったものであると見ることができるであろう。

　このように考えると、中間的な白昼夢も、多少の差はあれ、反復的なものの中に含めてもよいと思われる。その一方で、即興的な白昼夢は、反復的なもの・中間的なものに対して、明らかに異質な印象を受ける。

　反復されることのない即興的な白昼夢は、外的な刺激を受けることによって短時間のうちに次々と生み出される。そのような白昼夢は一過的であり、思い浮かべられたあとはすぐに忘れ去られていくのが常である。その例として、次のようなものが挙げられる。

[例3-5] B8（22歳、男性）

　面接の要約：言葉の力を信じている老婆が、殿様とカエルからトノサマガエルを作ろうとしているなど、断片的なものが多くて

> （ストーリーとしては）最後までいかない。ぱんぱんぱんとイメージが浮かぶ。じっくり練ってというのではない。ぱっとイメージがあってそれを一部分にして、しょっちゅう浮かんで消えて浮かんで消えてで、たくさんある。目で見た情景にストーリーをつけて、脳を通らない感じ。例えば、メガネをかけた男の人たち（が面接調査時に浮かんでいた）。追いかけっこしている。そういう断片的なものがだーっと浮かんでくる。（トノサマガエルの例のような）言葉に関するものは割に浮かびやすい。

　この報告に見られる、連想や思いつきからくる奇妙さ、「脳を通らない感じ」で浮かんでくるのが、即興的な白昼夢の特徴である。この種の白昼夢では、同音語からの連想、視覚的な刺激からの連想によって、物語が次々に逸れていくことが報告された。即興的な白昼夢の、一過的で覚えていられないという性質のために、今回の調査では夢との直接的な関連を調べることはできなかったが、即興的な白昼夢のあり方は、反復的なものよりも夢に近いという印象を受ける。言語的な連想に影響される点や、日常的な刺激を物語に取り込んでいる点は、フロイト以来知られてきた"夜の夢"と共通している部分であると言える。その意味では、白昼夢の名の通り、白昼に見ている夢というのにふさわしいのはこの類のものかもしれない。つまり、意識が覚醒している状態とはいえ、"夜の夢"をつくり出すのと同じようなはたらきが心の中に起こってくるために、このような物語が浮かんでくる可能性が考えられる。例に挙げた報告からもわかるように、白昼夢に使われるイメージは最初、無意識的に浮かんでくるようである。ここでも、白昼夢に使われるイメージの"どうしようもない"自律性をうかがい知ることができる。即興的な白昼夢では、そうしたイメージを一瞬、意識がとらえて物語にするが、すぐにそれは手放されてしまう。なぜ反復的な白昼夢との違いが生じるのかということについて、

①浮かび上がってきたイメージが、物語として反復されるほど夢見手の内的なテーマと結びついていない。
②そのイメージが、長く意識にとどめておけないようなもの、例えばあまり意識が直面したくないものなどである。
③夢見手の側が、浮かんできたイメージやテーマを物語として意識的に統制しようとする傾向や能力に乏しい。

などが可能性として挙げられるだろう。しかし、この調査ではわずかに三例しか得られなかったこともあり、これ以上ここで検討を加えることは難しい。即興的な白昼夢については、子どもを対象とした調査においてより多く確認されたので、その調査の考察で、より詳細に検討することにしたい。

3. 空想性の軸・困難志向性の軸

[図3-1]から、今回の調査で得られた白昼夢のほとんどが空想的なものであることがわかる。

空想的な物語には次のようなものが挙げられる。

[例3-6] B1（31歳、女性）

物語①の要約：旅というか巡礼もののような、一人もしくはグループで、いろんな地形のところを旅する。断崖絶壁を下から登っていって、落ちてけがをする。再チャレンジして最後には克服。毎年、クリスマスツリーを順に登って旅をした。途中で食べものがなくなって食べものを探したり、嵐が静まるのを待ったりした。危険を克服する場面をくり返した。

物語②の要約：主人公の少年と妹を中心に、たわいない日常というのでしたね。学校があったり、食料品店があったりとか。紙

> で家を仕立てて、家の中とか、村の絵を描いて、木やら果樹園も自分で紙に描いて、一つの都市、村で。

　この例に挙げた、同じ人物がもっていた二つの物語のうち、物語①は危険や困難の場面を集中的に反復しているという特徴があり、他方、物語②は安定した日常生活を思い描いたものであった。今回の調査で得られた空想的な白昼夢には、このように、危険や困難にことさらに注意が向かう要素と、親和的な環境の中で安定した生活を楽しむ要素があるということが注目される。これまでの白昼夢研究では、空想の内容を検討する場合、その内容にどのような欲求が表れているのかということがおもに論じられてきた。しかし、本研究では、こうした空想性の高い白昼夢に共通の要素として、危険や困難への志向と親和や安定への志向とに注目し、それらを中心に空想の内容を論じていきたい。

　危険や困難を志向するものの例として、B1の物語①のほかに、前項の冒頭に挙げた三つの物語が挙げられる。この種の物語は、苦難の克服や英雄的行為の達成などの結末を迎えることもあるため、従来の研究では、現実での不満足な自己を代償するもの、満たすことのできない欲求を満足させるもの、あるいは、外傷体験の克服、目的達成のためのリハーサルであると考えられてきた (Kris, 1952; Singer, 1975)。B1は物語①について、くり返されるのは「危険を克服」する場面であると述べており、そうした側面があることは否定できない。しかし、B1の物語①の中では、克服した瞬間だけではなく、危険を克服するまでの過程もくり返されている。また、B4の『三国志』の物語、B7の影に追いかけられる物語、B10の捕まって助けを待っている物語においては、克服する場面は報告されず、危機的状況に置かれる場面が重点的に反復されていることが述べられていた。B10の物語は、捕まった状態から逃げ出そうとする主人公の努力はないことから、危険や困難をみずから克服することの達成感を得る目的で反復される白昼夢ではないと考えられる。

また、「助けられたことは一度もない」という報告から、危険を乗り越えた安堵を得るためのものでもないと言える。このような例から、危険や困難を反復する白昼夢で重要なのは、それらを乗り越えたという結末ではなく、危険や困難を体験することそのものではないかと推測される。

　それでは、空想的な物語でくり返し扱われる危険や困難とは何なのであろうか。白昼夢における危険や困難の克服が単に達成欲求の充足や現実適応のリハーサルのためにくり返されるのであれば、現実的な白昼夢のほうがより直接的にその機能を果たすのではないかと思われる（のちに述べるように、そういう白昼夢は実際にある）が、白昼夢の大半は空想的である。このことから、白昼夢で扱われる危険や困難が、夢見手が日常的に感じている危険や困難の単純な代替物ではないと推測される。つまり、それらは、空想として加工されなければならなかったのである。空想的な物語では、B7の報告に出てきたドラキュラのように、危険や困難をもたらすものとしてしばしば超自然的な存在や力が現れてくる。主人公を脅かす超自然的な存在や現象は、それらのもたらす危険や困難が、夢見手本人にはどうにも対処できない、正体のはっきりしないものであるという性質を帯びている可能性を示唆している。反復がおこなわれるのは、白昼夢が、夢見手の内的なテーマか、人類の普遍的なテーマに関連しているからであるということはすでに指摘したが、そうしたテーマの一つとして、自分を脅かすであろうもの、例えば自分自身が抱えている危険な性質、あるいは周囲に存在する正体のよくわからないものへの不安などが考えられる。それらのものを、白昼夢の中でそれとはわからない形で体験することに、危険や困難を志向する物語の意味がある可能性を考えておきたい。フロイトは、"白昼夢の中の主人公＝夢見手の自我"であることを強調した[*22]が、主人公は物語世界に"居る"自我にすぎない。その主人公が危険にさらされているとしても、白昼夢を見ている、物語世界を"生み出す"自我は安全である。

　また、危険や困難に陥れられている主人公同様、危険や困難を主人公に課すもの（人物や災害など）も、夢見手が生み出したものであり、その意味では

その人自身に属するものである。主人公＝自分が危険や困難に直面するということに喜びを感じる一方で、みずからが生み出せる危険や困難の大きさに喜びを感じることもありうるだろう。さらに言えば、危険や困難がどれほど大きなものであれ、自分自身に属するものである以上、主人公＝自分を決定的に滅ぼすものではないはずである。物語世界が比較的、意識の統制下にある場合はなおさらである[*23]。これは、小説などで主人公がどんな危機に陥っても、大抵の場合、読者は安心して読み進むことができるのに似ている。

このように考えていくと、白昼夢の中では、夢見手は自分の生み出す物語世界に守られた形で、いわば安心して危険や困難を体験できると言える。危険や困難を乗り越えるというテーマが付け加えられることもあるが、それは必ずしも不可欠というわけではない。危険にさらされながら同時に絶対的に安全であることが、この種の白昼夢にとって重要なことなのであろう。それは、いくら危険にさらされても絶対に安全であることの確認とも言えるかもしれない。

もう一つの空想的な白昼夢の一群は、架空の世界での安定した日常生活が舞台になっているものである。その例として、次のような物語が挙げられる。

[例3-7] B31（27歳、女性）

> 面接の要約：何年にもわたって、同じ女の子が主人公の物語を頭の中で創り続けていた。その女の子の些細な日常の物語。その子が褒められたり、喜んだりした場面をくり返した。

主人公の女の子が褒められる、あるいは喜ぶ場面をくり返していたという報告は、白昼夢の機能として従来考えられてきた達成欲求の充足をうかがわせるが、賞賛は単なる達成ではなく、周囲から受け入れられるということを意味する。ある架空の日常生活を舞台にした白昼夢に登場するのは、B1の

物語②に出てくるような、家族・組織・村落などの小さな共同体や仲間たちであり、彼らは、主人公に安心できる居場所を提供している。こうしたことから、この種の白昼夢の基調となっているのが、主人公とほかの登場人物や環境との、親密で安定した関係であることがわかる。つまり、夢見手にとって重要なのは、物語世界と調和し、快い安定感を得る体験であろうと推測される。

以上、空想的な白昼夢を、困難志向的なものと、安定志向的なものに分けて考察した。いずれの場合でも、物語の世界に包まれることの安心・安全が不可欠であるように思われる。危険に富んだ冒険的な物語と、安定した日常生活を送る物語とでは、内容から見れば両極にあるもののように思われるが、両者とも、反復されるのは物語の世界の快い安全を確認しようとしていると考えることができる。

さて、今回の調査では、このような空想的な白昼夢がほとんどであったのに対して、現実的な物語を報告したのは一例のみであった[*24]。

今回の調査で得られた現実的な物語は次のようなものである。

[例3-8] B4（24歳、男性）

> 面接の要約：面接のシミュレーションが起きる。例えば、「あの人についてどう思いますか?」ということについて、それに対しての返答が自分の中にぐわーっと起こってくる。

これは、就職活動で相手に質問された時にそれに答えるという状況を、白昼夢として見ているという報告であり、現実のリハーサルとしての側面がかなり強いものである。あるいは、そうしたリハーサルをくり返すことによって面接への不安を解消しようとするものであろう。筆者は、実際の心理臨床面接において、クライエントから、このようなリハーサル的な意味をもつ白

昼夢の報告をしばしば聴くことがある。筆者が聴いた中では、そうした白昼夢は、気にかかっていることがらに関連したことがらを他者に向かって話すという内容のものが多かった。例えば、不快なできごとがあったことをセラピストに向かって話す場面を想像することで苦痛を和らげた、というクライエントがいる。この類の白昼夢は、不快や懸念が解消されると反復しなくなるという特徴がある。

　以上、おもに反復性と空想性のそれぞれの軸から白昼夢を考察した。

　従来の白昼夢研究は、物語の内容を調査し、その結果から白昼夢の機能が論じるものが多かった。それらの研究は、白昼夢にはどのような願望が現れるのか、あるいは、どのようなパーソナリティがどのような白昼夢をもつのかということを追及してきたが、なぜ、それらの願望やパーソナリティの持ち主が白昼夢という手段を通してみずからのテーマを体験するのかということに対しては、充分な検討がなされていないように思われる。この問題に取り組むためには、白昼夢の内容にどのような願望やパーソナリティが表されているのかを見ていくだけではなく、どのような形で白昼夢がもたれているのかということにも目を向ける必要があると思われる。今回の調査では特に、反復性と空想性について取り上げてきたが、これらは、白昼夢の機能を考えるうえで重要な軸になると思われる。一口に白昼夢といっても、反復性・空想性の度合いはさまざまである。反復するものと即興的なもの、架空の世界での冒険と現実的なリハーサルとでは、白昼夢のもつ意味が違ってくるのではないだろうか。今回の調査では、即興的なもの、現実的なものについてはほとんど報告されなかったので、以下ではおもに、反復性の高い、空想的な白昼夢をもつことの意味について述べることにするが、即興的なもの、現実的なものにも、それぞれ異なった機能があるという可能性を指摘しておきたい。

　今回の調査の結果からもわかるように、白昼夢は、多くが同じ場面を何度も反復する。反復するということが、白昼夢の機能を考えるうえで大きな意味をもつように思われる。遊戯における反復についてフロイトは、不快な体

験などの強い印象を与えるものを、遊戯の中で反復することによってその印象を鎮めるとした (Freud, 1920)。また、被分析者が起こす転移などに見られる反復を、抑圧されたものが記憶として再生されず、行動的な反復によって無意識的に表されたものであると論じている (Freud, 1914)。白昼夢の反復についても、心の中に無意識的に存在する内的なテーマが、記憶として再生される代わりに、あるいはフロイトが述べたような行為として表れる代わりに、物語のある場面を反復することによって表れるのではないかと考えられる。すなわち、物語に見られる反復は、ほかの方法では収まりのつかない内的なテーマを、どうにかして心に収めようとする試みである可能性が考えられる。

　しかし、空想の内容を見ていくと、反復することの別の側面も見えてくるように思われる。白昼夢で扱われるテーマは個々人によって異なるが、大きく分けて、経験や困難に関するもの、親和や安定に関するものがある。クリスは、白昼夢が反復されることについて、以下のように述べている。

> 小さい子どもは常に、それより以前に体験したり考えたりした危険を、最後に出会ったものに合併させてしまうのである。こうした考えが日中に回想されると、少年は白日夢の中で、危険を克服した愉快な体験を味わうことになる、遊びや白日夢が何度もくり返される理由は、この勝利の喜びにあることで説明される。(Kris, 1952)

　しかし、すでに考察したように、反復されるのは危険を克服する場面だけではなく、むしろ、克服する前の危険な状況であることのほうが多い。また、白昼夢には、危険や困難を志向するものばかりではなく、日常生活での親和や安定を志向するものも多く見られる。勝利の喜びを求めるものももちろんあるが、それが、空想的で反復性の高い白昼夢をもつ意味の本質であるとは言えないであろう。

　先述したように、危険や困難を志向する白昼夢では、夢見手がいわば安心

して危険や困難を体験できると考えられる。また、親和や安定を志向する白昼夢については、物語世界と調和し、快い安定感を得る体験であることを指摘した。親和や安定を志向するものはもちろん、危険や困難を志向するものでも、夢見手が物語の世界に包まれていること、何が起ころうともその世界の中では許されている、あるいは守られていること、その世界と夢見手とが一体であるということが大きな前提になる。しかも、そうした状態にあることを夢見手が意識することはほとんどないようである。このように述べると、夢見手と白昼夢との関係は、早期の母子の関係に似ていることに気づく。白昼夢はまるで、母親が子どもを包むように、夢見手を包み込んでしまうように思われる。言い換えれば、白昼夢は、母親的な世界の再現であると言えるだろう。安定志向的なものは母親の懐で平穏に暮らすことを求める状態、困難を志向するものは、母親に守られながら危険な外界に憧れる状態に近いのではないかと思われる。こうした内容が多くの白昼夢に共通して見られること、そしてその白昼夢が反復することは、人が、折あらばそういう安全な世界に戻ろうとすることの表れであるのかもしれない。白昼夢はフロイト以来、遊びの代替として、おとなになれば抑圧されるはずの空想という手段を用いて快を得るという理由で、精神分析的な立場からは退行的であるとみなされてきた。退行的である、という結論は同じであるが、筆者は、白昼夢は母親的なものとの調和を再び取り戻そうとする試みであるという点で退行的であると考える。母親と一体であった乳幼児期の世界と同様に、白昼夢の世界に包まれている限り、何ものもはっきりとした対象とはならない。この調和的世界では、危険なもの、恐ろしいものでさえすべてが、夢見手に属するものであり、本当には対立しない。特に、ある程度、自我がその世界を支配できている場合はそうである。支配できていない場合、B7の影に追いかけられる物語のように、白昼夢に使われるイメージ自体が自律的にはたらいて否定的な感情を引き起こすこともある。しかし、だいたいの場合において、そういった否定的なイメージさえ、白昼夢の中に包み込まれると、夢見手の心にかなうものに変えられる。そこで夢見手は快い調和に満たされ、癒され

る。安全な世界の中で、みずからのテーマとなってくる問題をくり返し扱うということが白昼夢の機能として考えられると述べたが、それ以前に、物語世界の、現実にはありえない調和に浸るという体験そのものに治療的な意味があるのではないだろうか。

4. 子ども対象の調査

二つ目の調査では、白昼夢をもちはじめる時期の子どもたちの体験に焦点を当てることを目的とし、小学校1年生から4年生までの児童を対象とした。おとな対象の調査で得られた［図3-2］を見ると、小学校入学以前から小学校中学年までに白昼夢をもちはじめたという報告が多いことがわかる。その結果から考えると、就学前の幼児をも対象にした方がよいと言えるが、白昼夢の調査では、言語による教示の理解や、ある程度の内観報告を調査対象者に求めるため、今回は幼児を除く小学校低学年・中学年を対象とすることにした。

おとなを対象とした調査では質問紙を用いたが、子どもたちにとっては質問紙による内観報告は困難であることが予想されたため、子どもの調査では質問紙は配布せず、全員に対して面接をおこなうという調査方法をとった。

［表3-3］子ども対象の調査の質問項目

質問1	これまでの白昼夢の有無
質問2	物語の内容
質問3	白昼夢が出てきたきっかけであると思われること
質問4	反復の有無
質問5	時間が経つにつれて物語がどのように変化したか
質問6	白昼夢所持の時期
質問7	物語が浮かぶ時はどんな感じがするか
質問8	物語が夢に出てくることはあるか
質問9	物語を描画にしたことはあるか
その他	

質問項目を [表3-3] にまとめた。おとな対象の調査と大きく異なるところは、質問8と質問9が加わったことである。おとなの調査から、白昼夢と"夜の夢"との関係がうかがわれたため、夢との関連を尋ねる質問8を設定した。質問9は、筆者が臨床現場で出会ってきた子どもたちが白昼夢の物語を絵に描くことがあったことから設定したものである。こうした絵が描かれるのは、白昼夢が視覚的なイメージとのつながりが強いためであろうと考えられる。物語のイメージは、言葉よりもむしろ、描画のほうが表されやすいかもしれない。そこで、子どもたちの調査では、言語的な報告を補うために、物語に関する絵を描いてもらうことにした。

白昼夢をもったことがあると回答したのは、面接調査をおこなった45名のうち22名であった[*25]。このうち、調査した時点で現在白昼夢をもっていると答えた子どもは16名であった。この16名に対しては、白昼夢がその後どのように変化していくのかを見るために、1か月にわたって4回の面接調査をおこなった。

この子ども対象の調査においても、おとなの調査と同様に、反復性・空想性・困難志向性について、物語に見られる諸要素の有無を調べた。空想性（空想−現実）の軸に関しては、この調査で報告された現実的な物語の中には、おとなの調査では見られなかった、過去にあったできごとを回想するという要素が見られた。そこで、おとなの調査で現実的であるとした予想や願望を表す要素を"未来"という下位要素とし、今回の調査で新たに得られた過去志向的な要素を"回想"という下位要素とした。

ところで、今回の調査では、調査者からは特に質問しなかったにもかかわらず、物語を自分だけのものとして秘しておく傾向にあるか、それとも、他者と積極的に共有する傾向にあるかということが明らかになる例が多かった。この傾向の違いによって白昼夢をもつことの意味も違うのではないかと考えられたため、これらが明らかになったものについては、第四の軸として秘匿性の軸を設定した。この軸について、"秘匿""披露""共有"という要素を設定した。これらの要素・下位要素について調べた結果を [図3-3] に表した。

	反復性			空想性						困難志向性			秘匿性		
				空想				現実							
	反復	設定保持または短期間の保持	即興	超自然	擬人	準宇宙	仮定	未来	回想	冒険	日常的困難	日常的安定	秘匿	披露	共有
C22①	●				●						●				
C44	●						●	●	●	●					
C5	●							●	●			●			
C20	●							●	●			●			
C10③	●								●			●			
C6①		●		●	●	●				●				●	
C6④		●		●	●	●				●					
C33③		●		●			●				●				
C18		●			●	●				●				●	
C3①		●			●					●					
C40①		●			●	●				●	●				
C40②		●			●	●				●					
C40③		●			●	●				●					
C40④		●			●	●				●					
C33①		●			●	●				●	●				
C11		●			●	●				●	●			●	●
C3④		●			●	●					●			●	
C3②		●			●	●					●				
C25		●			●	●					●				
C34①		●			●	●					●	●	●		
C3⑥		●			●	●					●	●			
C3⑤		●			●	●						●			
C12		●			●	●								●	
C19②		●			●	●								●	
C30②		●				●				●					
C1		●				●					●	●	●		
C3③		●				●									
C21①		●				●								●	
C33②		●						●	●		●	●			
C33④		●						●	●			●			
C6②		●						●	●			●			
C14		●							●			●			
C26		●										●			
C30①		●							●			●			
C27			●	●						●					
C21②			●	●		●				●	●		●		
C21③			●	●		●	●			●	●		●		
C21④			●	●			●			●			●		
C22②			●		●					●					
C34③			●		●	●					●	●			
C10①			●		●	●						●			
C22③			●			●				●					
C19③			●			●					●	●			
C10④			●			●						●			●
C19①			●			●		●				●			
C10②			●					●				●			
C34②			●					●				●			
C6③										●					
C4													●		

[図3-3] 子ども対象の調査における物語の諸要素

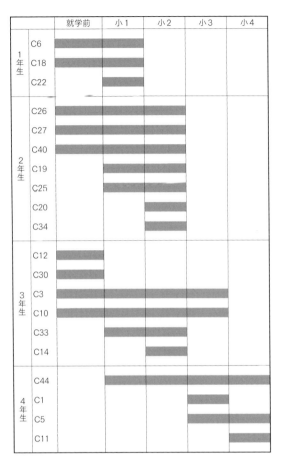

[図3-4] 白昼夢所持の時期
　　　　（子ども対象。C4・C21については不明）

　白昼夢所持の時期について尋ねたところ、[図3-4]のようになった。この結果から、最初の白昼夢の発現時期には小学校入学前後が多いこと、また、今回の調査で白昼夢をもったことがあると答えた子どもたちのほとんどが、調査した時点でももち続けているか、少なくとも前年までもっていたかのどちらかであるということがわかる。

5. 現実的な白昼夢と空想的な白昼夢

　今回の調査の結果から、子どもたちの白昼夢には、空想的な物語が多いが、現実的な物語も少なくないことがわかる。反復する物語の割合はおとなの調査ほど高くないが、そのほとんどが現実的な物語であることが注目される。

　おとなを対象とした調査においては、現実的な白昼夢が報告されたのは［例3-8］のB4の一例のみであり、その物語は、現実のリハーサルという側面が明確に示されたものであった。今回の調査において報告された白昼夢の中で、B4の例のように現実のリハーサルであると言えるものには、次のようなものがある。

［例3-9］C10（8歳6か月、男児）

> 　物語の要約：学校のお話もある。学校に行って、挨拶する。友達とか、先生とか。自分のお母さんとかしか挨拶できなくて、がんばってみようと思う話。

　ここでは明らかに、自分の抱えている困難を克服するというテーマが扱われている。

　頭の中でのリハーサルとしてのこうした物語が報告された一方で、それ以上に数が多かったのは、おとなの調査では報告されなかった、次のような類の物語である。

［例3-10］C5（9歳7か月、女児）

> 　物語の要約：友達と一緒に遊んだり、家に泊まったりする。ほとんど同じやつ。ボウケンオニ（かくれんぼ）をやったり。ほんと

> にそんなことがあったらいいなあとか（思う）。楽しい。この前、泊まりに行った時ものすごくおもしろかったから、その時のことをずっと思っている。

　この例においては、友達と遊ぶなどの今後も起こりうることへの期待が見られ、リハーサル的な側面がないとは言えない。しかし、この物語の基調となっているのは、過去に起こったできごとへの回想である。そして、それらの回想には、ほとんどの場合、このように日常的で親和的な要素が伴っている。そこには、来たるべき事態に備えてなんらかの予行をしようというよりは、過去の楽しかった体験を再び取り戻そうとする動機があるように思われる。
　この二例は未来へのリハーサルや過去への回帰として理解しやすいものであるが、同じ現実的な白昼夢でも、次のようなものは単純に未来や過去として理解することはできないようである。

[例3-11] C33（8歳7か月、男児）

> 　誕生日にゲームとカブトムシを買ってもらったという物語の続き：ゲームに夢中で、カブトムシの世話を忘れてて、ゼリーも買ってなくて、水も入れてなくて、木もなくて、樹液もなくて、虫かごの中にずっと入れてて、暑くて。（ゼリーを）買いにいったらカブトムシが死んでて、あ、（ゼリーを）やっとけばよかったって思って、お墓に埋めた。ゲームも壊れてすっごく怒られて、終業式があって緊張した。（終業式は）お母さんとお父さんは仕事で来られなくて、親戚が来て、親戚のうちに帰ってごはんを食べて寝た。

　こうした物語は最初、頭に浮かんだものとして話しはじめられたが、語り

が進むうちに、物語の報告なのか現実に起こったできごとの報告なのか、調査者には判断できないことがしばしばあった。C33は、例に挙げた物語の前にいくつかの白昼夢の物語を挙げており、白昼夢＝"頭に浮かんできたお話"の報告を求められていることは理解していたと思われる。したがって、誤って現実に起こったことを報告したとは考えにくい。また、現実的な物語ではないが、同じC33の報告には、次のようなものもあった。

[例3-12] C33（8歳7か月、男児）

> 気に入っていたという物語の要約：お父さんとお母さんがいなくて、独りで夜まで待っていたら、時計が逆戻りした。びっくりして時計（の針）をもとの位置に戻して寝たら、怖い夢を見た。ぱっと起きたら、時計がまた合っていなくて、またもとの位置に戻した。そしたらピンポンが鳴って、出たら骸骨がいっぱいいて、投げ倒された。

この例では、夢について触れられている部分があることが注目される。白昼夢が浮かんでくるという体験は、C33にとって、現実の体験や夢体験と交じり合ったものであった可能性がうかがえる。まだ白昼夢らしい白昼夢になりきらない物語がこのように体験されている可能性が示されたことは、人がどのようにして白昼夢をもつようになるのかを考えるうえで、一つの手がかりになる。先述した、過去の回想という側面が強い白昼夢とあわせて考えると、白昼夢をもちはじめる時期には、過去のできごとの想起と白昼夢の物語とが不可分であり、子どもたちはあまりそれらを区別しようとしないということがわかる。

今回の調査においては、おとなの調査の結果から予想されたよりも、現実的な物語が多く報告されたが、その中でも特に、過去の回想としての物語が

多いことが注目される。[図3-3]の反復性の軸を見てみると、反復される傾向の強い物語のほとんどが過去の回想であった。ここに、現実に起こったことを何度もくり返し想起して物語化していこうとする人間の心のはたらきを見ることができる。白昼夢の中で現実のある場面の想起が反復するということは、苦痛や困難を感じさせる場面の克服というテーマにつながってくると考えられてきた。しかし、今回の調査で報告された反復する白昼夢の内容には、C5の友達と楽しく時を過ごす物語のように、どちらかと言えば"日常安定"の要素が多く含まれている。その一方で、自分の困難を乗り越えようとするC10の物語や、虫を死なせた後悔や怖い夢を克服しようとしたとも考えられるC33の物語は、即興か、数日で消失するようであった。これらのことから、子どもたちが過去の体験の想起から白昼夢をくり返し生み出しはじめるようになるのは、夢見手にとって楽しく親和的なできごとを再体験しようとするためではないかと推測される。つまり、自分の望む、安定した調和的な状況を再現するということが、回想的な白昼夢の基調にあると考えられる。

　次に、空想的な白昼夢を見てみよう。おとなを対象としておこなった調査ではほとんど報告されなかった即興的な白昼夢が、子どもの調査では13例報告され、そのうちのほとんどが空想的なものであった。その例として、次のようなものが挙げられる。

[例3-13] C21（6歳5か月、女児）

> 　物語の要約：マジックで絵を描いて遊んでいると、マジックする人が、カーテンを閉めて、お尻に針を指して口から出すなどのマジックをする。……（面接室の中にあったカセットテープ・時計・鞄などを、マジックをする人が食べる話になっていく）

　前に紹介したB8の即興的な物語[例3-5]同様に、連想や思いつきからく

る奇妙さが、この物語にも現れている。マジック（ペン）とマジック（手品）など、言葉からの連想や、その場にある道具などを題材に物語が思いつかれているのも、B8の例と同様である。

　その一方で、子どもの調査で報告された即興的な物語には、B8の例には見られない特徴があった。B8の例では、「ぱっとイメージがあってそれを一部分にして、しょっちゅう浮かんで消えて浮かんで消えてで、たくさんある」と述べられているように、一瞬のイメージが短くまとまった物語の断片として把握され、そのような物語の断片が浮かんでは消え、また別の断片が浮かんでくる、ということをくり返している。これに対して、C21は、思い浮かんだことを思い浮かんだままに次々につないでいって、長い一つの物語にしている。両者とも荒唐無稽であることは同じであるが、C21のほうが、より整合性がなく支離滅裂な物語になっている。

　ところで、子どもの調査では、一例を除いて、空想的な物語のすべてに"準宇宙"的な要素が見られた。おとなの調査でも、空想的な物語のすべてが準宇宙を舞台としていた。これらのことから、架空の世界の創造が、空想的な白昼夢の最も基本的な要素であると言えるだろう。現実の世界とは異なる準宇宙的な要素がどのようにして子どもの白昼夢の中に入り込んでくるのかは、物語を思い浮かべるきっかけとして多くの調査対象者が、本・漫画・テレビなどの、いわば既製のストーリーを挙げていることから推し量ることができる。つまり、これらのものを模倣しながら準宇宙が構築されていくと考えられるのである。この点について示唆に富んでいるのは、子どもの調査で見られた、白昼夢と既製のストーリーとの区別をしない次のような例である。

　C6（6歳9か月、男児）は、ほぼ『桃太郎』やイソップ寓話の中の物語、『ヘンゼルとグレーテル』そのままの物語を「自分が創った」と述べた。その一方で、調査者の〈どこかで聞いたお話かな？〉という質問に対しても、「うん」と答えており、それが既製の物語であることも知っていたと考えられる。こうした例においては、白昼夢として物語を思い浮かべる体験は、既製のス

トーリーを見聞きした体験と重ねられ、あまり区別されていないことがうかがわれる。言い換えれば、こうした子どもたちは、既製のストーリーを白昼夢として再体験していると言える。再体験された物語は、既製のものでありながら新しく自分で生み出したものでもある。

　C6の『桃太郎』そのままの物語は、その極端な例である。それほど極端ではないものとして、C3（8歳10か月、女児）は、図書館に返さなければならない本を自分用に紙に書いて創りなおしたという報告を、C22（7歳3か月、女児）は『桃太郎』や『ハム太郎』のお気に入りの場面を思い浮かべるという報告をしている。こうした例から、空想的な準宇宙の形成が既製のストーリーの模倣であるということは簡単であるが、その模倣には、心の中で再現するうちにそれらを自分の物語として生まれ変わらせようとする過程が含まれていると言えるのではないだろうか。

6. 設定保持／短期間保持と秘匿性

　おとなの調査で得られた白昼夢の中には、反復的でもなければ即興的でもないものがあり、それらは大きく分けて、背景や人物の性格などの設定は変わらないが場面は反復せず、あるストーリーに沿った進行や背景の構築が見られるものと、短期間保持され一通りストーリーとして完結する、あるいは外在化されると、それ以上はくり返されないものがあった。子どもの調査においても、そうしたものが多数報告された。特に空想的なものについては、紙芝居・絵本・漫画・小説など、子どもたちがさまざまな手段を用いて物語の構造化・固定化を試みていることがわかった。

　構造化・固定化を求める傾向から、この種の白昼夢にはストーリーとしての整合性や完成度が重視されることがわかるということは、すでに指摘した。今回、子どもの調査では、そうした構造化・固定化の過程が、まさに進行している状況を垣間見ることができた。例えば、C3（8歳10か月、女児）は、「チョコちゃん」というダックスフントを主人公にした一連の物語をノート

第3章　白昼夢の物語　143

に描き続けていた。面接第3回で、この「チョコちゃん」の物語を調査者に描画を用いて説明している時に、C3は、「お風呂」について言及した。第3回時は、それは物語の中心にはなっていなかったが、1週間後の第4回では、「チョコちゃんのバスタイム」がおもに語られ、描かれるようになった。1週間前に思いついたある場面・要素が、短期間のあいだに拡大され、ストーリーとして構造化されたと言える。また、C19（7歳10か月、女児）の「ナベネコ」の物語は最初、描画をしながら即興的に語られたものであったが、それが語られた次の面接において、「ナベネコ」を中心とする物語世界が設定として定着していることが見られた。

　これらの例では、ある思いつきや、即興的に発生した物語のイメージが、ストーリーとしての構成や設定をもつに至ったことが示されている。そのように構成度が高くなったことによって反復や想考の流れは起こりにくくなった一方で、無意識的な素材を自分が納得するストーリーに創り上げることに比較的成功したということになるだろう。それらが思いつきや即興的な物語のままであれば、定着した白昼夢とはならずに消え去っていたかもしれない。おそらく多くのものが消え去っていく中で、あるものだけが選ばれてストーリー化されていくのはなぜだろうか。前節で述べた、選択的に反復される物語の一場面と同様に、それらの思いつきやイメージが、夢見手の内的なテーマと結びつきやすい要素を含んでいた可能性は充分に考えられる。しかし、反復する場面が時に流動的に変化するのとは対照的に、設定保持や短期間保持では、夢見手はストーリーをある程度固定させ、さらに多くの場合、描画や文章によってその固定を強固なものとする。そこで、この両者の違いがどこから生じるのかという疑問が出てくる。前節の設定保持・短期間保持の考察では、反復性の高い白昼夢との違いを、意識的に統制することが可能かどうかという点に重点をおいて論じた。ここでは、それに加えて、夢見手が、くり返す必要がないように物語を固定化させたということもあわせて考えておきたい。今回の調査でC3は、「捨てネコ」の物語を、「もう終わりっていうところでストップ」させている。この言葉は、その物語が、意識的に

終わらせることが可能なほど統制されていることを示していると同時に、固定化したストーリーとして完結することでその物語から夢見手が解放されたことをも示していると言えるだろう。

　このように、白昼夢はしばしば文章や描画によって外在化される。他者に物語を披露する、あるいは、他者と物語を共有するためには、その物語は外在化されなければならず、その意味では、文章や描画による外在化が秘匿性[*26]の高低と関連がないわけではない。しかし、文章や描画によって外在化された物語が必ずしも他者に披露されている、あるいは他者と共有されているとは限らない。例えば、先に例に挙げたC3の「チョコちゃん」をめぐる物語はノートに描かれているが、それは「誰にも見せたくない」ノートであり、このノートを持参し調査者に見せるにあたって、C3は、他児や先生には内緒にしておくように何度も念を押した。この場合、物語は、外在化はなされているが秘匿性は高いと言える。また、子どもの調査では、C3のほかにも、C21のように調査者に「（ほかの子どもには）絶対内緒にしといて」と念を押す子どもたちがしばしば見られ、C4（8歳10か月、男児）は、白昼夢をもっていると答えながらも、内容についての検査者の質問には、「秘密や！」と言い、物語を話すことを拒否している。

　その一方で、白昼夢を積極的に他者に開示する傾向をもつ子どもたちもいた。開示には、他者に披露するものと、披露するだけではなく他者を物語に関わらせ共有しようとするものとがある。前者の例として、絵本を創って保育園の先生にあげたというC18（6歳5か月、男児）の報告が、後者の例として、姉と一緒に物語を創っていたというB9の報告が挙げられる。

　秘匿性の高低の違いが何を意味するのかについて論じるには、この調査で得られた秘匿性についての報告が少ない[*27]。しかし、C11（10歳2か月、女児）やC12（8歳4か月、女児）が述べた、「人がどうやったら喜ぶか」「みんながどう言ってくれるか」という言葉から、披露や共有の要素をもつ物語が、物語に出てくるテーマを他者のそれと重ね合わせて互いに共感を得ようとする志向を示していると言えるだろう。この意味で披露・共有される物語を積極的

に評価することができるが、翻って考えれば、この種の物語が他者の共感を得るためには、夢見手は他者に妥協しなければならず、個人の内的なテーマとして出てきたイメージがあったとしても、それを修正する、あるいは取捨選択するという作業をおこなわざるを得ない。したがって、現段階では推測に過ぎないが、他者に開示されない秘匿性の高い物語の方が、より、個人の内的なテーマを反映している可能性が高いと考えられる。

7. 二つの調査結果の比較

本節で述べたおとなの調査の考察と、今回の子どもの調査の考察を比較すると、二つの調査において報告された白昼夢が、互いに異なった性質を示していることがわかる[*28]。

おとなが報告した白昼夢のうち、現実的な物語は一例のみで、ほとんどが空想的であった。また、子どもの調査に比べて特に多いのは、空想冒険的かつ反復的な白昼夢の報告である。一方、子どもの調査では、空想的なものが少ないというわけではないが、空想冒険的かつ反復的な白昼夢は報告されなかった。反復的な白昼夢のほとんどが現実的で過去志向的な物語であった。こうした過去志向的な白昼夢はおとなの調査では見られず、子どもの調査で特徴的に見られた。また、子どもの調査では、おとなに比べて、即興的な白昼夢が多く報告された。これらのことから、子どもの白昼夢が本当はどのようなものであるのかという問題を、おとなの回想による報告から知るのでは不充分であることがわかる。白昼夢をもつ子どもたちには、おとなの意識が遡って思い出すことの困難な体験があるのではないかと考えられる。

子どもの調査についての考察で述べたように、白昼夢をもちはじめたばかりの現実的な物語は、過去の実際の体験の想起や"夜の夢"と明確には区別されていない可能性、また、空想的な物語は既製のストーリーとは区別されていない可能性がある。過去の体験はもちろん、"夜の夢"や既製のストーリーも、いわば、実際に体験された現実である。そうした体験と内的な世界

とが重なり合い、それらが混在したまま白昼夢として再体験されていると言える。そして、それは、単に再体験するというだけではなく、体験されたことを自分の物語として新しく生み出すという意味をもつのである。子どもたちの白昼夢が実際の体験と強く結びついているということは、反復的な物語のほとんどが現実的で過去志向的であるということからもうかがえる。

　子どもたちの空想的な白昼夢に顕著な反復性が見られず、おとなの調査での報告に比べて即興的であったことも興味深い。既製のストーリーの影響を受けやすいという特徴にも通じることであるが、子どもたちの空想的な白昼夢の、あまり反復しないというあり方は、創り手が自分の内的なテーマをどのように表現するかについての模索をおこなっていることを示しているように思われる。言い換えれば、この時期に既製のストーリーを自分の物語に変えていくことによって、あるいは、聴き手や場の状況といった環境に応じて即興的に次々に物語を生み出すことによって、イメージを物語化する練習をおこない、より自分にぴったりくる、物語を表現する手段を探していると言えるだろう。子どもの意識では捉えにくい複雑なテーマが、その子どもの心に定着した空想の物語となるためには、そのような過程が必要となるのではないかと考えられる。

第3節　子どもの描画表現と白昼夢

1. 子どもの描画表現についての先行研究とその課題

　白昼夢の調査の多くは、筆者がおこなった二つの調査もそうであるが、白昼夢の有無や内容を、夢見手の報告を頼りに問うものにならざるを得ない。というのは、白昼夢を見ることを恥ずかしいと思うような年齢になると、ほとんどの場合、白昼夢をもっていることは隠されてしまい、白昼夢の有無や内容を、調査者が外側からの客観的な観察で見ることが困難になってしまう

からである。

　しかし、白昼夢の痕跡は、調査という不自然な場ではない、例えば遊びの中などに見られることもあり、そうした場面を観察できれば、報告に頼らなくても白昼夢の内容をうかがい知ることができる。例えば、シンガーは、子どもたちのごっこ遊びと白昼夢との関連を指摘している (Singer, 1975; Singer & Singer, 1990)。プレイセラピーにおいても見られることであるが、子どもたちが自分で、あるいは人形などの玩具を使って、くり返しある場面を演じる時、子どもたちはなんらかの物語を表現していると見ることができ、その物語には、その子どもたちが日常的にもっている白昼夢が関わっている可能性が考えられるのである。

　しかし、子どもたちが抱いている物語が、ごっこ遊びのような比較的わかりやすい形で演じられるとは限らない。子どもたちは時として、物語を表現するために、描画という方法を用いることがある。筆者がある臨床現場で関わった小学校6年生の男の子は、人間が怪獣の体内にいる絵を描きながら、次のように語った。

[例3-14] 小学校6年生、男児

　物語の要約：怪獣と、タコタコ星人、タコ王子が戦う。怪獣の吐いた火で体内の人間がやられ、次にタコタコ星人がやられる。スーパーマンがタコタコ星人を助けに来るが、はりきりすぎて上のほうへ行ってしまい、怪獣とは戦えない。そこへファイヤーバードが来て、スーパーマンを焼く。スーパーマンとファイヤーバードは相討ちになるが、スーパーマンはワープして怪獣を攻撃。怪獣の首が切断される。スーパーマンは怪獣の仲間に食われる。食った怪獣の仲間は貧血で死ぬ。スーパーマンは食われたがワープして小さくなる。

1枚の絵には、このように描き手が頭の中に思い浮かべている物語が詰まっている。それにもかかわらず、子どもたちの描画について、物語という側面からはあまり研究されてこなかった。描画は動きが少なく平面的であり、その奥にあるのがどのような物語であるのかを知ることが、ごっこ遊びや箱庭よりも困難であるからかもしれない。

　子どもたちの描画に関する心理学的研究は、おもに発達的な観点からなされてきた。そうした観点からの研究には、子どもがいかに描く対象を認識するか、そしてその対象をいかに実物らしく表現できるのかということについて、子どもたちの絵を段階的に評価しようと試みる傾向が見られる。こうした発達的な描画研究の流れは、臨床心理学的な描画研究にも影響を与えており、子どもの発達的・病理的な側面をアセスメントするために描画を用いようとする研究が主流となっている。

　ワロン (Wallon, Ph.) は、こうした研究を網羅的に紹介し評価しながらも、このようなアプローチだけでは子どもたちの絵を理解することが困難であることを指摘している (Wallon, 2001)。上述した発達的アプローチは、子どもたちの描画が対象をどの程度正確に写しとれているのかに重点をおいている。しかし、子どもたちは必ずしも、見たものを正確に写しとろうとして絵を描くのではない。ワロンは、子どもの創造性を伸ばすためには自由な表現が必要であると述べ、その例の一つとして4歳児の絵を挙げている。家と大きな木が描かれたその絵には、中央に黒い人物がいて、頭から黒いものを出して家と木のあいだの空間を満たしている。木を挟んでその人物と反対側にいるピンク色の人物は、黒い人物の3倍以上、ほとんど家の大きさくらいあり、頭から青いものを出している。青いものは太陽にかかるほど高く空を覆っている。人物や事物のバランスや、それぞれの人物から出ている黒や青の線で空間を塗りつぶしていることなどから、この絵には奇妙な表現が使われているように見える。子どもの説明によれば、この絵は、「魔法使いが空に魔法をまき散らしたので、(ピンク色の) 男がやって来て雨の助けを借りてその魔法使いと戦おうとしているところ」を表しており、青が上に張り出している

ことは「勝利すること」を意味している。この絵を発達的な観点からの指標をもとに評価することも可能であろう。しかし、この絵について、描き手である子ども自身が調査者に対して説明しているような、彼が描きながら思い浮かべた物語を理解しようとするならば、発達的な観点はあまり意味をなさないように思われる。描き手は自分の思い浮かべた物語を表現するのに最もよいと思われる手段を用いたのであり、そのことが、彼にとって現実的な認識よりも優先されるべきことだったのであろう。子どもの絵が発達にしたがって変化していくことは否めないが、おとなから見て奇妙な表現を子どもが用いる時、それは発達的な意味での認識の不足や描写力の不足が原因とは言いきれず、その奇妙な表現の奥に子どもが内的にもっている物語が潜んでいる可能性があると考えられる。

　子どもの描画に表現されるこのような物語がすべて、その子どもが日常的にもっている白昼夢と関連があるわけではない。しかし、白昼夢を子どもたちがなんらかの手段で表現しようとする場合、それは言語的な"お話"として表現されるとは限らず、描画という形をとることが多いのではないかと考えられる。というのは、白昼夢は言語では表現しにくい感覚的なイメージと結びついていることが多く、そうしたイメージを表現するには、描画という手段が適していると考えられるからである。

　前節で述べた子ども対象の調査では、白昼夢の言語的な説明に加えて、彼らの物語についての多くの描画を得ることができた。また、白昼夢をもっている、あるいはもっていたと答えた子どもたちのものだけではなく、白昼夢をもったことがないと答えた子どもたちの描画からも、白昼夢についての貴重な示唆を得るところがあった。以下では、そうした子どもたちの描画を、発達的にどうかという観点からではなく、何を表現しようとしているのか、そしてそれを表現するというのはどのような体験なのかという観点から論じることにする。

2. 描画に見られる物語の表現

　日常的に白昼夢に関する描画を自由帳などのノートに描く、あるいは、白昼夢の物語を絵本や紙芝居などで表現したことがあると答えたのは18名であった。つまり、今回の調査では、白昼夢をもつ子どもたちのうち8割以上が、白昼夢の物語を描画にしたことがあると報告したことになる。

　このように白昼夢が描画という表現と結びつきやすいのはなぜかということを考えるうえで、次の二つの例が参考になる。

[例3-15] C27（7歳4か月、男児）

（〈どんなお話？〉という調査者の質問に対して無言が続いたのち）わからない。……（描画をおこなったのち、その説明として）ロボットは、走りが早くてジャンプが高い。怪獣とかと戦う。（[写真3-1] 参照）

[写真3-1] C27の描画

[例3-16] C18(6歳5か月、男児)

> (飛行機、怪獣、剣を描きながら) 飛行機……やっつけてんの。これ、剣。落ちてくるの。……(怪獣に爪を描き足す) かなり強くなった。うぉー(怪獣の口から吐き出されている螺旋状のものを、だんだん強く描く)。かなり強く……(飛行機からジグザグの線や、弾のようなものが出てくるところを描き加えながら) ぴゅん、ぴゅん、ぴゅんぴゅんぴゅんぴゅんぴゅん。(最後に、調査前に見つけたというカタツムリを描き加える) ([写真3-2] 参照)

[写真3-2] C18の描画

　C27の例では、どんな白昼夢なのかという質問に「わからない」としか答えられていない。このような反応は、白昼夢を言語化することに慣れていない子どもたちにとってはごく自然なことであると考えられる。しかし、このC27の場合は、描画をおこなったのち、その描画に表されたものがロボット

と怪獣の戦いの物語であるという描画の説明を通して、自分の物語を表現することができた。描画という視覚的にイメージを表現する手段がなければ、C27が白昼夢の内容を伝えることは困難であったであろうと思われる。

また、C18の例では、「うぉー」や「ぴゅん、ぴゅん、ぴゅんぴゅんぴゅんぴゅんぴゅん」という擬音語にあわせて描線が描かれており、怪獣が吐き出した螺旋状のものや飛行機から発射されている線や弾が、描き手にとって聴覚的な要素を含んだものとして表現されていることがわかる。白昼夢は視覚だけではなく聴覚的なイメージとも結びついていると考えられるが、こうした聴覚的なイメージも、描画をおこなう中で外在化されうるということがわかる。

これらの例は、白昼夢は言語化が困難である場合があること、その一方で、子どもたちは白昼夢の視覚・聴覚といった感覚的な要素を描画の中に生き生きと盛り込むことができることを示している。子どもが日常の中で白昼夢の物語を表現しようとする場合、描画を通しておこなうことが多くなるのはこのためであろうと考えられる。他者とのあいだで内的な物語を表現しようとする時、描画が適した表現方法であることを、子どもたちはよく知っているのであろう。

したがって、描画を通して子どもたちの白昼夢を共有する際には、描画を見る側もそのことを知っておく必要があると考えられる。子どもたちの白昼夢を理解するということは、その中に含まれる視覚的イメージや聴覚的イメージを理解することも含まなければならないが、そのためには言語的な聴取では限界があり、描画を通してそうした感覚的なイメージを理解していくことが重要になってくるであろう。

3. 描画を通しての物語の体験

しかし、白昼夢と描画との結びつきが深いことは、単に、描画が感覚的なものを他者とのあいだで表現するのに適しているとの理由によるものばかりではないようである。今回の調査で、子どもたちの中には、自分の白昼夢を

描いた絵を積極的に他者に見せると報告した子どもたちもいた。しかしその一方で、C3（8歳10か月、女児）のように、「誰にも見せたくないノート」に白昼夢に関する描画を描くと報告した子どもたちもいた。白昼夢を外在化して他者とのあいだで共有することを子どもたちが望んでいない場合にも、白昼夢は子どもたちの描画の中に表れてくるようである。これはどうしてであろうか。

今回の調査で得られた描画については、調査の性質上、子どもたちが調査者とのあいだで物語を表現するように求められた結果のものであるので、この問題を調査から得られた描画だけで検討していくことは難しい。しかし、この問題を論じる手がかりとなるものが、次に挙げる例に含まれている。

[例3-17] C22（7歳3か月、女児）

　小さい家のお話を創った。お菓子の家。悪いやつら（アリ）に食べられたから小さくなってしまった。（左上に小さくお菓子の家を描いたのち）橋の上には伝説のお菓子の家があります。じゃあ、この伝説のお菓子の家だけは食べられてないことにしよう。お菓子の家には王さまとお姫さまがいる。こっちは闇の研究所。（マジックで雷を表す線を描く）雷がいっつも落ちる。こっちが光（の研究所）やから、太陽がある。闇の研究所のおじさんは、こんなの。闇の人だから、闇の服着て、闇のズボン着てる。黒いの。悪いことするからぼろぼろに、たんすとか倒れてる。光の研究所、（黄緑の線の中に人間を描く）これは、えーっと、光の研究所でけがをした仲間たち、お腹とか、包丁で切られたから、この薬で治してる。お腹ぶすって。研究所描けたし、次は恐竜描こう。この恐竜って、人間の脳みそを、この細いやつで吸い込むの。テレビで観た。（恐竜を描いたのち、それに驚いている人間を描く）（[写真3-3] 参照）

[写真3-3] C22の描画

　この例では、描画は最初、「小さい家のお話」を表現するために描きはじめられた。描きはじめた時には「お菓子の家がアリに食べられて小さくなった」という物語であったが、「小さい家」を描き終わると、それは「伝説のお菓子の家」で、「食べられてないこと」になり、当初、C22が報告しようとしたもともとの物語には出てこなかった「王さまとお姫さま」がいることになる。つまりこの例は、描画によるイメージの外在化を通して、白昼夢が展開しながら変化していくことを示している。このC22のように、描画をしながら物語が展開・変化していった例は、この調査において頻繁に見られた。描画は、白昼夢を表現するのに適切な手段というだけではなく、物語のイメージを膨らませ発展させるという役割も果たしていると考えられる。

　さらに興味深いのは、描画をすることがすなわち物語を演じることになっている子どもたちがいたことである。例えば、前項で紹介したC18は、絵を描きながら、自身が口から何かを吐き出す怪獣になったかのように、「うぉー」と言っている。また、「ぴゅん、ぴゅん、ぴゅんぴゅんぴゅんぴゅ

んぴゅん」という声に合わせて描き加えられた弾は、右から左に、つまり飛行機から怪獣に向けて描かれ、その場で実際に怪獣を撃っているかのようであった。つまりC18は、怪獣と飛行機が互いに攻撃し合うことを、その場面を描きながら演じていたのである。この場合、描画をすること自体がC18にとっては、物語の世界に浸ることであったと言えるだろう。

　今回の調査は、"すでにもっている"白昼夢の物語を描画で表現するように求めたものであった。しかし、そのような制約が加えられた場であっても、子どもたちは描画の中で自由に自分の物語を展開させ、演じているということが、以上の例からわかる。白昼夢の描画は、子どもたちがそれまでもっていた物語を表現しているだけではなく、描かれているまさにその場で体験されていた物語をも表現しているのである。言い換えれば、描画を通して、物語を体験しなおしている、あるいは、物語の発展を新たに体験していると言える。他者に対して秘される白昼夢であっても描画にされることが多いのは、子どもたちにとって描画が、白昼夢を視覚的に再現する手段というだけではなく、物語をその場で体験することの一つの様式となるためではないかと考えられる。

4. 描画の中に物語を見るということ

　これまで、いくつかの例を通して、描画は白昼夢のイメージを表現する手段として適しているということ、また、描画をすることを通して子どもたちは白昼夢の物語をその場で体験しているということを考察した。

　ところで、すでに述べたように、子どもたちの描画表現にはおとなから見て奇妙に思われるものがあり、そうしたものはこれまで発達の観点から論じられることが多かった。そうした奇妙な表現を、描画には子どもたちが体験している物語が表現されているという本研究の視点をふまえて見ると、どういうことになるのだろうか。

　次に挙げる例でそれについて考えてみたい。

[例3-18] C21（6歳5か月、女児）

　キララちゃん、中国人なの。キララちゃんのおうちの中でな、キララちゃんピアノ弾くから、みんな聴きにきた。キララちゃんの家、お城みたいな家。3階建てで全部キララちゃんのおうち。1階はお風呂場。炭のせっけん。あのね、土曜日、旅行行ってきて、炭のせっけんとか、洗うものみんな炭でできてるやつだった。ここ（2階）にろうそくが立っている。あのね、ツノのあるおにぎり（家の右上にあるもの）。お母さんがおにぎりにツノつけた。（[写真3-4] 参照）

[写真3-4] C21の描画

　この例では、描画の中に、人が座っていない椅子が複数個描かれている。これについてC21は、「みんな聴きにきた」と説明している。主役である「キララちゃん」は、表情や洋服の模様まで細部にわたって描かれているのに、聴衆はたくさんの椅子という形で、無造作に表現されている。このことから、

聴衆は主役を引き立てるためにいるものであり、数えたくさんいればいいことをうかがい知ることができる。現実らしく表現することを目的とすれば、聴衆の後ろ姿を描くなどの表現もできたであろう。しかし、子どもの描画は、現実らしさを必ずしも追求しているのではない。子どもは、物語のイメージを、そのイメージにふさわしいとその子が思う方法で表現しているのである。言い換えれば、子どもは独特の奇妙な表現を通して、その子ども自身が白昼夢の物語をそのように体験していることを表していると考えられるのである。

　さらにC21の描画の中で目を引くのは、「キララちゃんの家」の屋根付近に、宙に浮かんだように描かれているいくつかのマークと「ツノのあるおにぎり」である。なぜそれらのものがそこにあるのか、なぜ「おにぎり」にツノがついているのかということについては、ほとんど説明されなかった。こうした奇妙な表現について、なぜそういう表現になるのか調査者が尋ねても、子どもたちは明確には説明できないことが多い。この場合も、「おにぎり」についての説明として、「お母さんがつけた」という言葉があるだけである。例えば、プレイセラピーでこのような描画表現がなされた場合、セラピストはそこから、子どもの抱えているなんらかの問題を連想するかもしれない。そうしたアセスメントをすることも必要であるが、プレイセラピーで子どもの内的な物語を理解するためにより大切なことは、例えば「ツノのついたおにぎり」という子どもが内的にもっているイメージそのものを、描画を見るセラピストがどのくらい共有できるかということであろう。というのは、描画には、発達や病理、認識の歪みや表現能力の有無といった側面を見ていたのでは捉えきれない、日々子どもたちの中でくり返されている物語の体験が示されているのであり、子どもたちはそうした体験を自分の扱える範囲で、そして自分に適したやり方でセラピストに表現しようとしていると考えられるからである。

5. 白昼夢をもっていないと答えた子どもたちの描画

　以上、白昼夢をもっている、あるいはもったことがあると答えた子どもたちの描画を例に挙げて、描画として表現され、体験される物語の考察をおこなった。それでは、白昼夢をもっていないと答えた子どもたちの描画については、どのように考えられるのだろうか。

　次に挙げるものは、白昼夢をもったことがないと答えた子どもの例である。

[例3-19] C35（6歳3か月、男児）

　これがメロンソーダで……（無言で描画）……よし、できた。リンゴ。これ、怪獣。（[写真3-5] 参照）

[写真3-5] C35の描画

[例3-20] C41（8歳4か月、女児）

（カタツムリはおばけが）怖くて固まっちゃってる。……（木の陰から覗いている人影を描く）誰だ？　誰か覗いています。……（地図を持ったおばけを描く）道に迷っちゃった。……（おばけは）生きものを驚かすのが好き。……ネコは詩を創ってるの。詩がだーいすき。この子（ハムスター）が最初に来たから、走り回ってたけど、いっぱいの人が来て。モグラがここで、パーティするって聞いたから、来てん。（木の陰のおばけは）なかなか中に入れないから、じっと見てる。（〈この人も？〉と調査者が人影を指すと）違う。隠れて見てる。正体不明の。（[写真3-6] 参照）

[写真3-6] C41の描画

　C35の描画の中に、鳥人間のようなもの、色鮮やかで迫力のある怪獣が2匹描かれていることは興味深い。第2項で挙げたC27やC18の白昼夢の物

語にも、怪獣との戦いというテーマが見られ、描画の中で表現された。ここに挙げたC35の例において、子どもはただ、「怪獣」とだけ説明し、戦いなどのイメージについては述べていない。この場合、鳥人間と2匹の怪獣は、果物やソーダとともに並べられたアイテムに過ぎないようである。しかし、こうしたものが自由画の画題として選択されるということは、C35が、鳥人間や怪獣といった物語的なイメージを心の中にもち、それに惹かれているということを示している可能性が考えられる。

　このC35に比べ、C41の例の方は、すでにイメージが物語として動き出しているようである。今回の調査では、子どもたち自身による白昼夢の有無の報告を重視したため、この例のC41は"白昼夢をもったことがある子どもたち"の中には含まれていない。しかし、ここで挙げた例でC41が描画に与えている説明は、第2項や第3項に挙げたような、白昼夢をもっていると答えた子どもたちが描画をしながら即興的に展開させていった物語と、ほとんど変わらないものののように思われる。物語と言えるイメージを心の中にもっていることは同じでも、第2項や第3項に例として挙げたような子どもたちとこのC41とでは、それを"お話を思い浮かべた"と認識するかどうかに差があった。今回の調査で白昼夢をもったことがないと答えた子どもたちの中には、実際にはC41のように、物語的なイメージを心の中にもっている子どもたちがいる可能性があると考えられる。

　以上のことから、自分が白昼夢のような物語をもっているという認識が子ども自身になかったとしても、描画にその子どもの物語イメージの体験が表現されているのであり、それを共有することが大切であるという点では、白昼夢をもっている子どもたちと同じであると言うことができる。むしろ、物語的なイメージをもっているという認識が子ども自身にない場合のほうが、言語での報告が少ないために、描画でそのイメージを共有することが重要になってくる可能性も考えられる。

　C41の例で、描画に表現されているおばけなどのイメージが、C41が説明したような物語として以前から心の中にあったかどうかはわからないが、い

ずれにしても、調査者とのあいだで描画や描画についての説明を通して、物語的なイメージが活性化されていることが重要である。内的にもっているイメージが他者に対して表現された場合、その他者が表現されたイメージをどのように受け止めるのかによって、そのイメージが物語として活性化することも、それ以上発展しないことも起こりうるだろう。したがって、この調査において、C41のように白昼夢をもたないと報告した子どもたちが描画の中に物語的なイメージを展開させたのは、子どもと調査者とのあいだにイメージを活性化させる関係性が生じたためという可能性が考えられるだろう。プレイセラピーにおいては、子どもが内的なイメージを外在化しても脅かすことのない、イメージをそのまま共有するセラピストの関わりが重視されるが、そうした安心できる他者との関係の中で、C35の例の鳥人間や怪獣のようなイメージが、物語として動き出す可能性は充分にあると考えられる。

　子どもたちの描画に現れてくる、おとなには奇妙に思えるかもしれない非現実的な表現を、その子どもの現実認識や表現能力の未発達さ、あるいは子どもの抱えている病理や、子どもを取り巻く環境の問題などを反映しているものとして捉えることもできる。しかし、子どもたちの描画がこれほどまでに魅力的であるのは、その偏った奇妙な表現に、その子どもだけがもつ物語の世界を見ることができるからではないかと思われる。

　本当らしくうまく伝えることよりも、"そのように表現したかった"ことが優先され、それだからこそ、その絵は生き生きとしている。第1章で取り上げたように原始神話に近現代的な論理を押しつけるのには限界があるように、子どもの絵をおとなの基準から評価し、おとなの視点から分析したのでは、その作品が表現していることを見誤るのではないだろうか。

第4節　白昼夢をもつことの意味

1. 違和感とその緩和

　第2節で報告した、「お話をしないと気がすまないくらい」同じ物語に執着していたというB9は、小説などの既製のストーリーの結末に納得がいかないことがあると、「このままですませてたまるか」と思い、自分で「こうじゃなきゃいけない」という物語を創ったということを報告している。B9は、「こうじゃなきゃいけない」物語を思いつくことで「本人的には納得」したと述べている。このことは、違和感を覚える体験が個人の心の中に「こうじゃなきゃいけない」というイメージを生じさせることがあることを示している。B9の言葉は、そのイメージが白昼夢の物語となる時、あるいはそのイメージを表すのにふさわしい何かの物語と結びついた時、このままではすませられないという納得のいかない体験の違和感が氷解していく可能性を示していると言える。二つの調査でしばしば報告された白昼夢の反復は、なんらかの体験を通して得た、あるいは内的に抱えていた、このままではすませられないものを、納得できる物語をくり返すことで緩和させていこうとする試みと言えるのかもしれない。

　ところで、先行研究ではしばしば、白昼夢を願望充足であるとしているが、「こうじゃなきゃいけない」というB9の思いは、単に、"こうあってほしい"という願望のみを示すわけではないと考えられる。すでに述べたように、夢見手が望まない場合でも、白昼夢はくり返される。物語創作の考察において、"イメージの自律性"について言及したが、白昼夢についてもイメージは自律的にはたらく。B9の「こうじゃなきゃいけない」は、"こうでなければならない"という本人の意志というだけではなく、イメージそのものの自律性からくる、夢見手自身にもどうしようもない"こうならざるを得ない"という思いをも表しているととることができる。稀に自分の生み出した白昼夢の物語を不快に感じることがあるのは、"こうならざるを得ない"という自律

的なイメージと、"こうあってほしい"という夢見手の願望が一致せず、どちらかの点で物語の体験に違和感を覚えるからであろう。こうした違和感があるために、自律的なイメージと願望との妥協を求めて、夢見手は自分が納得するまで不快な白昼夢をくり返さざるを得ないのかもしれない。不快でない場合でも、くり返し同じ白昼夢が現れるということの一つの要因として、夢見手の願望とイメージのせめぎ合いというものがある可能性がある。第2章で、自分にぴったりするものを模索しては揺るがされ、物語との一致／不一致を体験するという物語創作のもつ側面を述べた。白昼夢が広い意味での物語創作であることを考えると、白昼夢をくり返すことで違和感を緩和しようとする試みも同じような意味を含んでいると言えるのではないだろうか。

2.世界との一体感

　前項で述べたような、"こうならざるを得ない"と"こうあってほしい"が一致する場合、白昼夢の物語の世界は、創り手と調和し、慰めと安心感をもたらす。ここで考えられるのは、白昼夢をもつことの意味が、自分と調和する世界の体験を得ることができるということにあるのではないかということである。

　自分に合った準宇宙の創造ということが基本にある空想的な物語については、特にこの点を考えてみる必要がある。白昼夢を見るという行為は退行的であるとみなされてきたが、この退行という点から、夢見手と白昼夢の物語の世界との調和の体験を論じることができる。バリント(Balint, M.)は、治療的な側面をもつ退行の、「調和的＝相互浸透的渾然体」に向かう傾向について指摘した(Balint, 1968)。この調和渾然体という状態は、個人と一次物質的な環境とのあいだに完全な調和が成立し、個人と環境との境界が区別できず、また区別することが問題とならないほど一体化している状態である。バリントはこの状態を、エディプス水準以前の、対象との関係が展開する前段階のものであるとし、一次愛の水準と呼んだ。ここで言う一次物質的環境と

は、現実にはありえない無限の調和に満ちた世界である。本研究で問題となっている白昼夢の物語世界について考える時、この一次物質的な調和の性質をもつ可能性を考える必要がある。すなわち、準宇宙の創造に、調和渾然体へと戻ろうとする退行的な動機を見ることができるだろう。バリントは、対象との関係が展開したのちに、その関係が以前の調和と対照的に苦痛であると、一体感を取り戻す試みが生じると述べている。

　二つの調査を通して報告された空想的な白昼夢には、明らかに周囲との調和への志向がうかがえるものがあり、白昼夢を見ることは、一体感を取り戻す試みであろうと考えられる。また、そのように明らかな調和への志向が示されていない、困難志向性の高い物語であったとしても、その根底には物語の世界との快い調和が前提とされている。バリントの一次愛理論は、これらの点をさらに深めていくうえで参考になる。バリントによれば、世界との一体感を取り戻そうと試みる時、オクノフィリアとフィロバティズムという二つのあり方が現れる (Balint, 1959)。オクノフィリアは、一次物質の代わりに対象と結びつくことが安全であると感じ、それを強く求める傾向であり、安全を脅かされると危険から目を背けて対象にしがみつこうとする。一方、フィロバティズムは、対象は安心できないものとして、対象を欠いた広がりを一次物質の代替として好ましく感じる傾向であり、独立を好み、危険に立ち向かおうとする特徴がある。バリントは、創造について、現実の対象から退却し、より良いものを創ろうとする試みであることから、フィロバティズムを土台にしているのではないかと考えた。この観点から白昼夢を考えると、夢見手の心に生まれる準宇宙は、現実から退却し、自分だけの世界の創造によって調和渾然体に向かって退行する試みであるので、フィロバティズムを土台としていると言える[*29]。

　しかし、バリントも指摘しているように、フィロバティズムあるいはオクノフィリアの、どちらかに完全に傾倒しているというあり方はない。準宇宙が基本的にフィロバティックであったとしても、その準宇宙の中で展開される、いわば擬似対象とも言える登場人物への関わり方に、オクノフィリック

な傾向が見られる場合がある。空想日常的な白昼夢では、家族や仲間との安定した対人関係や安全で小さな共同体での暮らしが重要であり、危険や不快が存在するかもしれない世界へは目が向けられにくい。これに対して、空想冒険的な白昼夢に見られる、安定した場所を離れて世界に出ていくことや、危険を志向する傾向、敵という擬似対象との戦いは、この種の白昼夢が非常にフィロバティックであることを示している。しかし、空想冒険的な物語と空想日常的な物語とは互いに交じり合う要素をもつということはすでに指摘した通りであり、おそらくこの二つの傾向は複雑に入り混じって白昼夢の中に現れてくるのであろう。それらが現れるバランスや現れ方は、夢見手の抱えているテーマがどの程度フィロバティズムあるいはオクノフィリアに関係しているのかということによるのかもしれない。いずれにしても、重要なことは、周囲との調和を志向するオクノフィリアだけではなく、自立的な自分を試すために危険に立ち向かうことを好むフィロバティズムも、もともとは一体感を志向する試みであるという点で、同じ根源をもつものであるということである。バリントによれば、フィロバティズムは、安全で友好的であると感じられる広がりとの一体感という錯覚を取り戻そうとして、危険を求め、そこにスリルを味わうという。バリントは、この危険を外傷体験に由来するものであると考えているが、白昼夢に現れてくる危険に対する筆者の考えは、第2節で述べた通りである。つまり、空想冒険的な物語の重要な要素である危険や困難は夢見手自身に属するもの、夢見手が生み出す世界の一部であり、その性質の善悪や危険性にかかわらず、夢見手にとって親和的である。フィロバティックな危険への志向一般に言えるかどうかはわからないが、少なくとも白昼夢に現れるそれは、危険をも、自分と一体の友好的な広がりに属するものとし、それが自分とは敵対しない、本当は調和的なものであるということを確かめようとすることに由来する可能性がある。つまり、夢見手は、物語の世界との調和を目指して一体感に包まれようとし、それが確かめられた世界の中であれば、比較的安全に、危険であるかもしれない自分の内的なテーマに取り組むことができると言えるのではないだろうか。

3. 無意識の神話産生機能

　このように、白昼夢の世界に包まれた状態を退行したものと考えると、白昼夢が幼児的、原始的なものであると考えられてきたことも頷ける。しかし、白昼夢を見るという行為が、物語の世界との、いわば早期の母子関係のような一体感を取り戻そうとする試みであるという点で退行的であるからといって、物語の内容そのものまで幼児的、原始的であると考えるのは早計であるように思われる。

　今回の二つの調査結果を比較して見えてきた、おとなの報告した白昼夢が空想的・反復的であるのに対し、子どもたち、少なくとも調査の対象であった小学校4年生までの子どもたちがもっている白昼夢のほうがより現実的で、一過的であったことは興味深い。ここから、幼ければ幼いほど空想的なファンタジーを夢見るというわけではないことがわかる。空想・想像は、象徴を使う能力を必要とする。また、白昼夢の物語がある程度まとまったストーリーとして体系化されるには、知的な能力も必要となってくる。子どもたちが、現実の体験や既存のストーリーを自分の物語として生みなおすという段階を超えて、より空想的な、準宇宙的な世界を形成するまでに物語が発展する白昼夢をもつには、想像性や創造性、知性といった、人間が人間らしく生きていくための能力が発達している必要があると言える。

　したがって、幼い頃、おそらく楽しい思い出や気に入ったストーリーの回想から始まった白昼夢は、子どもが成長するにしたがって、次第に空想的で複雑な物語になっていく。つまり、ある程度の発達を遂げた人間のほうが空想する、あるいは、空想を必要とすると考えてみることができるかもしれない。少なくとも、空想を必要とするのは幼児だけではないと考えられる。人間は、現実の世界だけではなく、空想の世界を必要とするのではないだろうか。

　この点について、河合隼雄は以下のように述べている。

> 自然現象が古代のひとによって記述される際に、どうして自然現象そのままではなく、空想的な話によってなされたのかを問題にしたい。…（中略）…神話というものは、それに対応する外的な事象が存在したことも事実であるが、それのみが神話を決定するものではなく、それと同時に、それに伴う内的体験が重要なものであることがわかる。われわれは、外的な現象に対して、「なぜ?」と尋ね、それを合理的な知識体系へと組織化していくのと同時に、その底においては、心の内部に流れる体験を基礎づけ、安定させる努力、すなわち、神話を作り上げることが行われているのである。…（中略）…嵐という現象を高気圧や低気圧、空気の移動などによって説明されるよりは、前にあるものは、家をも木をもなぎ倒して突進してゆく、オータンの軍勢の行進であるというお話のほうが、はるかにわれわれの心に直接に働きかけてくるのである。（河合，1967，p.99）

この文章は、人間の心が、空想をもたざるを得ないことを示している。そしてそれは、神話を創り上げていくことにつながっていく。

この神話という問題に関連して、マイヤー（Meyers, F.）は、夢や白昼夢などを紡ぎ出す無意識の傾向を「無意識の神話産生機能」と呼んだ。この概念を重視したエレンベルガーによれば、神話産生機能は、恒常的に、自然発生的な個人の「神話」としての白昼夢などを生み出すという（Ellenberger, 1970）。

> 内面のロマンスのなんとも不思議な創作がここで恒常的に行われている。…（中略）…この概念においては、無意識は物語や神話の創造に恒常的に関与しているとされる。この営みは無意識のままに留まることもあり、夢の中だけに現れることもある。時には、それらは、患者の心の背景で自然発生的にくりひろげられる白昼夢という形となる。また、時にはこれらの制作が、夢遊病、催眠、憑依、霊媒のトランス状態、常習虚言癖、あるいは一種の妄想という形態で表現化される。…（中略）…

無意識の神話産生機能という観念はきわめて将来性があると思われながら、意外にも十分研究されなかった。(Ellenberger, 1970, 上巻p.366)

　また、武野俊弥は、「人間は危機に直面すると、無意識の神話産生機能が賦活され、その危機を打開するための叡知をはらんだ元型が布置され、神話が生まれる」(武野, 2001)と述べ、神話が自己治癒のために生み出されてくることを指摘している。

　白昼夢は、夢に比べて意識の統制がかかっていることが強調される。確かにその通りではあるが、これまで考察してきたように、白昼夢には、ある場面が反復する"どうしようもなさ"や、夢見手自身にもどうしようもない"こうならざるを得ない"自律的なイメージがはたらくことが多い。また、意識的な統制のために巧妙に自我親和的に構築されたストーリーの源流に、元型的なイメージ、神話的なイメージが潜んでいることもある。納得のいかない体験が生み出す白昼夢を、納得のいかなさ、消化できない思いを満たすものと考えると、例えば、現実における性的な不満足を性的な物語で満たすというような、単純な理解になりかねない。しかし、白昼夢が、無意識の神話産生機能が生み出す個人の神話の一形態であると考えると、人間が、自分にとって不条理なことが多いこの世界を生きていくために必要な、自己治癒のはたらきを秘めていると言えるのではないだろうか。

4. 白昼夢と神話

　ここまで、白昼夢のもつ治療的な意味を、世界との一体感を得ようとする試みであるという観点と、個人の神話という観点から論じた。この二つの観点をあわせて考えると、白昼夢の夢見手は、その白昼夢の世界を創造しているのであり、そこではいわば神の如き存在である。もし白昼夢を幼児的な退行としてだけ捉えれば、白昼夢は、世界の創造主として全能感や、あらゆる願望充足が可能になるからこそ快いのであり、白昼夢がもたれる動機はそこ

にあるという結論になるかもしれない。しかし、白昼夢と、神話やそれに基づいた儀礼とに共通して見られる以下の点を考えると、人々が白昼夢をもつことの意味はそれだけではないように思われる。

　まず最初に挙げられるのは、分有の問題である。序論で論じたように、レヴィ－ブリュールは、儀礼などで神話を語り、演じることによって、それをおこなう者が神話的な存在と和合し、その存在の力を"分有"することを強調した (Lévy-Bruhl, 1935)。白昼夢において、B4の『三国志』の物語に見られるように、しばしば夢見手が白昼夢の登場人物と自分とを同一視するのは、これと同じ動機がはたらいているためではないかと考えられる。つまり、白昼夢は、英雄などの、自分が理想とする、少なくともなんらかの点で模倣したいと思っている人物になりきることによって、その人物が有している力を得ようとする試みであると見ることができる。同じことは、プレイセラピーにおける子どもたちのごっこ遊びにも当てはまると筆者は考えている。

　エリアーデも、神話の回想と再現のもつ、「手本と仰ぐべき模範」としての側面に注目しているが、彼は、そこに「楽園へのノスタルジア」が含まれていることを強調する。つまり、神話を「生きる」ことによって、世界が創造された最初の時に戻るのである。そうすることで、人は世俗的、年代記的な時を脱し、原初的で無限に回復可能な「神聖な時」に入ることができる。その時の逆行不能への反逆が、人間を死せる時の重みから解放し、過去を滅し、人生を新たに生き始め、自己の世界を再創造させるとエリアーデは主張する (Eliade, 1957, 1963)。第2項で論じた、一次物質的環境との調和に戻ろうとする白昼夢の試みもまた、「楽園へのノスタルジア」を含んでいると考えられる。白昼夢の夢見手は、世俗的な時間の束縛から逃れて、超越的な時間の世界に入る。その世界では、時間を逆行することも、止めることも、時の流れを圧縮したり引き延ばしたりすることも可能である。時間はあってないに等しく、そしてさらに重要なことは、「無限に回復可能」である。つまり、夢見手の存在も含めた白昼夢の世界は、夢見手がその世界に浸っている限り不滅であると言える。つまり白昼夢は、否応なく未来へと向かう（そして人間

にとっては究極的には死に向かう）世俗的な時間の流れを脱したいと願う時に、逃げ込める場所であると考えることができるだろう。そして、神話についてエリアーデが述べているのと同様に、白昼夢の無限な回復可能性は、人生の再創造の可能性を夢見手に示すと言えるのではないだろうか。

　もう一つ、白昼夢と神話とに共通して見られる点を挙げるとすれば、それは、物語を体系的にまとめ上げることが困難なものがあることである。神話のような物語 (tale) が含みもつ矛盾や荒唐無稽さについては序論で述べたが、そうしたものを無理に体系化すると、その物語は力強さを減じることになる。白昼夢の物語も、イメージの矛盾や荒唐無稽さ、無秩序をある程度包み込むものである。人間のもつ、快や不快、楽しい、怖い、哀しいなどの感情や、さまざまな事物に対するイメージは複雑なものであり、互いに矛盾するものがいくつも同時に心の中に生じうる。物語創作の調査でも見られたように、そうした矛盾した感情やイメージを一つのストーリーの中に収めきることは難しい。表現されなかった思いは、未消化なままに心の中に残っていくこともあるであろう。論理的な筋の通った言動をとることが好ましいとされる社会においては、人間の心に自然に生じる矛盾や荒唐無稽さは表出を抑えられ、行き場を失っている可能性がある。白昼夢の物語を聴取していくと、それらが、夢見手のもつ矛盾や荒唐無稽さ、無秩序をある程度包み込む世界として機能していることがわかる。前述した、世俗的な時間の流れを脱したいという願いのほかに、秩序の求められる社会生活の窮屈さから脱したいという願いが、白昼夢を見せるのではないだろうか。今回の白昼夢の調査での聴取は、矛盾や荒唐無稽さを抱えた、人間として自然な心の状態でいることがある程度許される物語の世界の中で、そうした自分の感情や思いに浸ることに意味があるのではないかということを推測させる。

5. 白昼夢と心理臨床

　作家と呼ばれる人々の中には、子どもの頃から白昼夢をもっていたと考え

られる場合が多い(Silvey & Mackeith, 1988)。ある個人の白昼夢が、小説・映画・漫画などの形で世に出るということも少なくないであろう。また、それらが白昼夢の代替物として、人々を夢中にさせるということもありうる。そのように考えると、プレイセラピー・箱庭・描画といったものだけではなく、ある映画・小説・漫画・アニメなどに惹かれているというクライエントの語りにも、白昼夢というものが関係しているのではないかと思われる。また、これまで論じたように、描画や面接によって、クライエントのイメージが物語として動き出すことがあり、そうした物語も白昼夢であると言える。白昼夢は、面接におけるクライエントの語りやイメージ表現の奥に何があるのか、それがどう物語となっていくのかということを考えていくうえで重要な手がかりとなるものであり、さらなる研究が必要であると筆者は考えている。

今回、二つの調査で中心となったのは、ある物語が反復するものであるのか一過的なものであるのか、空想的な要素が多いのか現実的な要素が多いのか、など、白昼夢そのものの性質を問うことであった[*30]。物語に何が投映されているのか、そこにどんなテーマが表されているのかという点については、今回は多くを論じなかった。今後、実際にどのような性質の白昼夢に関連した語りや遊びが見られるのか、そしてそれを通して、クライエントが何を表現しようとしているのか、心理臨床の実践的な経験に結びつく形で考えていく必要がある。

また、白昼夢の治癒的な側面について検討した一方で、病理的な性質については論じることができなかった。二つの調査結果の考察を通して論じた、多様な白昼夢のあり方が、どのように病理と関連しているのかという問題が、今後の課題として残された。現在のところは、どれがより望ましい、より望ましくないということではなく、個人の内的なテーマの内容や、そのテーマに物語となっていく準備がどの程度あるのかに応じて、使い分けることができるか、適切な選択や適度な使用をしているかどうかが重要なのではないかと考えている。この点に関しても、心理臨床の実践的な経験に基づく検証を重ねていかなければならないだろう。

第4章
生きることの物語の臨床心理学的理解の試み

第1節 事例A

1. 糖尿病への心理学的接近

　ここまで、物語の創り手や白昼夢の夢見手が何を感じているのかということや、物語の表現のされ方・形式について論じることが多かった一方で、物語や白昼夢の内容に何が投映され、臨床心理学的にどのように理解できるのかについてはほとんど論じてこなかった。これは、物語の内容よりも、物語を創作する、白昼夢をもつという体験そのものに焦点を当てて検討したかったからであるが、それに加えて、ある人の物語の内容が意味することを知るためには、その人のそれまでの歴史や置かれてきた環境を含めたその人自身を知るということが必要であり、第2章・第3章で述べた調査では、その点が不充分であると考えたからでもあった。これらの調査は多くの人々を対象としたものであり、個々の調査対象者について"その人自身を知る"という点で不充分であり、物語の内容や意味を吟味することには慎重にならざるを得なかった。そこで第4章では、筆者が継続的に関わって"その人自身を知る"ことが多少なりともできたと考えられる二つの事例を取り上げ、それぞれがもつ物語の意味について論じることにしたい。それらの事例には、複数

の、時には互いに矛盾する筋をもつ物語が多層的に表現されていることや、筋として捉えることが難しい曖昧さを多く含んだ語りがある。また、心理臨床の事例では、クライエントそれぞれのあり方と密接に関係していた物語が彼らの言動に強い影響を与えており、その物語はストーリーというよりも、クライエント独特のイメージの体験、あるいは、クライエントが無意識的に包まれている世界そのものであるように感じられることがある。

　心理臨床における事例研究と物語との関係は、例えば河合が述べているように、事例の報告を一つの物語(story)として見るという考えを中心に論じられてきた(河合, 1995)。筆者が本章において試みたいのは、事例をストーリーとして捉えるというだけではなく、ストーリーになりきれない物語(tale)が含まれているものとして捉える観点からの考察である。本書で取り上げる事例の中の物語は、他者にとってわかりやすいストーリーをもっているわけではないと考えられる。こうした物語をもつクライエントは、他者から充分に理解されないまま、例えば"疾患を抱えているのに治療に対して積極的ではない"や"学校で困った言動をとる"などの評価を受けることがある。このようなクライエントとの面接では、曖昧で荒唐無稽なイメージや矛盾を含んだ語り全体を物語として受け止める必要があると思われる。そこで、この章では、筋をつけて語りを整理していくという視点とともに、筋がないものをも受け入れるという視点をもつことの重要性を、事例の検討を通して論じたい。

　まず、筆者が糖尿病の心理臨床に関する調査研究をおこなった際に出会った、一型糖尿病を抱えて生きる30代女性の事例を取り上げる。この調査事例の概要や物語の考察に入る前に、糖尿病者について指摘されている心理的な問題について述べ、それについてのこれまでの研究と筆者の考えについて整理しておきたい。

　糖尿病とは、インシュリンの分泌不全や作用不足から生じ、大量のブドウ糖が尿中に出ることや、慢性の高血糖状態を特徴とした代謝疾患である。代謝異常の結果、ケトアシドーシス性混迷・網膜症・腎症・神経障害・壊疽な

ど、急性・慢性の合併症を招く危険性があり、現時点では完治することの望めない慢性疾患であると言われている。

　紀元前1500年頃に書かれたとされる最古の医学書『エベルス・パピルス』に、すでに糖尿病に関する記録がある。糖尿病（diabetes）という言葉を医学用語として初めて使ったのは、現在のトルコにあったカッパドキアのアレテウス（Aretaeus）であると言われており、彼は糖尿病についての詳細な記載を残している。インドや中国でも、アレテウスよりもはるかに古い時代から、口渇・頻尿・多尿などの症状を伴う甘い尿の疾患が認識されていた（河西, 2000）。日本でも、11世紀に書かれた『小右記』に、藤原道長が患っていた病気が糖尿病であったと推測されるさまざまな症状の記述がある（東京大学史料編纂所, 1967〜1976）。

　このように古くから世界各地に知られていながら、糖尿病の発生機序や治療法は、近代になるまでほとんどわからなかった。人類が糖尿病を知るようになってからインシュリンが普及するまでの数千年のあいだ、糖尿病は、治療が困難な恐ろしい病いであり続けたのである。

　19世紀に入ってようやく、膵臓との関連が知られるようになり、1921年にインシュリンが発見された。それまで、発症後早くて数か月、遅くても1、2年で高血糖から栄養失調状態となり、意識障害を起こして死んでいくという運命を背負わねばならなかった若年性糖尿病の子どもたちは、インシュリンの登場によって一命を取り留めただけではなく、同世代の子どもたちと同じような日常生活や社会生活を送れるようになったのである（石井, 2002）。

　しかし、日本においてインシュリンによる治療が現在のように受けられるようになるまで、長い歳月と、多くの患者・医療者の苦難を要した。欧米では、インシュリンが供給されるようになるとすぐに、当然のこととして自己注射が認められた。しかし、日本では、1924年のインシュリン導入から60年ものあいだ、インシュリンの自己注射は不法行為として禁じられていた。これは、「医療は医師の専有物」という考え方が日本においては主流であったためと、インシュリン依存型の若年性糖尿病にとって自己注射が不可欠で

あるという認識がなかなか得られなかったためである。1981年になってようやく、自己注射が認められるようになった（平田, 1987）。

このように、糖尿病治療の歴史を概観すると、最初はインシュリンの発見と普及を機に、次に自己注射の公認を境に、大きな転換があったことがわかる。これらの転換は、特に患者にとって、新たな問題の始まりをももたらした。インシュリンは、「糖尿病を根治はしない。しかし患者が正常の生存を続け、長く人生を送り得る程度に軽快させ」る（Wrenshall et al., 1962）。つまり、インシュリンの発見と普及は、"糖尿病による死"を"糖尿病のある人生"に書き換えたが、それは患者にとって、長く続く不断の治療を強いられるようになったことをも意味している。また、インシュリンの自己注射が公認されたことにより、患者が医療者だけに頼らず、自分自身で自分の生命を守ることができるようになったが、それは同時に、治療の責任を患者自身が引き受けなければならないということにもなったのである。

特に、膵β細胞の破壊性病変が原因と言われる一型糖尿病（インシュリン依存型糖尿病：IDDM）は、二型と比べて若年で発症し、多くの場合膵臓がインシュリンを分泌することができなくなるため、生涯にわたってインシュリン依存状態となる。ひとたび発症すると、血糖値をできるだけ良好に保つために、自己管理への能動的で絶え間ない取り組みを医療者・家族などから求められる。したがって、多くの糖尿病者が、将来の合併症への恐怖、生活の質（quality of life: QOL）の低下に加えて、長く終わりのない不断の自己管理や治療から生じる心理的負担を抱えていると考えられるのである。

糖尿病の発症や進行の機序には、心理的な問題が少なからず影響することが知られている。すでに昭和初期、森田正馬は、「生きたる人間」を対象としているのに、その人間の心理を知らずして医術が完全に施しうるはずがない（森田, 1936）と述べ、糖尿病者への心理療法の有用性を指摘した。この指摘は、病気のみではなく病気を含めた"生きたる人間"を治療の対象として見ているという点で示唆に富んでいる。

しかし、その後の糖尿病に対する心理学的な接近の試みを概観すると、そ

れらが糖尿病者のパーソナリティや心理状態をアセスメントする、また、治療に対するコンプライアンス向上のために心理学的知見を応用する、という二点を中心に進められてきたことがわかる（大家他，2009）。特にそれらが盛んになったのは1990年代以降であるが、これは，糖尿病治療においては、インスリン注射や食事療法による血糖コントロールのための患者教育が重要であるとされてきたことと関係がある。日本での患者教育の歴史を振り返ると、1980年代には病気・治療の知識をくり返し患者に伝達し、指導・訓練することが必要であるとされていたが、徐々に、そうした知識伝達重視の患者教育のみでは適切な治療行動に結びつかない困難な事例があるという認識が広まるようになった（田中他，2008）。そこで、そうした困難が何に由来するのか、また、適切なセルフケアをおこなうための行動変容を起こすためにはどうしたらいいのか、ということが問題となったのである。そうした問題に対して、心理アセスメントや心理学的知見の応用が試みられてきたのである。例えば、質問紙や投映法を用いて血糖コントロール良好群と不良群のパーソナリティを比較しようとする研究（黒川，1991；安藤他，1994）や、自己効力感を高めることなどで治療に望ましい行動変容を促そうとする研究（安酸、1997）が、これまで数多くなされてきた。これらの研究は、糖尿病者にしばしば認められるうつ状態や神経症的な傾向、失感情症・失体感症的な状態を浮き彫りにし、また、望ましい治療行動への変容に患者を導く手段を示し、糖尿病治療に貢献したという点では意義があったと言える。

　しかし、糖尿病者のパーソナリティや心理状態に関する多くの研究の中には、互いに矛盾する結果を導き出すものもあった。そうした矛盾の原因として、まず、糖尿病という疾患の多様さが挙げられるだろう。単純に大別したとしても、一型と二型の糖尿病では発症の機序が異なる。また、発症する年齢も乳幼児期から老年期にわたり、罹患年数・合併症の種類と程度など、人によって異なる要因が多数ある。また、治療する環境もさまざまで、例えば、医療者・治療機関との信頼関係の程度、日常的なインスリン注射・血糖測定・食事などについての家族の理解や協力の程度なども、人によって異なる

と言える。したがって、糖尿病を抱える人々の心理状態を知ろうとするならば、質問紙などを用いた数量的な調査のみでは限界があり、個別の語りに耳を傾けることが必要であると思われる。

　語りに耳を傾けることによって個人にとっての糖尿病を理解しようとする試みは、心身医学や看護の領域において次第におこなわれるようになった（村田・三浦，1996；杉本・百田，2007；平田他，2007；淺川・岩田，2007；金坂・沢田・樋口，2007）。加えて、糖尿病者に対する臨床心理学的アプローチや心理療法が、事例研究として報告されるようになった（安藤・安藤・竹内，1995；和田，2001；岩田・奥瀬，2002）。それらは、糖尿病者が個別に抱える心理的な問題に焦点を当て、傾聴やカウンセリング、プレイセラピーなどを通して問題へのアプローチを試みている。これらの研究では、心理的なサポートの効果による糖尿病についての語りや治療行動の変容が重視され、どうすれば患者が病気や治療を受け入れられるようになるか、あるいは、治療に主体的に取り組むようになるか、などの視点から論じられることが多い。それについて、以下に二つの問題点を挙げて考えてみたい。

　まず挙げられるのは、糖尿病者がみずからの状態を受容し、主体的にそれと関わるということは、その人にとって本当はどのようなことなのだろうか、という問題である。多くの場合、病気や治療を積極的に理解し、良好な血糖コントロールを保つために日々努力するということが望ましいあり方とみなされる。しかし、それは、糖尿病であるということを中心に患者として個人を見る見解である。糖尿病者は、患者というあり方を生きているわけではなく、糖尿病に規定されながらも、それだけではない個別の人生を生きている。その意味では、ある人が病気を抱えみずからを受容しようとする、あるいは主体的に生きようとする方向が、疾患を治療するうえで一般に望ましいと考えられているそれと一致するとは限らない。医療という観点からは疾患に対する積極的な治療行動が望まれるが、心理臨床的なアプローチを行ううえでは、患者であるだけではない"その人"が、病気とともにどのように自分らしく人生を生きるのかという視点をもつことも必要であろう。

もう一つの問題も、糖尿病者は"患者"としてのみ生きているわけではないということに由来する。面接で聴取される糖尿病についての語りは、多くの場合、"患者"としてのストーリーであり、意識化され、ある程度の筋をもっている。しかし時に、そのストーリーは、その人の実際の治療行動や生き方に合致しないことがある。病気や治療に関わる困難をその人がどのように人生の中に組み込んでいるかは、糖尿病についての語りを聴くだけではわからないように思われる。なぜならば、語りとは異なる次元で、その人が、糖尿病という病気も含め、それだけではなく人生で出会うさまざまなものごとについての無意識的なイメージをもっているからである。それらは複雑に絡み合い、何重もの物語を知らず知らずのうちに創り上げている。したがって、糖尿病者が病気をどのように人生の中に組み込んでいこうとしているのかを心理臨床学的に理解するためには、糖尿病や治療についてのストーリーを見るだけでは捉えきれない、多層的で複雑な物語にも焦点を当てる必要があるのではないだろうか。

　これらの問題をふまえ、以下では、ある糖尿病者に対して行われた面接調査を概観し、糖尿病とその治療の物語が人生にどのように組み込まれているのかを中心に考察する。先述したように、糖尿病とそれに関わる問題は人によってさまざまである。本章で取り上げた一つの調査事例を検討するだけで、糖尿病を抱えて生きるすべての人々に当てはまるような考察を導き出すことはできない。しかし、コンプライアンスの向上や治療行動の変容につながるという観点からではなく、糖尿病者がもっている複雑で多層的な物語をその人の生き方として知ろうと試みるには、個々の糖尿病者"その人"が表現するものを、まずつぶさに見ていく必要があると考えられる。本章では、そのような試みの一つとして、一人の糖尿病者のさまざまな語りや描画・箱庭の表現を、心理臨床の視点から検討することを目的とした。

2.調査事例の概要

　調査協力者：30歳代前半の女性Ａさん。9年前から一型糖尿病で通院治療中であった。調査に先立ち、Ａさんに調査の趣旨を説明し同意を得た。この時、Ａさんは、「以前にも病院のアンケートに協力した。（調査協力は）義務だと思っている」と述べた。

　主治医からの情報：血糖値コントロール不良。以前は血糖値の記録（手書き）にばらつきが少なく、実際に測定したかどうかが疑わしかった。食事制限はうまくいっていない。体重が増えている。食べものの話はほとんどしない。

　面接の経過：調査協力者の言葉を「　」で、調査者の言葉を〈　〉で示す。

　#1　〈糖尿病になったのは……〉「だいたい9年前。体重が急激に落ちて、病院で検査してもらおうっていうので、ここへ来て、で、まあその日に即入院（笑う）。入院したこともないし、そんな、病気、なんて思ってなかったし。（血糖値の）数値が高くて、もしかしたら救急車で運ばれる寸前、て言ってましたね。で、診てもらってすぐもう、朝から来てもう夜中ぐらいまで点滴して。3週間ほど入院したかな」。「もう、ふうんって感じ。別にこれといって……悩むとかもないし、ほかの人はこう、なんやかんや悩むって言うけども、そこらへんが……あまり気にしないというか（笑う）。まあ、なったものはしょうがないからまあ、やっていこうか、みたいな。だからそんなに深く考えたこともないし」。「退院してしばらくは（血糖コントロールは）よかったけれども、やっぱり普通のいつもの生活に戻ると数値は高くなりますね。そのぶん動けばいいんですけど、動かないから。食べるものはさして、あまり変えてない、というか変わってないし。あまり神経質じゃないっていうのか」〈もともと性格が?〉「そう。集中したら集中するけれども、もう嫌いになったら嫌いだし、まあ、はっきりした性格。まあなったらなったでいいか、みたいな。あまりそういうことに悩んでないというか。そういうことを考えてないというか。ごはん食べられないぐらい悩むとか、そういうのは全然ないで

す」。〈糖尿病のイメージは?〉「まあ、一生ものの、病気。基本的には治らないって聞いてるから? ずっとつきあう。墓場までもっていくみたいな感じで」。

　自由画か箱庭をお願いすると、「(絵は)題材がないと描けない。自由にっていうのは、何を描いていいのかわからない。テーマとかがあったら、まだ(描ける)」。箱庭はしてみたいとのことで、創ることになる。箱庭に向かってからも、描画について、「思いついたものを描くっていうのはちょっと」「自由にっていうのはちょっと」とくり返し述べていた。

【箱庭】右上、左上、左下、右下の順で創っていき、箱庭が四分割されたようになった。その一つひとつが垣根や木、家で囲われている印象を受けた。「はい」といったん完成を表明するが、〈どうですか?〉と尋ねると、「うーん」と言いながら、再びアイテムの出し入れを始めた。全体的にアイテムを増やしたのち、空間を四角く区切っていた家や垣根の角度を少しずつ変えた。最後に、大きな花束を、覆うような感じで中央に置くかどうしようか迷って何度も出し入れをくり返したが、最終的に置かずに棚に戻して完成 [写真4-1]。「まとまりがない。花束 [写真4-2] をここに置きたかったけど、ちょうどいい大きさのがない」。

　予定していた時間を過ぎていたので、ここで録音を終了した。録音終了後、「わたしは感情の起伏がないから、こんなのでごめんなさい。感情の起伏がないばっかりでもないかな。いやな時ははっきり出るほう。仕事場の人には、バリアを張ったようになる、そういう時は声がかけづらい、と言われる」と述べた。

　＃2　先回の箱庭について、「意外と使えるものがなかった。(アイテムは)たくさんあったけど、自分で使えるのはない」〈今日はどうされますか?〉「はい(笑う)、なんでも」。

【箱庭】創る前に、「意外に使えるものがない。大きさが合わない」。まず、中央にアクリル板を置いて池に見立て、周辺のものを置いていった。次いで左上の家と木々、右上の神社の風景を作る。そののち、中央の池にいたアヒ

第4章　生きることの物語の臨床心理学的理解の試み　181

［写真4-1］＃1の箱庭。右上、家の前にいるのはクマの女の子。左上は池（アクリル板）を囲む動物。左下、椅子にはおばあさんが座っている。右下は雪景色。

［写真4-2］＃1で、Aさんが最後に置こうと試みたが結局置かなかった花束。

ルをいったん取り除いて池の下に何かを入れ、再びアヒルを置いた。この時点で完成したような雰囲気になるが、「(箱庭の枠が) 大きいですね。埋まらない」と、何も置かれていなかったところにアイテムを置いていった。完成[写真4-3]したのちにも、「埋まらない」。〈埋まらなかった?〉「なんとか埋めた」。〈(池の) 下に置いたのは?〉「コイです」と、アクリル板を取ってコイを見せた[写真4-4]。

〈絵、お題があれば?〉「たぶん、題があればまあ、なんとかいける」。

【樹木画】「なんか、昔の (子どものような) っていうか、かわいらしい木しか描けません」。数秒で描く[写真4-5]。〈色?〉「まあ、気が向けば」〈塗りたくなければ塗らなくても〉「中学校、以来ですねえ」〈普通は描かないですもんね〉「描かないですもんねー」と言いながら、色鉛筆とクレパスを見て、「クレパスのほうを。なんかちょっと新しい匂いがしますね」〈あー、ほんとだ〉「なんか、新しいからね」。数分かけて黙って彩色。緑を塗ろうとして首を傾げ、やめて別の緑を塗る。〈思った感じと違いますか〉「妙に黒かった」。〈大きさ?〉「大きい、ですかね、まあごつい。下にこう、陰ができるくらいの。あんまり高すぎず……高ーいのではなく。中くらい、よりおっきい」〈季節?〉「春」〈どんなところ?〉「丘に、ぼーんと」〈ぼーんと〉「なんか、うん」。

【風景構成法】少しはしゃいだ感じで、調査者がアイテムを言うと、それを復唱して描く。10分以上、黙って彩色したのち、「真ん中の色が (決まらない)」。迷ったすえ、中央は色鉛筆を用いて彩色した[写真4-6]。

#3　「(箱庭のアイテムが) 前と同じものしかない。今日はもう、思い浮かばない」。「箱庭、1回したらもう充分かなって。やることがなかったからね。だからもっといろんなもの (アイテム) があったら、もっともっとねえ、やろうかなあと思うんだけど、1回2回したら、まったく別のものを創らない限りはちょっと」。

(描画について)「お題があって、それを自由に描いていくほうが描きやすいかな。何と何と何、みたいに言ってもらって、あとは適当に、みたいな。山があって木があって、なんやかんやっていう (ほうがいい)」。そこで、今回も

第4章　生きることの物語の臨床心理学的理解の試み　183

［写真4-3］＃2の箱庭。中央に池とアヒル。左上に、＃1で左下に使った家と椅子、おばあさんを置く。おばあさんの横にいるのはタヌキ。右上に神社。

［写真4-4］＃2の箱庭の中央の池で、水面下に泳ぐコイ。

［写真4-5］#2の樹木画。描画の中でこれのみ、すべて色鉛筆で彩色。樹冠は、中央左よりを深い緑で塗りかけてやめ、緑と黄緑で塗りなおしている。

［写真4-6］#2の風景構成法。素描段階で、道を描く時にためらい、線がたどたどしくなっている。中央だけが色鉛筆で彩色されている。

風景構成法をすることにした。

【風景構成法】彩色で、ほとんど塗り終わった頃に、道の上方に青で丸く渦を描きはじめた。ぼんやりと形のないものが出現したようで、見ている調査者には不気味に感じられたが、ほどなく、それは車の形になっていった。道の下方にも同様に紫の車を描き、完成させた［写真4-7］。「実物を見ながら描くのが一番簡単かなあ」〈モデルがあって〉「そう、モデルがあって描くのが一番、かな。田んぼとか。表現がね。表現力がないと……」〈ご自身がおられるとしたら？〉「これです」と女性を指す。〈これ（隣）はどういう人たち？〉「適当に、なんか。これが家だとすると、兄弟で遊んでる、みたいな」。2台の車だけ、輪郭がペンで描かれていないので、実体のないもののように見え、調査者は気になる。〈車？〉「あったほうが（道が）わかりやすいかなあと思って。（道に）色塗ったら変になるし。色がね。表現がすごい難しい。真っ黒に塗ってもおかしいし、青を塗ってもおかしいし。……難しい」〈難しかったですか〉「難しいですね、なんかね」。

【樹木画】「こないだも木を1本描いたんでしたっけ。難しかったです。真剣に木自体を見ていないので」。彩色はいつになく荒々しい雰囲気。樹冠や幹の鉛筆での描線を無視し、その内側に新たにクレパスで描き、また、鉛筆での描線にはない枝を足す［写真4-8］。調査者は、風景構成法で車が出現した時と同じような不気味さを感じる。「（先回の木と）似たような感じかな、ちょっと枝があって。難しい。簡単、そうで難しい」〈どういうところが？〉「木自体がね、描かない、から。木を、枝と葉っぱをどう、描くか、みたいな。見ることはあっても、実際描くっていうのはほとんどないですもん」〈大きさ？〉「おっきい、おっきい」〈どんなところに？〉「田舎」〈季節？〉「春。しげしげと。青々としている」〈クレパスの方が（塗りやすい）？〉「うーん、色を塗るのはクレパスの方が早いかなあと思って。色鉛筆だと、なかなか、埋ま……埋まらないというか」。

（糖尿病について）「やあ、もう、特に、ねえ。思うことはないかな。なったものはしょうがない。治るんだったらね、あれなんだけど、まあ、ましには、

［写真4-7］♯3の風景構成法。山の中腹に何かの施設があり、周囲に花が咲いている。また、道の上には、素描の段階ではなかった車が2台出現している。

［写真4-8］♯3の樹木画。樹冠について、素描の線を無視して彩色されているのが注目される。また、素描の段階ではなかった枝が付け加えられている。

ある程度はなるだろうけど。体重が増えてきたら、薬の量も増えるし。減っていったことがないんで。たいがい増えていくんで」。仕事がデスクワークなので体を動かさず、体重が減らないという話になる。「仕事中は、できたらかまわないで、話しかけないで、みたいなオーラを出している」。

録音終了後、今後の調査面接を継続するかどうかについて、Aさんは、「あと1回なら調査に協力しようと思うんですが。調査というと、今までは、質問が印刷された紙があって、それに答えるものだった。こういうふうに一対一で話すというのはちょっと」と述べ、次回を最終回とすることになった。

#4 〈1か月、何か変わったこと?〉「ないですねえ。いたって変わらない（笑う）」。

【風景構成法】〈前描いたの覚えてますか?〉「なんとなーく」。道は最初少しためらって線が定まらないが、2本目はすっと引く。彩色に30分ほどかかった［写真4-9］。「難しい。田んぼとか。描きにくい。描きにくい。描き、にくい、ですね」。〈ご自分がいらっしゃるとしたら?〉「中腹くらいで」〈ここらへんの。この人たちは歩いて登っている?〉「そうです。山の中に。一応この間、ちょっと富士山の麓まで行ってきたんで。あいにくの天気で。雲がどんよりしてて。ちら、と見えただけですね」。

【樹木画】「（先回と）おんなじようなのを描きそうな感じですね」。彩色も、これまでと異なり、混色が見られなかった［写真4-10］。前回同様、塗り方が荒々しく、今回は木が針葉樹であることもあり、調査者はややとげとげしいものを感じる。〈前描いた時の、覚えてます?〉と調査者が尋ねると、笑って、丸い樹冠を手で表現しながら、「こんなのを描いてたと思います」〈今日は違うのを〉「そうですね。そっち（風景構成法）と同じですけど。一番描きやすーい」〈どのくらいおっきいですか?〉「モミの木。かなりでっかーい」〈どんなところ?〉「空気のきれいな（ところ）。まわりはなんにもない、ところかな。1本か、もしくは、同じ種類の（木が）、ぽつん、ぽんぽんぽん、とある、こう。なんていうの……あまり密集していない」。

〈調査、どうでしたか?〉「難しい。（これまで経験した調査は）アンケートとい

［写真4-9］＃4の風景構成法。富士山。中央にいる人たちは登っていくところ。

［写真4-10］＃4の樹木画

うか、紙に書いたのに丸を打っていくのとか、くらいですけどね」〈そういう決まった質問があるわけでもなく〉「そうですね。難しい。お題というのかね、あの、病気に関することとかね（笑）。話しやすいというより、あの、（調査の目的が）直にそれですよね。病名から。ああ、でも、病気っていっても最初にね、重く考えてるわけではないっていうのも。あまり悩んでないというか。まあ人にもよりますけどね。すごい神経質な人はもう、きちーっとしてるし、大雑把な人は大雑把だし。まあ（わたしは）そっちの類に入るんですけどね。几帳面な人は几帳面、びちっともう、食事から何から制限して、管理。そこまで強くないので。誘惑に負けます」〈誘惑?〉「食べものの誘惑に弱いです」〈何が好きですか?〉「お菓子。これもね、あまり我慢してたらいけませんね。適度に食べないとね。あんまり食べたらだめなのはわかっててもやっぱり、ね。なんかね」。

録音終了後、「今日はなんだか（調査が終わるのが）早かった」〈機会があればまた会いたい〉「これ（箱庭のアイテム）がもう少しあったら、もっと違うのができたかも」。

3. 分割された物語と箱庭の中央に表現されたテーマ

＃1の箱庭では、空間が四分割され、各々独立した四つの場面となっている。それらの場面を個々に見ていくと、どれもが、均衡のとれた配置とイメージ豊かな物語表現を有し、まとまりよく創られているように思われる。しかし、これら一つひとつがそれ自体で完結した囲われた世界であるために、互いに交流することができないようにも見え、箱庭全体はうまく統合されていないように見えた。また、それぞれの物語が固定化され、動き出せないような窮屈さや、四つの世界をつなぐべき中央がぽっかりと空いている感じを受ける。

以上のことは、この箱庭が置かれた時に、Aさん自身にも感じられていたのだろうと思われる。それは、一度完成とした段階から、アイテムの角度を

変えるなどで四分割の囲いを緩めようとしたこと、また、四つの世界をつなぐように中央に大きな花束を置こうと何度も試みていることからうかがうことができる。しかし、花束を置くと、それが個々の世界をつなぐというよりは、それぞれの世界がその陰に隠されて意味を失うかのように見えた。その花束を最終的に置かなかったことで、♯1の箱庭は四分割されたままに終わった。花束を置かなかったことは、"覆い隠す"という方法では、分割されたものがうまくつながらないことを、Aさん自身が感じとったのではないかと考えられる。

　♯1の箱庭において表現されたこれらのテーマは、♯2の箱庭にも影響を与えている。例えば、♯1で花束を置かなかった中央に、何よりも先に池を"置いた"ことが注目される。砂を掘り下げていないAさんは、箱庭の底に水が表現できる青さがあることは知らなかったのであるが、それにしても"掘る"ことは一切せずに、すぐに"水面を作る"ことで池を表現していることは特徴的である。また、アクリル板の下にあるものが何なのかは、板を取り除かないとわからない。ここに再び"隠す"というテーマが中央に現れてきたが、周囲を覆う花束とは異なり、"水面下に泳ぐコイ"はAさんにとって会心の表現であったようであり、検査者に見せる時には誇らしげであった。

　♯2の箱庭ではこうして中央は埋められたものの、それは箱庭全体をまとめる役割を果たさず、左上・右上の二つの場面から独立した一つの場面として存在し、結果として♯1の箱庭同様、個々の場面のまとまりのよさゆえに全体が統合されていない印象が強まっている。また、中央・左上・右上の三つの世界が出現した時点でアイテムを置く手が止まり、「（箱庭の枠が大きくて）埋まらない」という呟きをくり返している。この回、箱庭は「なんとか埋めた」ものの、風景構成法で「真ん中の色が決まらない」と述べている。箱庭や風景構成法に見られた、こうした中央の「埋まらない」感じは、個々の物語をつなぐものの不在というテーマと結びついているように思われる。

4. 固定化された物語とその揺らぎ

　＃1・＃2では箱庭が創られたが、＃3では、「アイテムが前と同じものしかない」「もう思い浮かばない」と創られなかった。「まったく別のものを創らない限りはちょっと」という言葉は、これ以上箱庭を創ると「まったく別のもの（固定化されて動きのないイメージ世界以外のもの）」が出てきてしまうが、それを出すことは「ちょっと」できない、ということを表している。「まったく別のもの」を創るということは、すなわち、イメージの中に新しい動きが出てくることであり、そうしたことへの抵抗が感じられていたのではないだろうか。こうした動きへの抵抗は、前項で述べたように、箱庭における一つひとつの物語表現がまとまりすぎていて、それが固定化されているように見えることにも関係しているように思われる。

　同じ傾向は、描画についての語りの中にも見ることができる。＃1で、「題材がないと描けない」と自由画を描くことを断ったのち、箱庭に向かってからも、「思いついたものを描くっていうのはちょっと」とくり返し述べた。その後の回でも、「モデルがないと描けない」ということを何度も述べている。調査者から自由画を提案したのは＃1の箱庭の前の1回のみだが、それに対して、これほどAさんがくり返し"自由には描けない"ということを強調したことが注目される。このことは、箱庭に見られた固定化された表現の問題とあわせて、自由なイメージ、自律的なイメージが表出できないことを思わせる。糖尿病者の心理的な傾向を知ろうとする多くの研究の中で、糖尿病者が情緒的なものを強く抑制する傾向にあること（近藤, 1969）や、失感情症・失体感症との関連がくり返し指摘されてきた（黒川, 1991；安藤他, 1994）が、自分の思いを感じること、自由に表現することの難しさをAさんも抱えていたのかもしれない。＃2の描画について、調査者は描画についての質問を続けることに困難を感じたが、このこともAさんのもっている表出への抵抗を調査者が感じとったのではないかと思われる。

　しかし、＃3・＃4の描画では固さが少し和らぎ、おそらくは本人の意図

を超えた自律的な表現がなされた。これらの回では、描画で盛んに「難しい」と言っている。♯3では、素描の段階では現れなかった表現が彩色の段階で現れる、あるいは、素描の線を無視した彩色が行われるということが見られた。例えば、素描段階では道路には何も走っていなかったが、彩色の段階で車が道に出現した。そうしたものが出現した時、見守っている調査者には、何か不気味なものが滲み出てきたように感じられていた。

また、♯4では、彩色に時間をかけて丁寧に描こうとする努力が顕著であったが、最終的には、力が入っていて荒々しい表現の描画になっている。見守っていた調査者は、Aさんが、♯3のような、いわば想定外の表現が出てこないよう自制している一方で、抑えきれないアグレッションが表出されてしまったような印象を受けた。

5.物語の多層性

これまで述べてきたように、今回の調査では、箱庭や描画の表現の中に、時には複数の多層的な物語が重なり合い、いわば表の物語の下に隠されているものが下から透けて見えることが示された。表に現れているAさんの物語は、一つひとつはまとまりのよい、しかし動きのない固定化されたものであった。それらの物語をつなぐ中心をもつことが困難であり、そこに無理に中心を作ると、隠すという要素が色濃く出てくる。例えばそれは、面接で常ににこやかにしているAさんの、全体を覆い隠す花束のような明るい華やかさや、「バリアを張った」と他者から評される、青いアクリル板のような固い態度にも見ることができるかもしれない。しかし、アクリル板の下のコイのように、表面的な態度の水面下で動いているものの存在を、Aさんは常に抱えて生きているのではないかと思われる。それは、♯3や♯4の描画で見られたような、Aさんの意図を超えて表出されざるを得ない、実体のないようにぼんやりと現れる車の不気味さや、樹木画の彩色で示されたようなアグレッションであったのではないだろうか。

ところで、安藤他は、「意識的構えとより深い人格構造とのギャップ」から、糖尿病者が自覚的葛藤や不安を感じることが少ない可能性を指摘している（安藤他, 1994）が、今回の調査で表されたAさんの物語の多層性は、糖尿病とその治療に対してAさんが抱えていると思われるそうした"ギャップ"とも重なってくる。調査のあいだ一貫して強調されていた、糖尿病だからといって「別に悩むこともない」「気にしない」「深く考えたこともない」という態度の裏には、非常に気にしてしまうからこそ病気と直面することに耐えられず、「糖尿病であることを意識したくない」（石井, 1998）という思いが重なって見える。Aさんは、「別に悩むことはない」という態度を崩さなくてもよい決まった質問項目のある調査なら、これまで協力を断っていなかった。また、今回の調査でも、初めのうちは、「気にしない」ことにしていた糖尿病に対する思いを強く揺さぶるようなものではなかったのかもしれない。しかし、面接を重ねることによって、♯3以降、思いがけないイメージが描画の中に表出されるようになり、表面的に守っていたものが揺らいでしまう危うさから、一対一での面接の継続が困難になった可能性が考えられる。例えば、♯3で、彩色中、素描の段階ではなかったものが唐突に描かれるようになった。それは、調査者にとって不気味に感じられたように、Aさん本人にとっても、不気味に感じられたのではないだろうか。それは、例えば合併症への恐怖などのように、「糖尿病を気にしない」という固定化されたストーリーの下に潜んでいて、そのストーリーに揺らぎがあれば漏れ出てしまいかねない、糖尿病についての潜在的な物語の不気味さでもあったように思われる。

6.調査者との関係と語りの変化

　Aさんとの面接は、語りを聴取する調査という形で筆者から協力をお願いしたものであり、面接の構造や調査者との関係は、医療や心理臨床の現場での治療者の面接とは異なるものとならざるを得なかった。したがって、ここまで考察してきた、調査者とのあいだで出てきたAさんの物語の表現の特徴

には、そうした要因が多かれ少なかれ影響していたことは否定できない。より治療的な関係がAさんとのあいだに築けていれば、Aさんの物語は違った展開を見せた可能性がある。

　しかし、調査ではあっても、Aさんと調査者との関係には、面接を重ねるうちに治療関係でも起こりうるような変化が生じていたと思われる。例えば、各回の描画を並べてみると、風景構成法のアイテムや樹木画が、回を追うにつれて徐々に手前に迫るように描かれていることがわかる。手前に迫ってくるようにアイテムが描かれれば描かれるほど、それを見ている調査者は、Aさんとの距離が近づいたことが感じられた。前項で述べたAさんの表現の揺らぎや不気味さの表出は、そうした調査者との距離の変化によって、潜在的な"物語"が少し意識へと浮かび上がってきたことから起こってきたと思われる。このような動きは、調査終了時の糖尿病についての語りは、「気にしない」という調査開始時のストーリーを相変わらずベースにもちながらも、それだけではなく、「糖尿病をコントロールできるほど自分は強くない」という語りに変化していることにも見ることができる。そういう意味では、面接を重ねていけば、指摘したような表面化していない物語にひらかれていく可能性をもっていたと言えるだろう。調査終了間際に、箱庭のアイテムを見て、「これがもう少しあったら、もっと違うのができたかも」と述べたことは、その可能性をみずから指摘したとも考えられる。

7. 慢性疾患を抱えるクライエントの心理臨床に向けて

　箱庭・描画のイメージ表現を通して、Aさんの心の中にあるいくつもの物語をつなぐことの難しさとそれに伴う空虚感、一定のストーリーや表面的な物語を壊すようなイメージが活性化されることへの恐れをうかがうことができた。それらは、「決まった質問があれば答えられる」ことや、主治医が述べた糖尿病治療に対する態度にもつながっていると考えられる。つまり、糖尿病とは一見関係のないように見える箱庭や描画は、Aさんの糖尿病につい

ての無言の語りであり、それらのものを通して糖尿病というテーマがずっと表現されていたと言える。

　表面的な物語が、不気味さやアグレッションと解離しているということは、それが本当には人生に組み込まれていないということでもある。しばしば、患者が糖尿病治療に積極的に取り組むことが、すなわち糖尿病を主体的に人生に組み込んでいくことであることと考えられ、糖尿病者に対する心理面での取り組みの多くが、そうした治療のストーリーへと糖尿病者を導こうとする方向性をもっている。糖尿病治療という観点からは積極的に取り組むことが大切であることは言うまでもないが、心理臨床的なアプローチにおいては、医療者の与えた望ましいストーリーが患者に取り入れられたものもまた、表面的であるかもしれないと疑ってみる必要があるだろう。糖尿病者が主体的に生きることとは、積極的な治療ストーリーをもつことではなく、糖尿病という病気そのものがもつイメージや合併症の恐怖、完治しない病気ゆえの先の見えなさ、日常生活が制限され、絶え間ない自己コントロールを求められることの負担、それらすべてから来る不安や怒り、哀しみなど、さまざまなものを自分のものとして人生に組み込んでいくことであるように思われる。そして、それが時には非常に困難であるということを治療者の側が知っていなければ、表面的な物語の裏にそうしたものを抑え込んだまま、糖尿病者と治療者それぞれの物語は交わらないということになってしまうのではないだろうか。

　この問題に関して示唆的であるのが、慢性疾患の患者が抱える不安についての神谷美恵子の見解である。神谷は、患者が病気を否認する、治療に対して強迫的な態度をとる、治療を怠る・拒否するなどによって不安を避けようとすることについて、「ただ表面的にこれをとらえてはならない。なぜならば、病人自身が気づいている以上に深い苦悩がそこにそういうかたちで示されているからである」ということに目を向けている。そのうえで、「すべての好ましくない――と見える――態度をやみくもに匡正しようとする」ことの危険を指摘し、不安に軽々しく介入するのではなく、「同じ人間の条件に

ある仲間」として、そっと見守ることの重要性を述べた（神谷, 2005, pp.196-198）。病いなどの苦しみや生死にまつわる実存的な問題は、人間である以上、誰もがそれぞれの物語の中に抱えて生きていかねばならない。そして、この、誰もがそれぞれ抱えているということが、クライエントがもっている病いについての物語をセラピストが共有するための基盤になるのではないかと思われる。その病いを抱えなければいけなかったのは、もしかするとセラピスト自身であったかもしれないし、実際、セラピストも疾患や死にいつか出会わなければならない人間なのである。例えば、Aさんのもっているようなまとまりのよい物語が揺らいで、不安・恐怖・アグレッションなどが出てきた時に、クライエントがそれらをどう新しい物語の中に入れていくのかを、病いや死の可能性を同じように自分も抱えていることに気づいている人間として共に考えるという視点も、糖尿病などの慢性疾患を抱えたクライエントとの面接においては必要となってくると思われる。

第2節　事例B

1. 事例の概要と経過

　子どもたちとのプレイセラピーの中では、白昼夢に近いごっこ遊びをくり返すことがよく見られる。ごっこ遊びだけではなく、絵や箱庭で独自の世界を表現する子どもたち、自分の好きな小説・漫画・アニメの内容を語る子どもたちもいる。そうした意味で、子どもたちとのプレイセラピーは、物語の宝庫であると言える。

　しかし、ここで筆者が取り上げたいのは、ごっこ遊びや箱庭を通して物語が表現された事例の中の一つではなく、むしろ、どのように物語が表現されているのかが摑みにくく、そのために初めは物語の共有が難しかった事例である。

第4章　生きることの物語の臨床心理学的理解の試み　197

　クライエント（以下 Cl.）の B くんは、インテーク時 11 歳、小学校 6 年生の男児であった。彼は学校で友達をひっかく、カッターナイフで傷つけるなどの行動があり、ほかの子どもたちがざわざわすると、離れたところで落ち着きをなくしていたという。彼ばかりを叱ることになり、また、叱るとパニックを起こす、ということに困った担任の先生の勧めで精神科を受診、衝動性がコントロールできないこと、その落ち着きのなさから、ADHD（注意欠陥多動性障害）という診断を受け、医師の診察と並行して、筆者（以下 Th.）とプレイセラピーをおこなうことになった。母親は、「B は普通。担任が過敏。レッテルを貼られるようで通院には抵抗がある」という思いがあったため、母親面接は設定できなかったが、時に Th. と短い面談をもった。

　以下、事例の経過を紹介したのち、その経過で生じてきた物語の共有について検討したい。「　」は Cl. の、〈　〉は Th. の、『　』はそれ以外の人々の言葉とする。

　#1　初めて出会った時の Cl. は、小学校 6 年生の男の子にしては小柄で、幼い雰囲気が印象的であった。互いに挨拶し合った時、礼儀正しくしようとしているのがぎこちなく、堅苦しさを感じさせた。

　プレイルームに入ってすぐに、棚にある玩具を手当たり次第に出してきた。しかし、うまく遊べないことに苛立って、どれもすぐにやめてしまうことが続いた。対戦型のゲームでは Th. に勝つために、必ず、ずるい手を使う（勝ったあとに自分で「ずるをした」と言うこともあった）。

　"キャッチボール"をしようと Cl. に言われた時、Th. はそれを、ボールをキャッチし合う遊びだと思った。しかし、始めてみると、Cl. の言う"キャッチボール"が、いわゆるキャッチボールではないということがわかった。Cl. は、ボールをキャッチせずに、バレーボールのように弾き返してくる。また、Cl. は、自分と Th. に"点数"をつけていくが、それを聞いていると、どちらかが相手にボールを返せないと相手に点が入るというようになっていた。Cl. の様子を見ていると、"キャッチボール"を、"相手が取りにくいと

ころにボールを弾き返す"遊びと考えているようだった。"キャッチボール"はいつのまにか、"バレーボール"になっていく。あまり口数が多いほうではなく、遊びの中で何か言うことがあっても、言葉が口の中にこもって不明瞭であり、表現もわかりにくい。言いたいことに口の動きや表現が追いつかず、言葉で相手に伝えることをあきらめている印象があった。

　"キャッチボール"も"バレーボール"も、Cl. 独自の判断で"ルール"が決められ、得点がつけられる。Th. は時々その"ルール"を確認するが、曖昧な上に、Cl. が自分に有利なようにその都度変えていくので、最後まであまり把握できなかった。当然ながら、Cl. が一方的に点を入れていく。

　最後に"フリスビー"をしたが、これもディスクをキャッチし合うのではなく、相手の体に当てれば得点が入るというものであった。Cl. は、滑り台に上って、そこから力一杯、Th. に向かってディスクを投げつけてくる。そういう時の凄まじい形相が印象的だった。また、巨大なぬいぐるみをぶんぶん振り回し、Th. が投げたディスクを打ち落とそうとしたが、なかなかうまく当たらなかった。「もう一度」というのをくり返し、四投目にようやくディスクを打ち落とした。

　このインテーク当時、Th. は、Cl. について、できないことに対して消極的であり、一見自信なさげな様子である一方で、激しい攻撃性を抑え込んでいるのではないかと考えていた。

　#2・3　これらの回では、#1同様、Cl. の言う"フリスビー"や"キャッチボール"など、ディスクやボールなどを相手に取りにくいように投げる、相手の体に当てるという遊びが多く、Cl. の判断で点がつけられ、常にCl. の圧倒的な勝利が続く。"フリスビー"では、普通に投げるのではなく、ゴム製のディスクを半分に折って頭の上に振りかぶる、縦に投げるなど、ほとんど無理やり投げるので、Th. のところへは来ず、おもちゃの棚に当たって派手な音を立てたり、おもちゃを倒したりすることが多かった。

　#2で新たに加わった遊びは"野球"である。これは、Th. が粘土玉を投げ、Cl. がバットの柄で玉を打つなどの特殊な打ち方を試すというものであった。

時々、Cl.は、バットを刀のように頭上から振りかぶり、粘土玉に振り下ろすことがあった。粘土玉は、打たれた時や床に落ちた時に変形するが、Cl.はTh.に形を直さないように言い、粘土玉がどんどん変形していくのを、「見て！」とくり返しTh.に見せる。何度もバットや床に叩きつけられて平たくなった粘土玉に、バットの柄をぐりぐり押しつける、玩具の太刀で切りつけるなどしてさらに変形させていく。

　＃3では、怪獣を粘土玉で倒す"ボウリング"。粘土が床に落ちて変形するのを、やはり直さないように言う。Cl.は投げ方や投げる位置を自分なりに工夫してみる。しかし、Cl.の意図に反して、工夫すればするほどかえってうまく当たらなくなっていき、もどかしそうな表情を見せた。

　＃4・5　この頃から、部屋の奥にあるソファがCl.の"陣地"として定着し、入室するとすぐにソファへ行くようになった。そのソファの上でそっくり返った状態でフリスビーのディスクを投げてくることも。〈くつろいでるねえ〉「くつろいだままフリスビーしてる」。また、入室時に部屋を見回して「昨日（前回）と同じ」と言うことや、退室時に「来週〜する」と言うことがしばしばあり、面接の連続性を意識しはじめたようであった。

　これらの回では、"サッカー"や"キャッチボール（この頃には、ボールだけでなく思いつくままに玩具を投げてくるようになっていた）"で、さまざまな玩具を用いてゴールや自分の身を固めることがある一方で、フラフープを両手に一つずつ持って構えただけの「防御」もあった。

　また、Cl.は、フリスビーのディスクやボールをはじめ、いろいろなものをTh.に思いきり投げてくるようになった。「縦に投げよう」「カーブをかけよう」「バウンドさせよう」など、いろいろな方法でTh.にものを当てようとするが、工夫はすべてうまくいかない。そうなると、投げる時にだんだん力むようになる。Th.のところにはほとんど来ないので、投げてくるものは玩具棚に当たって派手な音を立てる。＃5では、おもりの入ったパンチングドールまで投げてくる。〈それはやめとかない？〉「大丈夫」〈やめようよ〉「大丈夫だって」という押し問答の結果、ドールを投げてもいいが、力一杯投げ

ないという約束でようやく互いに妥協した。

　＃6〜9　部屋にあるさまざまなものをTh.に向かって力一杯投げてくる。"フリスビー"や"キャッチボール"では、Th.にも全力で投げることを要求した。互いに受け取れないものの投げ合いが続く。Th.はそれに違和感を覚えていた。

　＃6では、Cl.の投げるディスクが箱庭の棚に当たり、アイテムが大きな音を立てて倒れる。「倒れたらすっきりする。力一杯投げないとすっきりしない」。何かに憑かれたような異様に鋭い目で、「これが普通」と言いながら、強くディスクを投げ込んでくるCl.に、Th.は怖さを感じた。〈きついのが普通?〉「それが普通。八つ当たり」。また、「ダーツしよう」とTh.に的を持たせ、至近距離から矢を思いきり投げてくる。Th.が、矢に当たって痛いことを伝えても無視。

　＃7では、「投げられるものなんでも」投げ合ったあと、「粘土玉でキャッチボールしよう」〈当たったら痛いよ〉「大丈夫、柔らかいもん」。押し問答の挙句、やってみることに。Cl.はだんだん強く投げてくるようになり、それがTh.の脚を強打。〈今のはすごく痛かったなあ〉「でも柔らかいよ」〈柔らかくても痛いのは痛い〉「そうかなあ」。

　また、この回、Cl.はTh.に粘土用の型押しを渡し、「持ってて。ぼくがそれに粘土を投げる」。〈いやだよ。痛いもん〉「大丈夫」と再び押し問答になるが、Cl.の「試しに」やってみようという意見にTh.が押し切られる。粘土に「型がちゃんとつく」ようにCl.は力一杯投げ、衝撃でTh.の手が痛くなる。次にCl.はTh.に粘土玉を投げさせ、おもちゃの太刀で打ち落とすことを始めた。打ち落として痛めつけた跡が粘土に残っていくのを、Cl.は細かく確認してTh.に報告。Th.は、Cl.が自分の手を加えた痕跡を確かめながら痛めつけて変形させていく粘土に、人間(例えば、ものを投げつけられている時のTh.)が重なって見えるように思った。さらにCl.は、粘土めがけて太刀を振り下ろし、「なかなか切れない」と苛立つ。

　退室時、クッションを自分のまわりに置き、トランポリンをゆっくりと自

分の背中に倒して、わざとトランポリンの下敷きになった。「脱出!」とクッションとトランポリンに囲まれた中でもがいて、外に出ようとするがなかなか出られない。Th.が手助けするかどうか迷っているうちに、上半身だけがやっと出た。トランポリンやクッションをひきずりながらも、ようやく這い出してきて、「ふう、疲れた。出てこれた」〈出てこれたねえ〉。

　＃8の"キャッチボール"では、Cl.はフラフープで、Th.の投げるボールから身を守ろうとした。Th.の投げたボールがフラフープをすり抜けてCl.に当たると、Cl.の顔つきが変わって、「やったな」とTh.にいろいろなものをがむしゃらに投げてきた。パンチングドールを投げようとするので、〈それはやめようよ〉とTh.が言うと、Cl.は、「大丈夫!」と怒りを漂わせた口調で言い返したが、結局、この時は投げるのを思いとどまった。

　＃9の"キャッチボール"では、Cl.は常にTh.の倍の得点になることを目指す。Cl.が得点差に満足していない時には、至近距離までTh.に近づいてボールを思いきり投げてくる。やがて、さまざまな玩具の投げ合いに。Cl.は前回のように、フラフープで自分を守ろうとするが、「これだとすり抜けるかな」〈うーん、そうだねえ〉。

　＃10・11　粘土に型をつける・粘土を切ることがくり返し見られた。

　＃10では怪獣を次々に出してきて、粘土で怪獣の顔・手・背中を型押し。次に、粘土のかたまりを棒状にしたものをTh.に持たせ、キングギドラの頭を一つずつ、粘土が両断されるまで何度もぶつけていった。キングギドラが粘土を食いちぎっているという感じ。ゴジラやほかの怪獣の頭、手足、しっぽ、背中に生えているとげなどを使って、次々に粘土の棒を両断。最後に、たくさんのヘビを粘土棒に巻きつけ、ぎゅっとしぼって粘土を切るということをくり返した。

　＃11では、ダーツの的に粘土を何度も押しつけてぶつぶつだらけにし、それをTh.に見せることをくり返す。型押しする怪獣を探しているうちに、将棋を発見。残り40分を将棋に費やす。一つの遊びがこれほど続いたのは初めて。並べながら、「ぼくの"ルール"でやったら、絶対にぼくが勝つ」〈ぼ

くの"ルール"?〉「それは……絶対にぼくが勝つことになるからだめだ」。Th.の打つ手が気に入らないと、「歩兵は手前から三段しか打ったらだめ」「銀は前には行けない」など、実際にはない"ルール"を主張。Th.が抗議しても譲らない。勝負がつかないうちに時間となる。

#12・13　すべての時間を将棋に費やす。

#12では、「攻めないと」と、Cl.の歩兵が大挙してTh.の陣に押しかけてくるが、Th.には、それが攻めというよりも自分の陣の守りを取り払ってしまったように見えた。前回同様、自分が有利になるように実際にはない"ルール"を主張してTh.と押し問答となるが、Th.の抗議をCl.はまったく聞き入れない。最後にTh.の王将が追いつめられる。〈詰んだ〉「やってみないとわからない。どこかに動かしてみて」。Th.が動かした王将をさっと飛車で取り、「ぼくが勝った」。その言葉には、"討ちとった!"という響きがあった。

#13では、「普通の将棋じゃおもしろくないから」と、粘土を細い紐状にしたものを盤の上に置く。〈これは越えられないの?〉「ううん、越えられるけど……これに乗ったら、裏返って金になれること」。Cl.は粘土を使って成金を作ることに固執し、やはり駒をどんどん前に出してきて陣を守らないが、王将の周囲は全方向をぴったりと守りすぎて、かえって息苦しく、どの駒も身動きができない。そのため、Cl.は王将を逃がすことができずに詰む。「これはどこへも行けない」と言ってしばらく考えていたが、さっと王将を囲みの中から出して、Th.の駒を一つ、王将に取らせた。せめてTh.の駒と相討ちにして終わろう、という感じがした。Cl.がTh.との勝負に負けたのは初めてであった。

#14　将棋はしなかった。"フリスビー"や"キャッチボール"をするが、すぐにやめた。立ったり座ったり、ぶつぶつ独りごとを言うなど落ち着かない様子を見せ、Th.に当たったディスクやボールの数も、途中でわけがわからなくなって数えるのをやめてしまった。

怪獣を6体、トランポリンの上に置き、「ボールで倒す」。倒れた怪獣は、

トランポリンにかけられたフラフープに引っかかって、Cl.の思い通りの微妙な角度で止まらなければならない。Cl.はイメージ通りに怪獣が引っかかるまで何度も投げ方を変えて挑戦。Cl.の思いつきによって道具や"ルール"が目まぐるしく変わるので、ゲームは次第に複雑になり、Th.にはよくわからなくなっていった。

＃15　手裏剣を出してくる。「投げてもいい場所ないかな。時計に当てたら……だめ？」〈そうだなあ〉。そこでCl.は、自分で紙に書いた的をホワイトボードに貼る。手裏剣を投げたあと、Cl.は的を調べに行く。当たった痕跡を探しているらしい。手にした手裏剣を的にぶつけ、その痕跡ができたかどうかを確かめてみるが、痕跡はつかない。〈当たったら跡がつくと思った？〉「うん」。

次にオセロ。Cl.はわざとのようにルールよりも多くひっくり返し、Th.の抗議を受けつけない。〈わたしもそうしていい？〉「だめ。ぼくだけ」。半分くらいやったところで、Cl.はオセロをぐちゃぐちゃにして、「もう負けた。こんなの勝てないもん」。

＃16　"キャッチボール"でパンチングドールをTh.に投げようとする。〈それは怖い〉「大丈夫」〈Aくんが大丈夫でもいやだ〉と押し問答をした末に、「じゃあ、蹴るんやったらいい？」ということから"サッカー"に。ほとんど格闘技のような、力で押し合う"サッカー"が続く。Cl.の攻撃は激しくなっていった。ドールが当たるととても痛いので、〈Aくんは痛くないの？〉と訊くと、Cl.は「痛いよ」と答えたが、そんなことは平気だと言わんばかりの口調と表情であった。

＃17　"キャッチボール"で、「そっちからクッションを投げてきて。ぼくはよけるだけ」。Th.がクッションを投げはじめると、ソファによじ登って部屋の角にぴったり身をくっつけて立ち、「怖い、怖い」。半分はふざけて、しかし半分は本当に恐れていて、そしてそれを楽しんでいる様子だった。やがて、机の下に潜り込み、自分の上を大きなぬいぐるみで覆ってクッションが当たらないようにしたうえで、そこから自分で「脱出」。また、ソファに

寝ころんで、わざとのようにくつろいだ様子を見せてにやにやし、Th.がクッションを投げると、でんぐり返って余裕そうに逃げる。いつもより楽しそうな感じで、「疲れるわあ」。

その日の母親との面談で、『担任の話では、学校では落ち着いている、これまでやり遂げなかったことをやり遂げるようになった』という話を聞いた。

#18　粘土玉で"キャッチボール"をしようと言うので、〈当たったら痛い〉とTh.が言うと、「わかってる。ちゃんと受けて」。しかし、Cl.自身が受け損ない、「痛い」ということでやめになる。Cl.はトランポリンをドアに立てかけて、それに向かって粘土玉を投げるが、トランポリンが倒れ、「これは危ない。やめよう」。トランポリンに粘土玉を置き、何度も太刀で斬りつけ、盛んに「斬れない」。そのうちにだんだん横殴りになっていき、斬るというよりは力を入れてなぶっている感じであった。再び、Th.は粘土玉を攻撃されている人間のように感じる。イメージと現実に起こることとのずれから来るもどかしさや苛立ちが、Cl.から伝わってくるように思われた。〈もっとすぱっと斬りたかったんだねえ〉「うん！」。"そうなんだ！"という強い語気だった。

いつになく、「何しよう」「何すればいい？」をくり返し、おはじきをテーブルに出してくる。「これで、陣を決めて、落ちたら負けというのをやろう」。それぞれ二つの「大将」とその他大勢の「ざこ」を取る。相手の「大将」を二つとも弾き落としたほうが勝ちというルール。いつもと違い、ルールが変わらなかった。Th.が勝って終わった。

#19〜23　最初に"フリスビー"や"キャッチボール"をしてから、残りの時間をおはじきに費やすことが続く。おはじきでは、Cl.とTh.はほぼ互角で、互いに勝ったり負けたりした。

#19では、学校でものにぶつけて手を骨折したことを話す。「折った時は気づかなくて、痛くもなかった。病院に行って折れてることがわかってから、痛くなって、"もうだめ"ってなった」。おはじきでは、Cl.は"大将"を二つ積み重ねた。Th.はそれを危なっかしく感じるが、Cl.としてはそれで守り

が堅固になったと思っていたらしく、Th.の攻撃で重なった"大将"が崩れると、「簡単に崩れた」と意外そうな口調であった。

　＃20の"キャッチボール"では、Cl.は、Th.が高めに投げたボールを怖がる、ものがつま先に当たって痛がるなど、いつもと違う様子であった。おはじきでは、"大将"の周囲を隙間なく"ざこ"で囲み、Th.は息苦しさを感じる。"大将"以外にも、"突撃隊長"という役割のおはじきが出てくる。おはじきについて、「これは強い」「これは弱い」と評価するが、それは単なる大きさでもないらしい。〈強いのって？〉「それは……とにかく強いのがある」。

　＃21、ソファに寝ころんだまま"フリスビー"をするなど、余裕のあるところを見せる。おはじきでは、"大将"とそれを守る"ざこ"のあいだに少しゆとりができる。"大将""突撃隊長"のほかに、二つの「小さいの」の位置をあれこれ考えるようになる。それらの、Cl.が特に気にしているおはじきについて、「小さいのに威力がある」「隊長なのに弱い」などと評するようになった。

　＃22では、三つの"大将"を中央の陣に固め、"ざこ"で楕円に囲う。その形が崩されることをいやがり、自分の番をわざわざ1回分を使って、崩れた"ざこ"を整える。勝負よりも、自分のイメージを崩さないことのほうがCl.には大切であったらしい。退室時、「最後に一つだけしたいこととして終わる」と、机の角におはじきを一つ置き、机の反対側からそれ目がけて、次々に三つ、おはじきを飛ばす。最後の一つがみごとに当たり、的のおはじきが落ちるのを見て、さっぱりした顔で退室した。

　＃23では、ディスクを投げるのにだんだん力が入ってくる。恐ろしい勢いで飛んでくるフリスビーは、ほとんどTh.のところに来ず、途中でコースを変えたり下に落ちたりする。Th.は見えないバリアの中にいるようでいながら、かなりの恐怖を感じた。Th.にディスクを当てられず苛立ちはじめたCl.は、ますます力一杯投げ込んでくる。形相も険しくなった。Th.には、Cl.の投げる時だけ空気がゼリー状になり、重くなったように感じられた。いつものようにおはじきをしたのち時間となるが、「机の上（のおはじき）がな

くなるまでしよう」と退室しない。〈もう時間〉「すぐ終わるから」〈ううん、終わらないよ〉「大丈夫、やろうよ」〈もうだめ〉。すると、Cl. は、机の上のおはじきをなくなるまで次々と、Th. のいる方向目がけて浴びせるように飛ばしてから退室。

＃24〜26　再び将棋。自分が不当なことをしていないかや、自分のしたことがルールに照らし合わせてどうかなどを Th. に尋ねてくるようになる。

＃24、「久しぶりに将棋しよう。自分の陣に好きなように並べていいこと」。Cl. は、王将の周囲を、八方向すべて駒で固い、どの駒も自由に動けない。勝負がつかないうちに、「これはもうだめ」と Cl. は唐突に、将棋盤の上の駒をかき混ぜる。

＃25、当て合いではない、比較的穏やかなフリスビーのやりとりののち、将棋。Cl. の王将が詰んだ時、Cl. は逃れる方法がないかじっと考えてから、「これはもうどうやっても負ける」。以前のように王将が"討死"することなく、詰んで終わる。「今度は、摑めるだけ摑んで、それが自分の」と自分の手を広げて駒を覆うが、Cl. がほとんどの駒を摑んでしまう。Cl. はいったん全部離し、「半分摑むから、それがぼくの」。半分摑んだ Cl. は、「ぼくの方が多く取った?」「ぼくの方に強いのが来た?」と気にする。しかし、並べてみると、互いにほとんど同じ駒を取っていることがわかった。「きれいに分かれたなあ」とお互い感心。「どうやったら詰むのかわからない」と言いながらも、とうとう Th. の王将を追い詰め、「そうか、そういうことか」。Th. を詰ませただけで、実際には Th. の王将を取らずに終わった。

　この回に、Cl. の中学校進学を理由に母親より終結の申し出があった。Th. から、環境が変わる時だからこそ、しばらく面接を続けたほうがよいと伝えたが、学校で問題が起こらなくなっていることや、病院に来るよりも部活のために時間を使いたいという Cl. の希望もあり、やはり次回で終結という話になった。

　＃26では、どことなく元気がなく、あまり言葉を口にしない。穏やかなフリスビーのやりとりが20分ほど続いたのち、Th. が投げようとすると、

Cl.が部屋の真ん中まで寄って来ている。Th.も近づくと、「これもうやめよう」。将棋を出しながら、小さい声で、「銀は、前に進めた」。勝負を始める前に、将棋の箱に書かれているルールを熱心に読む。初めて普通のルールの将棋をした。Cl.の陣は守りが弱く、すぐに崩れる。「こんなのぼく勝てない!」と盛んに言うが、途中ではやめず、最後まで王将を活かす道を考えている。「王は、どっちの方向にも、いくらでも行けることにしない?」〈そうなったら王は無敵、誰も近寄れない〉「そうかー」とCl.も納得、提案を引っ込める。Cl.の王将が詰んで終わった。「じゃあ、五目並べしよう」。五目並べをしながら、「中学校に入ると、部活休めないから来られない。休みの時なら来てもいい」と言った。そこで、いったん休止とするが、夏休みに一度、フォローの面接をすることを約束した。

　母親の話では、『成績が上がった。落ち着いている。紹介当初のようなことはない』とのことだった。

　#27　#26より4か月後、中学生になったCl.と会った。普通のルールの将棋にすべての時間を費やす。「やっぱりこうかなあ」などぶつぶつと独り言。最後には、お互い王手をくり返すことになったが、結局Cl.がTh.の王将を追い詰める。〈わたし詰んだ?〉「うん」。将棋をしながら、中学校でのことをぽつぽつ話す。「勉強は楽勝。だからあんまりやらない。でも中学校はテストがあって、テストは時間がなくて大変。夏休みのあいだ、部活の練習があって忙しい」〈部活?〉「野球部」。部活でもう来られないというCl.の希望により、この回で終結とする。

　母親からは、『機嫌よくやっている。友達とつねり合いをする幼いところがあるが、こういう子も一人くらいいてもいいという感じで仲間には受け入れられている』とのことであった。

2. 他者とのイメージのずれに潜む物語

　この事例のCl.は、多動や落ち着きのなさ、同級生を傷つける衝動性など、

周囲のおとなの目につきやすい問題のために病院に連れて来られることになった。しかし、このCl.が抱えていた、より大きな問題は、ものごとについて適切なイメージをもつことの困難さにあったのではないかと筆者は考えている。この困難さは，彼の華々しい"問題行動"の陰に隠れて、他者には気づかれにくいものであったと思われる。筆者自身も、Cl.がしばしば、自分の思い描く通りに何かをしようとしてもうまくいかず、そのために苛立つことに気づいていながらも、最初のうちは、物理的に筆者にぶつけられる激しさへの対処に追われて，Cl.のもつイメージの問題になかなか目を向けることができていなかった。

　インテーク時からずっと、Cl.はプレイの中で、自分のイメージを検証し続けていた。「何度くり返しても、なかなか彼の思い描く通りにならない」という記述が、＃14までのTh.の記録によく出てくる。このことは、現実に起こることと彼のイメージとが大きくずれていたことを示している。そしてそれはおそらく、多くの他者が抱くイメージと彼のイメージとのあいだにも、大きなずれを生じさせる原因となっていたと思われる。周囲とずれていることに対する苛立ちとあきらめ、自分のもつイメージをわかってもらえない怒りが、Cl.の"問題行動"を引き起こす一因となっていたのではないだろうか。もちろん、ある一つの事象についても、人はそれぞれ独自のイメージをもっており、それが現実とずれていることや、他者とのあいだで互いにずれていることは、それほど稀有なことではないであろう。ただ、このCl.の場合には、以下に考察するように、それでは片づけられない側面をもっていた。

　この問題に関連して注目されるのは、このCl.がもつ物語の、Cl.の言動への影響の大きさである。本節の冒頭で述べたように、この事例では、ゲームや実際のぶつかり合いを通してTh.との勝負がくり返されており、一見、物語的な要素はそれほど多くないように思われるかもしれない。しかし、その勝負のやり方を見ると、彼がもっていた物語の影響が折に触れて現れていることがわかる。例えば、＃12・13の将棋の結末に、そうした影響を顕著

に見ることができる。ゲームとしての現実的な勝敗をつけるだけであれば、どちらの場合も、王将が詰んだ時点で終わりとなる。しかし、#12ではTh.の王将が、#13ではCl.の王将が、いわば"討死"を遂げている。筆者には、これらの時に、王の首を取った戦士になったかのような、また、降参するよりは敵と戦って死ぬことを選ぶ王そのものになったかのような雰囲気が、Cl.から伝わってくるように思われた。筆者が抱いたこのようなイメージを、実際にCl.がどこまで意識してもっていたのかはわからないが、少なくとも、なんらかの戦いのファンタジーがCl.の心の中に浮かんでいたのではないかと思われる。以上のことは、将棋だけではなく、#18以降にCl.が好んでするようになるおはじきの勝負でも感じられた。壮絶な討死は、古今東西の多くの軍記物語の中でくり返され、多くの人の心を惹きつける、普遍的なテーマである。第3章で紹介したB4の『三国志』の白昼夢でもそのテーマがくり返されていた。この事例のCl.の場合には、B4とは対照的に、おそらくファンタジーであるということが自覚されず、白昼夢的な空想物語とはなりきらないまま、将棋などの実際の勝負の中でそのテーマをくり返そうとしていたのではないかと思われる。物語がCl.の言動に影響を与えていたと先ほど述べたのはこのためである。つまり彼は、自分の中にある物語を空想として楽しむのではなく、実際に起こるできごとの中でその通りになってほしいと望む傾向が強くあったと言える。先述した、彼のもつイメージが、現実に起こることや多くの他者のもつイメージとずれていることは、この問題に由来するところが大きかったのではないかと筆者は考えている。こうしたずれをもったまま、同じ年頃の子どもたちと遊ぶこと、特に将棋のようなルール遊びをすることは、トラブルの原因になりかねなかったであろう。

　このように考えると、将棋やおはじき以外の遊びの中でも見られた、通常は理解されにくいであろう彼の言動の奥にあるものが見えてくるように思われる。例えば、"野球"でバットを粘土玉に振り下ろす時には太刀でものを両断するイメージが、"キャッチボール"で筆者の投げるボールに対してフラフープを構える時には呪術的に身を守るイメージが、粘土を痛めつけてい

る時には何か、もしかすると人間のようなものをなぶっているイメージが、はたらいていたのであろう。

　しかし、彼が自分のイメージを実行に移そうとして工夫すればするほど、ものごとはうまくいかなくなっていくことが多かった。それを最もよく表しているのが、"フリスビー"でのディスクの投げ方である。＃23までの"フリスビー"でCl.が望んでいたことは、ディスクを強くTh.に当てること、つまり敵を激しくやっつけることであったと思われるが、Cl.がこうすれば相手に強く当たるだろうと投げ方を工夫すればするほど、ディスクはTh.のいるところには来ない。そうなると、ディスクを丸めるなど、ますます奇妙な工夫をする、あるいは不必要な力を込めて投げるということになり、悪循環が生じることになった。そういう彼の様子を他者から見れば、普通にすっと投げればディスクは相手のところに届くだろうに、何を奇妙な行動をとっているのだろう、ということになりかねない。しかし多くの人にとって自明であるはずのその理屈は、物語の実現を目指すCl.にとってはあまり意味をもたない。＃23でCl.がディスクを投げる時、筆者には空気がゼリー状になったように重く感じられていた。これは、自分の物語の実現を追及している時にCl.自身が常に感じているものではなかったのだろうか。イメージ通りになってくれない現実は、彼にとって、ゼリー状の、重くままならない空気が満ちている世界だったのかもしれない。

3. 実際に起こることの検証

　＃8で、筆者は意図せずフラフープの呪術的な守りを打ち砕くことになってしまったが、その時、Cl.は形相を変えてがむしゃらにものを投げてきた。他者によって突然イメージを壊されることが、彼の激しい怒りを招きかねないことを示している。しかし続く＃9では、Cl.はみずから、フラフープで自分を守ることはできないのではないかということをTh.に尋ねている。また、＃15では、手裏剣が当たったところに痕跡が残っているかどうかを調

べに行っている。前項では、彼が物語の実現を望んでいたと述べたが、これらのことを積極的に意味づけなおすと、そうすることによって、彼が自分のイメージ通りに実際にものごとが起こりうるのかどうかを検証しようとしているという側面を見ることができる。そして、この手裏剣のできごとあたりから、ようやくそれがTh.にも理解されるようになってくる。♯15で〈(手裏剣が)当たったら跡がつくと思った?〉、♯18での〈(太刀で粘土を)もっとすぱっと斬りたかったんだねえ〉などのTh.の言葉に対して、Cl.は強い肯定を与えている。これらの会話は、彼の行動の奥にはなんらかのイメージがあり、実際にはなかなかそのイメージ通りにはいかないということを、言葉で共有しようとするものであったと言える。実際に起こることの検証のために、最初、彼は独りで奇妙な行動をくり返さざるを得なかったが、自分のイメージがずれていたことを他者とのあいだで言葉にするという経験が、♯9でのTh.への質問や、♯15・♯18でのTh.からの言葉を通して、徐々に起こってきたのではないかと思われる。

　こうした中で、Cl.がおはじきのゲームを考え出したことは非常に興味深い。おはじきを考え出すまでにも、♯11～13までの将棋の中で、討死の物語や、がむしゃらになって敵陣に押し寄せてくる攻撃の物語、身動きができないほど強い駒で王将を囲む守りの物語が表現されていた。将棋のほかにもこうした攻撃と守りの物語は、"キャッチボール"や"フリスビー"の中で、次々にTh.にものを投げてくることや、トランポリンや机、大きなぬいぐるみの下に潜り込むことなどで表現されていた。しかし、おはじきを使ったゲームは、これらのものとは異なる側面をもっている。おはじきの遊びは、ゲームのスタイルをとりながらも、Cl.の生み出した物語が自由に展開してもよい舞台になりうるものでもあった。舞台ができたことで、Cl.のもつさまざまな物語が、それまでよりもやや空想に近い形で表現されることが可能になったと言える。この遊びは、"ざこ"を使って自分の"大将"を守りながら相手の"大将"を弾き落とす(=討ちとる)勝負であるが、Cl.の"ざこ"の中には、だんだん、"突撃隊長"や"小さいの"、強いもの、弱いものといった

ある種の役割や性格をもったものが現れるようになる。また、勝負に不利になっても陣を整えることにこだわったことからもわかるように、Cl.の守りの陣形には、おそらく何か物語的なイメージがはたらいていたように思われる。おはじきの遊びに潜むこのようなイメージは、ストーリーとしては展開せず、また、「隊長」などの名称や「これは強い」などのわずかなコメント以外にはほとんど言葉にもされなかった。それでもその数少ない表現からではあるが、筆者は、このおはじき遊びが始まって以来、Cl.のもつイメージが少しずつ変化したように思われた。例えば、息苦しいほど周囲をもので固めようとする一方で、ほとんど守りにならないもので呪術的に身が守れるはずであるという信念に近いイメージは、おはじきの遊びの中にも示されていたが、この実際には不適切な守りをTh.が容赦なく崩した時に、「簡単に崩れた」などの意外さが表現されるようになっている。＃8でフラフープの守りが破られた時の怒りとはかなり異なった反応であり、自分のイメージがTh.とのあいだで通用しなかったことが受け入れられている。また、彼が弱いと思っていた"ざこ"が案外最後まで生き残ったり、"隊長"があっさりTh.に落とされてしまったりと、彼のイメージとは異なる事態がしばしば生じる。こうして、半分はTh.との実際の勝負、もう半分は物語の舞台である遊びの中で、彼のもつイメージは試され、修正されていったのではないかと思われる。＃21での、「小さいのに威力がある」「隊長なのに弱い」という言葉に、そうした変化を垣間見ることができる。それは、例えば"隊長のおはじきだから落とされないはずだ"というCl.の独特なイメージがそれまでよりも柔軟になり、"隊長"と"弱さ"という、彼にしてみれば相反するはずの属性を一つのおはじきに認めることができるようになったことの表れであると言える。イメージに幅や広がりといったものが出てきたとも言えるだろう。

4.「そうか、そういうことか」という気づき

　前項で述べた、いわば自分の物語を検証して試す中で、次第に、自分のや

りたかったことができたという体験が出てくるようになる。＃22や＃23の退室時には、おはじきで最後に落としたかったものに命中させたり、押し問答の相手であるTh.の方におはじきをうまく浴びせかけたりして、"さっぱりした顔で"帰っている。

　＃24から遊びはだんだん、彼独自の"ルール"を失うようになる。フリスビーでは、ディスクはTh.のところに来るようになり、当て合いではない比較的穏やかなやりとりが続く。再び始まった将棋も通常のルールに則ったものに近くなり、王将が討死することもなくなる。

　そうした経過から出てきた、＃25の「そうか、そういうことか」という言葉は印象深い。それは、工夫しても工夫してもものごとがうまくいかなかった体験を積み重ねてきた彼が、ほとんど通常の勝負で勝ち、"こういうふうにやればいいのか"と気づいたような響きがあった。そうした気づきがあったのは、それまでにくり返されたCl.独特のイメージの検証や、イメージに幅が出てきたことによって、イメージと実際に起こることのあいだの溝が小さくなっていたためであったかもしれない。

　ところで、周囲とのものの見方のずれ、周囲とずれていることに対する苛立ちとあきらめ、自分のもつイメージをわかってもらえない怒りなどの問題は、インテーク時から常に遊びの中に表れていたのに、Th.はその時には気づかず、のちになって気づくことが多かった。このプレイセラピーの過程では、そうした苛立ち、あきらめ、怒りが他者である筆者に感じられ、わかられていくということが徐々に起こっていった。Cl.独特の物語的なイメージが伝わってくる時、Th.の側にも、Cl.と同様、"そうか、そういうことか"という思いがあったのである。そして、Th.がCl.の独特なイメージを不思議に思ったように、Cl.も、力でぶつかり合う中でTh.が言葉にする痛みや恐怖を不思議に思い、受け入れられなかったのではないかと思われる。そして、Th.がCl.の物語について気づきを得ていったように、Cl.も、Th.の感じ方について徐々にわかりはじめた可能性がある。＃17以降、Cl.が遊びの中でわざと怖がって見せることや、痛みに言及することが出てくるようにな

る。これは、Cl. なりに、Th. の感じ方をなぞり、取り入れようとしたことの表れだったのかもしれない。そう考えると、Th. は、Cl. の物語的なイメージや苛立ち、あきらめ、怒りを理解するという役割に加えて、Cl. に理解される人間としての役割も負っていたと言える。

5. 物語を共有することの難しさ

　この事例では、フリスビーのディスクの奇妙な投げ方などの行動や、将棋などのゲームのやり方の中に、Cl. 独特の物語が潜んでいた。そして、そうした物語はおそらく、プレイルームの外でも彼がたびたび起こしていた"問題行動"の裏に潜んでいたのであろう。面接の経過が進むにつれて、彼の行動が学校で問題とされることはなくなってきた。プレイルームの中で得られた"そうか、そういうことか"という Cl. と Th. 双方の気づきが、Cl. の物語と実際に起こることとのずれ、また、Th. も含めた他者と Cl. とのあいだにあったイメージや感じ方のずれに、いくらかでも橋を架ける役割を果たしたのかもしれない。

　そのように考えられる一方で、このプレイセラピーが終結したのちまで気がかりであったのは、Th. 自身が自分のもつイメージや既存のルールに縛られて、ここまで考察してきたような Cl. の独自のイメージに沿いきれないまま、Cl. を彼の物語の世界から引き離し、既存のルールの世界に向かわせるはたらきをしてしまったのではないかということであった。例えば、#26 の将棋で、Cl. が「どっちの方向にも、いくらでも行ける」ような無敵の王を作り出そうとしているのに対して、〈そうなったら誰も近寄れない〉から勝負にならない、と Th. が止め、Cl. も納得するという場面があった。Th. の言葉は常識的であり、将棋というゲームを続けるためには必要な制止ではあったので、Cl. も納得している。しかし、この場面で、一般的なルールの将棋を続けることにこだわらず、無敵の王という Cl. のイメージを将棋盤の上で実現させるという選択もできたかもしれない。このように、Th. の言動が、

Cl. の物語的なイメージが現実や常識から外れていることを Cl. に伝えてしまうということはしばしば起こっていた。それは、前述したように、Cl. と他者・現実世界とのあいだに橋を架け、彼を学校生活への適応へと導く役に立ったかもしれないが、彼独自の物語がプレイセラピーの中で展開していくことを妨げていた可能性もある。

　ところで、面接の過程の終盤に現れてくるおはじきのゲームは、Cl. のもつ独特のイメージを映し出し、Th. を Cl. の物語の世界に留まらせるには将棋よりも適した遊びであった。そこには既存のルールも定石もなく、それだけに、Cl. は自由に自分のイメージを試してみることができ、Th. もそれを見守ることができた。また、おはじきの戦いがくり広げられる机の上は、Th. という他者の参加を許し、共通の約束事のある社会的な場であると同時に、Cl. が生み出した物語がある程度展開できる舞台でもあった。このような、いわば"中間領域"をみずから作り出し、自分の問題を扱っていったことに、Cl. のもっていた成長する可能性を感じる。

　改めてこの事例を振り返ると、Cl. の物語を"そうか、そういうことか"といくらかでも共有できたとしても、その物語の世界に Cl. とともに居続けることは、Th. の側にも自分のイメージや常識がある以上、容易なことではなかったように思われる。将棋のようなルールのある遊びを背景に、Cl. の物語が展開するままにさせるのは、当時の Th. の力を超えたことであったであろう。それだからこそ Cl. は、自分の物語をよりよく表現できるおはじきという手段を見つけてきたとも言える。そういう意味で、この事例は、物語を Cl. と Th. が本当に共有することの困難と同時に、物語が共有しにくいように思える Cl. でも、Th. が思いつかない方法を使って自分のイメージを表現し、Th. に伝えようとしていたのだということを、教えてくれたように思われる。

第5章

終論

物語(tale)と心理臨床

1. 神話のもつ力

　序論で述べたように、本書でテーマとした物語(tale)は、時に一つの筋をもったものとしては理解しがたい無秩序さをもつ、夢や箱庭・描画に出てくるイメージをも含んでいる。終論では、物語についての筆者の考えを整理したうえで、物語創作・白昼夢・事例で述べた物語についての考察にふれながら、物語をもつことの意味と、心理臨床への応用の可能性を検討したい。

　第3章で白昼夢に関連して、人がなぜ、夢や白昼夢、無意識的な空想などの物語を必要とするのかという問題を論じた時に、マイヤーが提唱し、エレンベルガーが「幻想をつむぎ出す無意識の傾性」であるとした「無意識の神話産生機能」について述べた(Ellenberger, 1970, 上巻p.366)。武野俊弥も、マイヤーのこの概念を重視し、「無意識はたえず忙しく物語と神話を紡ぎだしており」、それが「自己治癒的な機能」としてはたらくと述べている(武野, 2001)。

　また大山泰宏は、人々が神話を求めることについて、自分が生きるコスモロジーを求めようとしていると述べた(大山, 2004)。これらの議論の根底には、人間にはそもそも神話を求める傾向が備わっているという主張が共通して流れている。

神話を生み出すことが自己治癒の意味をもつならば、人間には神話を生み出そうとする傾向が備わっており、科学の知が広く世界に蔓延する現代でさえ、人々が神話を求めるのは当然であると言えるだろう。しかし、それでは、なぜ神話がそのような力をもつと考えられるのだろうか。

　序論で述べた、レヴィ－ブリュールが描き出したような原初的な神話の世界は、近現代の論理的な人間にとって、体験的に感じ、信じることは困難である。それは、太古からの神話という形では、神々や英雄や祖先の力を分有できなくなっているということであり、すなわち、シャーマンのもつ治癒の力を信じることができなくなっているということである。神話的な物語の世界に包まれているあいだは、力を分有し、それを信じることで、人々は癒し、癒されてきた。なぜ心理臨床において物語が重要であるのかを論じる際に、世界に包まれること、力を分有すること、信じることが、議論の手がかりになるのではないかと筆者は考えている。大山の言う「ミュトスの喪失」（筆者は、喪失ではなく"見失われた"のであると考えるが）は、神話が固定化されて無意識的な生成をくり返さなくなったことを指す。河合隼雄も、「神話の知は生命力によって支えられているものである。それが固定し生命力を失う時は、ただちに迷信へと下落してしまうものである」（河合，1995，p.223）と述べている。現代の見えにくくなったミュートスでは、今を生きる人々が、神話的な物語の世界に包まれる実感を得られにくく、力の分有を信じることも難しくなってしまった。昨今、信条や価値観の多様性が強調され、個々人が自分なりの物語をもつことが心理臨床や医療の現場などで注目されるようになってきた背景には、人々が一つの大きな神話を共有し、その物語の世界に包まれていることができなくなったために、その代替として多様な物語が必要とされ、個人がそれぞれ創り出した"神話"を心の中にもたざるを得なくなったということがあるのかもしれない。

2. 物語とミュートス

　序論でも述べたミュートスという言葉について、ここでもう少し考えてみたい。ミュートスは、ロゴスと対になって相対的に考えられる広い概念である (田中, 1969)。古代ギリシアの哲学者たちや歴史家たちが虚構を否定し客観的事実を語ろうとした努力を見ると、客観性や論理性、つまりロゴスの追求と、ロゴスの非難に耐えて生き残ろうとするミュートスとのせめぎ合いが、歴史というものができてからこのかた、ずっとあり続けたことがわかる。ミュートスは近代科学によって失われはじめたのではなく、歴史の初めから時間をかけて進んでいたという大山の指摘の通り、論理的であろうとする文明化された人間の理性は、早くから、ミュートスを排除しようとしてきたのかもしれない。しかし、どんなに客観的であろうとする歴史家でも、ミュートスからは自由になれないであろう。ミュートスなしにロゴスのみで語ることはできない。同様に、ロゴスが完全に欠如したミュートスは成立しない。ミュートスとロゴスは、互いに対立するものでありながら、分かちがたく混じり合ってきたのである。近現代的なロゴスの中に紛れながらも、ミュートスは生き残っていく。ユングは、「人間が完全に神話から解放されたことなどこれまでにあっただろうか?」という疑問を投げかける (Jung, 1952, p.29)。

> 神話なしにあるいは神話の外に生きているつもりの人間は例外なのである。そればかりか根なし草であって、過去や先祖の命（つねにわれわれのうちに生きている）とも現在の人間社会とも、真の結びつきをもっていない。(Jung, 1952, 第4版の序 p. vii)

> 世界中のすべての伝統を一度に斬って捨ててしまうことができるとしても、次の世代には神話と宗教史のすべてがあらたにふたたびはじまるだろうといえる。一種の知的傲慢の時代でも神話を捨て去ることのできるひとはごくまれである。民衆は決して神話から離れない。あら

ゆる啓蒙もむだである。啓蒙は移り変るそのときそのときの表現形を破壊するだけで、想像本能を破壊するわけではない。(Jung, 1952, p.29)

　序論において筆者は、物語の中に治療者と患者が包まれていた、神話が力をもっていた時代から、啓蒙思想・実証主義などの近現代の「方向づけられた思考」の席巻を経て、物語が心理学の研究の対象である人間の心から削ぎ落とされた時代があり、そして現在の心理学は、ナラティヴやストーリーの重視によって、削ぎ落とされたものを取り戻そうとしている、と述べた。しかし、科学の論理が心理学を実証主義に向かわせたのは、大きくはあるが一つの流れにすぎない。精神分析や分析心理学など、いわゆる力動的な臨床心理学や精神医学は、非科学的であるという批判がありながらも、科学が重視される時代を生き続けてきた。また、論理的な思考が重視され、迷信が軽んじられるはずの現代の社会でも、カルト的な宗教が絶えず起こり、心霊や超常現象に人々が関心を寄せる。ユングの述べるように、どんな啓蒙も神話を完全に根絶することはできないのである。こうした観点では、科学や論理を信じることでさえ、時には一つの神話として捉えられている。無意識によって生成される動きを失い、固定したストーリーと化した神々や英雄の伝説以上に、新興宗教、科学、あるいは心理学的な理論など、何かを信奉し、無意識的にその世界観に染まっていることの中に現代のミュートスを見ることができると考えられる。それは、必ずしも新興宗教への傾倒などのように目に見えるわかりやすい形であるとは限らず、例えば、みずからの患っている病いについて、密かに、時に無意識的に信じられている物語となって、個人の心の中にあるかもしれない。

　ここまで神話やミュートスを中心に論じてきたが、それらと物語との関係を整理しておきたい。いわゆる物語と神話の区別について、大山は、「神話（myth）が他の物語と異なるのは、それが人の生命や起源について語り、世界観と直結している点である」と述べている（大山，2004, p.117）。また、分析心理学的な観点に立てば、元型的なイメージを含んだものを神話として区別

することも考えられる。神話を論じる際にはそれらの観点が有効になってくると思われるが、物語全般を見渡すと、ある物語がこれらの意味で神話であるかそうではないかは相対的な問題であるように思われる。興味深いことに、田中美知太郎は、ミュートスという概念が神話を指すだけではなく、作り話や話一般すら含んでいると述べている（田中，1969）。神話や伝承の類いであろうと、創作されたストーリーや意識的なナラティヴであろうと、ミュートスは、客観的には虚構とされる要素を含むものすべてを指している。さらに言えば、前述したように、ミュートスはロゴスと対立するものでありながら、ロゴスから独立したものではありえず、ミュートスをもつものは必ずロゴスをもつのである。神話的であるか否かにかかわらず、物語（tale）は常にミュートスが共にあり、そのミュートスはかつ多かれ少なかれロゴスを含む、というのが筆者の考えである。

3. 物語の中の矛盾と多層性

　物語の中のミュートスとロゴスは、あるものごとについての、合理的であろうとなかろうとイメージを生み出す力と、合理的に理解しようとする力とも言えるだろう。これまで言われてきた、いわゆる物語が事象どうしをつなぎ意味づけるというはたらきをするという議論は、この二つの要素のどちらについても当てはまると考えられる。自分の身に降りかかってきた苦難について、それが神の課した試練であったという物語をもつ人もいれば、論理的に考えてそうなるしかなかったと納得しようとする人もいる。

　しかし、物語が、一つのストーリーでは収まりきらないものであるということは、本書で取り上げてきたさまざまな物語が示している。物語創作・白昼夢・事例のいずれにも共通する特徴として、物語には多層性があるということが挙げられる。

　特に事例においては、箱庭表現や語りなどに示された表のストーリーと、その裏側にある潜在的な物語が注目される。一型糖尿病を抱えて生きる女性

の事例では、自分の抱える疾患を気にしない、悩んでいないとするストーリーの水面下で、そのストーリーには収まらない不気味なものが動いている可能性を指摘した。言い換えれば、彼女は、不気味なものの動きを抑えておくために、強固な表のストーリーを必要としたと言える。それは、彼女だけではなく、本書では事例として取り上げなかった、筆者が出会ってきたほかのクライエントの中にもそのようなストーリーを必要としている人がいる。例えば、何十年ものあいだ、精神疾患とともに生きてきたクライエントは、疾患があるために自分が幸せであり、そのことに守られているとくり返し強調する。このようなストーリーは、語り手の身に起こった受け入れがたいできごと（重大な疾患の発症など）をある文脈の中に意味づけ、納得のいかなさや苦痛を和らげるはたらきをする。しかしその一方で、同じできごとについての、そのストーリーの文脈には乗らない、時にはまるで矛盾するイメージは、ストーリー化されないまま、語りや意識の中から排除されてしまう危険がある。これらの事例では、そのような矛盾が、"Aではあるが、Bでもあるかもしれない"とは表現されず、"Aである"ということのみが自他に向かって語られ、"Bである"可能性は語り手に意識されないまま、あるいは意識されたとしても矛盾していることに目を向けられないままでいるように思われる。

　強固な表のストーリーを創ることは自分自身を人生の納得いかなさから守るためには必要である。しかし、クライエントの語りの、主旋律の後ろで鳴り響いているものが、実は主旋律とは相容れない別の旋律であり、それが互いに不和を醸し出しているのかもしれないということを、多くのクライエントの語りが教えてくれるように思われる。クライエントが表現する物語は、表のストーリーに加えて、裏で鳴り響いているさまざまなものをも含めて大きな一つの物語なのであろうと筆者は考えている。

　白昼夢では、矛盾する複数のストーリーやイメージがある物語の中に同居することは、夢見手が整合性にこだわらない限り許容されやすいため、表のストーリーとそれ以外のもののあいだの葛藤が夢見手を悩ませることは少ないようである。しかし、人生についての語りだけではなく、意識的に創作さ

れるTAT物語のようなものであったとしても、物語創作の調査で示されたように、全般には"とてもぴったりする"と語り手が評価する物語が創られる裏で、語り手に受け入れられないイメージがはたらき、全体のぴったり感が損なわれるということが起こっている。また、第2章で示した物語創作の事例A9の湖についての語りは、一つの事物が複数の相容れないイメージを帯びることがありうるのだということを示している。こうしたことは、調査での語りにだけ起こるのではなく、日常の語りの中で、そして臨床現場における面接での語りの中で、常に起こりうることであると考えられる。

ここまでは表のストーリーとその裏に流れるもの、というように分けて論じたが、それらは全体としてある人がもつ物語なのであり、互いに影響を与え、分かつことができないだけではなく、何かのきっかけで入れ替わりうるものである。統合失調症などの重い病理を抱えている事例では、表のストーリーが容易にほかのストーリーに取って代わられる、反転するということもありうる。それは、表のストーリーの筋を追って聴いているだけであれば、語りに大きな断絶が生じたように感じられるかもしれない。しかしその断絶の背後に、互いに矛盾を含んだ要素をあわせもつ全体としての物語があるということを想定すると、聴き手にとっては奇妙に思える大きな転換や反転であっても、大きな物語全体の中では、これまでのストーリーを補償するなどの意味をもつものであったのだということが見えてくる可能性もあるだろう。

4. 物語の体験とそれに包まれること

物語の中のある部分を整合性のあるストーリーにしていくことは、矛盾や荒唐無稽なものを排除するロゴスのはたらきの一つであると言える。しかし、これもミュートスとロゴスの分かちがたさを示すものであると思われるが、そのストーリーを信じることはミュートスの領域に属する。というのは、例えば、糖尿病を気にしないというストーリーが、おそらくはその疾患を直

視できないくらい気にしていることを示しているように、ストーリーには、真実を追求するロゴスに照らし合わせると正しいとは言えない要素が含まれてしまうからである。

　第1項で、神話がもつ治癒の力は、その神話を信じる世界に包まれることから生まれるということを論じたが、表のストーリーでも、それを信じるミュートスがはたらいているあいだは、神話に類似した力をもつことが可能であると考えられる。先ほど、このようなストーリーが語り手の身に起こった受け入れがたいできごとをある文脈の中に意味づけ、納得のいかなさや苦痛を和らげるはたらきをすると述べたが、そのストーリーが属する、その人がみずから生み出した心の中の世界を信じることなしには、そのような効力は得られないであろう。それが、物語に包まれているということであると筆者は考える。"糖尿病を気にしない"や"自分は幸せである"という世界に包まれている限り、内的な安全は保たれる。しかし、本当には神話を信じることができなくなった、疑うことを知っている人間にとって、一つのストーリーに安住することは難しいことのように思われる。特に、そのストーリーとは相容れないできごとが降りかかってきた時に、信じる世界は失われ、安全が揺らいでしまうことになりかねない。そうなれば、再び信じられるストーリーを構築するまでに、不安や苦しみに苛まれる。ストーリーやナラティヴを重視する立場からは、そのような、よりよくできごとを意味づけ信じられるストーリーを模索していくことが目指される。筆者も、そうしたやり方で自分の物語を追求することは重要であると考えている。しかし、その一方で、大山の述べるように、歴史の流れが世界からミュートスを失わせている時代においては、ストーリーを更新し続けていくだけでは、人間が本当に信じるものに包まれて安らかでいられることは困難であるように思われる。物語世界の力を分有し、それを信じるために必要なものは、納得できるストーリーの追求だけでは得られない。例えば、神道であれ、仏教であれ、キリスト教であれ、宗教のストーリーは、世界の成り立ちや人間の歴史を科学的・論理的に考えることと両立しないが、その両者の距離を埋めようとし

て、宗教的なストーリーを論理的に解釈する新たなストーリーが創られたとしても、そのことが、信じることで神仏や祖先とつながっていた、すなわち力を分有していた時代に戻ることにはならないのである。

　矛盾や曖昧さを剪定して整えていくだけでは、物語の世界に包まれることはできない。物語創作の調査で見られたように、1枚の図版の中の、ほんの一部分でさえ、相反する強烈なイメージを語り手の中に惹起する。人生の中で、相反したイメージや摑みにくい曖昧なイメージが、どれほど多く起こってくることであろうか。それは、ストーリーとして語られたものの陰で、その物語の一部として語り手の心に残り、時には内的安定を揺るがす。人間は、納得できるストーリーをもっても、矛盾や曖昧さのあるイメージから自由になることは困難なのである。"物語を生きる"という表現は、心理臨床の文献で時折目にするものであるが、生きられているのはストーリーだけではなく、矛盾や曖昧さも含んだ全体的な物語なのではないだろうか。それはすなわち、矛盾や曖昧さ、多層性を許容する物語に包まれているということでもある。これらを孕んだものこそが、人間の生全体を包むことができると考えられる。

5. 心理臨床における物語 (tale)

　人間の心は、神話を産生するだけではなく、それを外在化させる無意識的な傾向をもっている。したがって、多層的なイメージを、時に芸術作品として創り上げていくことや、語りなどで他者に向かって表現し、共有することも物語の体験の一部であると言える。心理臨床の実践では特に、物語をどのように共有するのかということが大きな問題になると考えられる。

　くり返し述べてきたように、語り手があるストーリーを表現する時、同時に、言葉にされない多層的なイメージが動いている可能性がある。それらを含めた全体的な物語を完全に聴きとることは、実際には不可能であろう。しかし、多層的な物語があるという可能性を考慮に入れなければ、聴き手は、

語り手の納得できるストーリーを共有するだけになってしまう。多層的な物語が体験されているという可能性は、ストーリーの内容だけではなく、それを語る語り手の体験にも目を向けさせることになる。

例えば、通常のTAT施行時は、多くの場合、一つのまとまったストーリーが語られ、そのストーリーにはそぐわないが、思い浮かべられた多くのイメージが切り捨てられたことについて検査者は尋ねない。その結果、検査者はそのことを知りようもなく、語り手本人すらもあまり意識しないままに終わってしまうのではないかと考えられる。しかし、物語創作の調査では、語りの体験を振り返った時、切り捨てられたイメージと、それらが語り手に与えた影響について、一部ではあるが報告された。このことは、表のストーリーだけではなく、物語全体を聴きとろうとする時には、ストーリーを語る体験そのものにも焦点を当てることが、時には有効であることを示唆している。また、それは同時に、物語創作の調査協力者がしばしば述べたことからわかるように、語り手自身にとっても、表のストーリー以外の物語の可能性を示すことにもなるだろう。物語創作だけではなく、面接で語られる物語についても、同じことが言える。クライエントのもつ曖昧さや矛盾を含んだ物語を、言語で追究することは"不穏当で無作法"になりかねないことは第1章ですでに述べた。しかし、現代のミュートスは、ロゴスの中に見失われやすくなっている。語り手であるクライエント自身がロゴスによって物語の多層性をなかったことにしてしまわないために、聴き手としての臨床家は、語りの中の多層性や矛盾に目を向け、それらが表のストーリーを揺るがすことになりうる危険と、そこから少し深みのある物語が生まれてくる可能性との両方を視野に入れながら、時には少し立ち止まってそれらの意味を考える必要があるのではないだろうか。

例えば、糖尿病を抱えて生きる女性の事例においても、調査で体験したことの振り返りをおこなった段階で、それまでの糖尿病についてのストーリーにはなかった要素が語りの中に入ってきた。先述したように、事例で語られる表のストーリーは、人間が生きていくうえで必要なものであり、それを不

用意に脅かすことはできないが、物語の多層性から来る豊かさが、一元化されたストーリーに奥行きを与えることが可能なのではないだろうか。

　もちろん、物語は、いつも明確なストーリーとして示されるとは限らない。白昼夢の語りやプレイセラピー・箱庭に表現されるもののように、物語の矛盾や曖昧さが比較的そのままに外在化されうるものもあれば、本書のいくつかの事例で示されたように、他者からは奇妙に思われる言動に隠されて見えにくいものもある。後者の場合、ある宗教を信奉する人々の儀式がそれ以外の人々に理解しにくいように、クライエントは周囲の人々から理解されないまま独特な物語の世界に住み続けているかもしれない。第4章の11歳の男の子の事例では、クライエントが包まれている物語が何なのかをセラピストが理解しようとするのと同時に、クライエントもセラピストが背景とする物語の世界を感じ、「そうか、そういうことか」という体験が双方にあったということを考察した。物語を共有することは、箱庭やプレイを見守ることや語りを聴くことだけではなく、クライエントのわかりにくい言動の意味を可能な限り知るということであると言える。また、時にその努力は、セラピストだけではなく、クライエントからもなされ、面接の場が、両者が新たに共有した物語に包まれることも可能になる。

　筆者がストーリーでもナラティヴでもない、物語（tale）という考えを打ち出したのは、筋をつけて整理していくという視点とともに、筋がない"お話にならない"ものをも受け入れるという、両方の視点から、クライエントが心の中にもっているイメージの表現を見る必要があると考えたからである。時にそれは、論理的・常識的な理解では測れない荒唐無稽さを含んでいる。『原始神話学』についての議論で述べたように、クライエントがみずからの物語を表現する時、たとえ矛盾や曖昧さを孕んでいても、それをそのまま捉えて、強いて論理的に了解しようとしないこと、クライエントの常日頃の体験と物語がどのように結びついているのかを感じとる努力をすることが、セラピストには欠かせない態度であると言えるだろう。

　この問題に関してもう一度、レヴィ－ブリュールが提唱した分有（融即）と

いう概念について考えてみたい。"神秘的融即"は、ユングによって、心理学的には主体が客体とア・プリオリな一体性で直接的に結びつくことであり(Jung, 1921)、集団との無意識的同一化にほかならない(Jung, 1950)と説明されている。ユングも指摘していることであるが、ある社会で分有が強くはたらけば、大衆の中にいる安心感のために個人は無責任で危険な状態を引き起こしかねず、また、集団との無意識的同一化から安易に得られた力は持続的ではなく、それに頼っていては個人の成長は深みに達しない。ノイマン(Neumann, E.)も、融即を原初の混沌や無意識的な一体感と結びついた未発達な心性として論じている(Neumann, 1971)。

　確かに、個人の心だけではなく、集団もまた、物語を生み出し続ける。そして、集団でもたれる物語が強力な感染力をもち、狂気じみた暴動を生み出すということもしばしば指摘されている。物語が破壊的に作用する危険は、集団のものであれ、個人のものであれ、各事例に即して考えていかなければならないことであろう。

　しかし、分有は、「集団との無意識的同一化」という側面のみではなく、あらゆる事象どうしが関係をもちうるという側面をももつ。分有によって人間が森羅万象と結びついており、力を分け与えられているという信念は、人間が世界に生きるための力強い基盤になりうるのではないだろうか。日本の臨床心理学においては、矛盾のもつ癒し(河合, 1995)や曖昧さの肯定的側面(河合他, 2003)にも目を向ける傾向があるが、同様に、荒唐無稽であることそのものが力をもつ分有の状態を、意識や自我の"未発達"としてだけではなく、より積極的な意味をもつものとして捉えなおしてもよいのではないかと筆者は考えている。

　クライエントがもちうる、セラピストなどの他者とのつながり、さまざまな内的イメージとのつながり、環境や現象とのつながりが、時には治療的意味を(時には危険を)もたらすことも、分有という側面から考えることができる。矛盾や曖昧さを論理的なストーリーとして了解しようとしない態度の重要性は、この問題にも関連する。クライエントが語る物語が、矛盾や曖昧さ、

荒唐無稽さをありのままに含むことが許されなければ、分有がもつミュートスの力は、表面的にはもっともらしく整ったストーリーのロゴスの中に見失われてしまう。場合によっては、セラピストに受け入れられなかったクライエントの前論理性は、セラピストの気づかないところで無意識的なイメージや集団との同一化に向かい、分有の危険な側面を志向しはじめる可能性もあるだろう。

　現代では素朴な「驢馬の皮」の童話を喜んで聞く人は少なくなったように見えるかもしれないが、その代わりに、動物や現象の力を分有する人間が活躍する荒唐無稽なファンタジーを、小説や漫画、映画を通して「ひじょうに喜」んで見聞きする人々、オカルトや占いに没頭する人々、あるいはもっと無意識的に、ロゴスの皮を被った前論理的信念の中に呑み込まれている人々がいる。そのことは、分有が人々に対してもつ魅力と癒しの力、それと同時にある危うさを感じさせる。無意識的に同一化されるイメージは、人々を力づけもすれば、危機に陥れもする。クライエントが本当に信じているかもしれない、それらのものを不充分ながらも了解し、ミュートスの領域でクライエントとつながるためには、セラピストがクライエントの語りの荒唐無稽さを軽んじず、分有の力に目を向けておく必要があるように思われる。

　従来から言われている、受容・共感をもって相手の語りを聴くということや、クライエントとセラピストが共にストーリーを再構築していくということは、心理臨床にとって時に重要な要素である。しかし、語りを聴くということは、筆者にとってはそういうことでは収まりきれないものを意味しているように思われる。ほのぼのとしたストーリーの裏でどくろや原子力爆弾のイメージが動いているような物語や、鷲でもあり人間でもある存在が現実にそのあたりを歩いているような物語は、受容や共感、再構築どころか、簡単には共有すらできないものである。そうした物語を本当にわかることは難しいが、物語(tale)の生々しさから目を背けないように努めること、ロゴスの中にその生々しさを見失わないように努めることはできるかもしれない。

註

第1章　序論——物語（tale）について

* 1　社会構成主義が、一つのストーリーに対する複数のナラティヴの可能性を考え、「多声性」(Gergen, 1999, pp.257-258)を重視することは興味深い。この点は、筆者が本書で主張したい物語（tale）の多層性と通じる。しかし、この主義では、語りが他者との対話の中でのパフォーマンスであるという要素をやや強調しすぎているように思われる。

* 2　ブルーナーは、元型的な物語があるというユングの主張と自分の考えは異なると述べており（Bruner, 1990）、確かに両者には明らかな相違がある。しかし、そうした相違がある一方で、ブルーナーが提唱した二種類の思考は、ユングが述べた「方向づけられた思考」と空想・夢の思考との対比に重なる部分もあり、両者の主張のつながりを思わせる。

* 3　同様に、narrativeやstoryという英単語をどう日本語訳するのかという問題もある。narrativeについての、「一義的に対応する日本語を見つけることは困難である。本来は『語る』行為であり、『語り』の方がふさわしいと思えるが…(中略)…作られたストーリー全体を指すものとして、一応常用されている『物語』をあてておく」(Bruner, 1990, 訳者あとがき)という記述は、日本語の"物語"と、narrative・storyという英単語のもつ意味の重なりとニュアンスの違いとを同時に示している。

* 4　同書の中で、河合が、storyと、文体・語り口という意味合いを含んだnarrativeとを使い分けている記述がみられる（河合，1995）。

第2章　"言葉の箱庭"としての物語

* 5　TATにはない日本的な山林の風景（a）、港の風景（b）、砂漠を思わせる風景（c）の3枚である。刊行された文献に載っている絵や写真は、なんらかの既存のイメージを語り手にすでに与えている可能性が否定できないので使用せず、筆者が描いたものを使用した。

* 6　臨床現場での心理面接に近い設定にするため、インターバルを1週間とした。

* 7　［図2-2］～［図2-4］の評定グラフは、調査対象者が書いたものそのままではなく、物語の開始からの時間の経過を横軸にとって修正をおこなっている。また、グラフ中の波線は、質疑段階で調査協力者本人がおこなった評定の修正を示す。

*8 筆者と他の評定者1名が評価をおこない、両者の一致率は81.0%であった。

*9 「物語の要約」となっているのは、あまりにも長いために全文を載せることができなかった物語を要約したものである。要約されていない物語については、語りの雰囲気を損なわないよう、多少読みづらい表現があったとしても、できるだけそのまま引用した。

*10 例えば、2-1話で、はじめは絵の印象について、「寒々しい感じ」がしたというが、物語が終わったあとの感想で、「あったかい感じになれてよかった。景色は寒くてつらいんだけれども、登場してきた人たちがあったかいから」と述べた。また、3-2話でも、「はじめは絵を見た時誰もいなかったから、すごい寂しい絵かなと思ったんだけれど、子どもたちが楽しく遊んでいる（ことを語る）うちに、明るい景色に見えてきて、暗く見えていたのが、日が当たって明るく見えるようになって絵の印象が変わった」と述べている。

*11 この傾向はA3ほどではないが、A1にも見られた。

*12 A1の評定の基準と似ていることがわかる。

*13 今回の調査で得られたプロトコルは、調査者とのあいだで示された、その時の調査対象者の状態によるものであると考えられるからである。例えば、グループⅠの人々もグループⅡの人々も、調査者や状況が異なれば、別の物語、別のぴったり感が表現されたかもしれない。また、今回、3回という短期間の調査では、以上のような傾向が示されたが、継続して調査を続ければ、グループⅠの自我の統制のはたらきが強くなって、イメージの自律性が失われていったかもしれず、また、グループⅡで自由なイメージの動きが少しずつ出てきた可能性もある。この点については、今後検討すべき課題であると考えている。

第3章　白昼夢の物語

*14 この小説では、同じ物語がくり返されながら変容していく白昼夢の特徴がよく描かれている。

*15 ただし、のちに述べるユングの見解のように、視覚的なイメージや自律的にはたらくイメージを伴うという側面の強い空想を白昼夢とするならば、「昼の夢と夜の夢との差はそれほど大きくはない」（Jung, 1952, p.22）ということになるであろう。

*16 シンガー（Singer, J. L.）によれば、精神分析では、葛藤に直面した時の白昼夢への逃避は、葛藤による欲求不満を発散させる安全弁のような性質をもつと考えられていた。この考えは、白昼夢の有用な機能を認めているものであるが、その一方で、白昼夢は退行的な幼児的思考様式であるという否定的な評価を伴うものであった（Singer, 1975）。

註　231

*17　例えば、「空想の産物にはまず…（中略）…白日夢つまり昼間の空想があり」(Jung, 1952, p.34) と述べている。

*18　マンダラに関連する象徴を扱った事例において、ユングは、「幻覚像」を伴う空想を「白昼夢」と呼んでいる (Jung, 1944)。

*19　白昼夢ではないが、前述した調査で得られた創作された物語についても、A1が2-1話で自分が主人公になって舟をさわったような感じがしたと述べているように、物語の中に自分が入り込むような体験をした時に感覚的なイメージが生じていることが報告されている。

*20　ただし、こうした結果となったことの一因として、この調査で報告された白昼夢の多くが子どもの頃にもたれていたものであり、反復されて印象が強い物語のほうが、思い浮かべられてしばらくすると忘れられることが多い即興的なものよりも回想することが容易であったことが挙げられる。

*21　フロイトは、白昼夢のこの側面を強調し、子どもがおとなになるにつれて遊びから得ていた快を獲得することを断念しようとするが、その断念は難しいため、快を得るための代替の手段として白昼夢を捏ね上げる、と述べている (Freud, 1908b)。

*22　「何があっても無傷であるというこの隠しようのない目印を見ただけですぐ思い当たるのは──あの自我閣下のことです。白昼夢にせよ小説にせよ、主人公はすべて、この自我閣下にほかならないのです」(Freud, 1908b)。

*23　ただし、B7の例のように、物語に現れてくる危険を意識がコントロールできず、恐怖を感じることも皆無ではない。

*24　子どもを対象とした調査では、現実的な白昼夢が多く見られたことから、子どもの頃には現実的な白昼夢があったものと考えられるが、おとなの場合、そうしたものを白昼夢であるとは認めない、あるいは思い出せないという可能性が考えられる。

*25　今回の調査では、子ども自身の白昼夢の有無の報告を重視した。したがって、白昼夢が「ない」と答えながらも面接の中で物語が出てきた子どもたちは、この22名の中に含まれていない。

*26　ここで言う秘匿性とは、物語が夢見手のみに属し、他者からは隠されている度合いを言い、それは物語が内的なイメージだけで収まっている度合いと等しいとは言えない。

*27　これは、秘匿性の軸について、調査の計画段階では考えられていなかったため、この軸に関する質問項目を設定していなかったためである。

*28　これについて、白昼夢を思い浮かべるとはどういうことかについての理解の違いが影響したということも考えられる。第4節で改めて述べるように、反復的で空想的な物語の多くは、直接的には表現しがたい複雑なテーマを物語化し、それとはわからないかたちで意識化しようとする試みである。そうした高度な物語化ができるよ

うになったおとなの調査協力者にとって、現実の体験と交じり合った発現期の試作品を思い出すことは困難であったことが、二つの調査における結果の相違を生じさせた可能性がある。また、調査対象の二集団間の時代性・地域性における相違が影響したということを考えておかなければならない。こうした影響の有無について明らかにするためには、今後の調査が必要である。

*29 現実的な白昼夢では、現実の対象と結びついた回想や未来予想がおこなわれるため、空想的なものよりオクノフィリックであると言える。

*30 本書では、反復する空想的なものを中心に白昼夢の機能について論じ、即興的な白昼夢、現実的な白昼夢については、例が少ないためくわしく述べることができなかった。即興的な白昼夢は、反復するものよりも、白昼夢の名の通り「目が覚めている時に見る夢」に近い印象を受ける。また、現実的な白昼夢は、シンガーの言うリハーサルという側面が強いと考えられるが、それだけではない治療的側面をももっていると思われる。エレンベルガーによれば「エピクロス派は瞑想の時は…(中略)…努めて過去の楽しかったことや将来出会うかもしれない喜びを思い浮かべようとした」という（Ellenberger, 1970, 上巻p.45）。これは、いわば、現実的な白昼夢を意図的に見ようとする試みであり、その治療的な効果が古代から知られていた証と言える。これらについても、今後、検討していかなければならないだろう。

引用文献

安藤美華代・安藤晋一郎・竹内俊明（1995）．糖尿病患者の心理療法　心理臨床学研究, 13(3), 288-298.

安藤美華代・安藤晋一郎・竹内俊明・山本玉雄・福島一成（1994）．糖尿病者の心理学的検討　心身医学, 34(2), 138-143.

Antrobus, J. S., Antrobus, J. S., & Singer, J. L. (1964). Eye Movements Accompanying Daydreaming, Visual Imaginary, and Thought Suppression. *Journal of Abnormal and Social Psychology*, 59, 423-430.

Antrobus, J. S., Coleman, R., & Singer, J. L. (1967). Signal-detection Performance by Subjects Differing in Predisposition to Daydreaming. *Journal of Counseling Psychology*, 31(5), 487-491.

淺川久美子・岩田浩子（2007）．発症時期の違いによる２型糖尿病患者が語る病気の意味の特徴　日本看護学会論文集２　成人看護, 38, 309-311.

Balint, M. (1959). *Thrills and Regressions*. New York: International Universities Press.（中井久夫・滝野功・森茂起（訳）(1991)．スリルと退行　岩崎学術出版社）

Balint, M. (1968). *The Basic Fault: Therapeutic Aspect of Regression*. London: Tavistock Publications.（中井久夫（訳）(1978)．治療論からみた退行——基底欠損の精神分析　金剛出版）

Bellak, L. (1954). *The Thematic Apperception Test and the Children's Apperception Test in Clinical Use*. New York: Grune & Stratton.

Bettelheim, B. (1947). Self-interpretation of Fantasy: The Thematic Apperception Test as an Educational and Therapeutic Device. *American Journal of Orthopsychiatry*, 17(1), 80-100.

Breuer, J., & Freud, S. (1895). *Studien über Hysterie*.（懸田克躬・小此木啓吾（訳）(1974)．ヒステリー研究　フロイト著作集第7巻　人文書院）

Bruner, J. S. (1986). *Actual Minds, Possible Worlds*. Cambridge, MA: Harvard University Press.（田中一彦（訳）(1998)．可能世界の心理　みすず書房）

Bruner, J. S. (1990). *Acts of Meaning*. Cambridge, MA: Harvard University Press.（岡本夏木・仲渡一美・吉村啓子（訳）(1999)．意味の復権——フォークサイコロジーに向けて　ミネルヴァ書房）

Deabler, H. L. (1947). The Psychotherapeutic Use of The Thematic Apperception Test. *Journal of Clinical Psychology*, 3(3), 246-252.

Eliade, M. (1957). *Mythes, Rêves et Mystères*. Paris: Gallimard.（岡三郎（訳）(1972)．神話と

夢想と秘儀　国文社）

Eliade, M. (1963). *Myth and Reality*. New York: Harper & Row.（中村恭子（訳）(1973)．エリアーデ著作集第7巻　神話と現実　せりか書房）

Ellenberger, H. F. (1970). *The Discovery of the Unconscious: The History and Evolution of Dynamic Psychiatry*. New York: Basic Books.（木村敏・中井久夫（監訳）(1980)．無意識の発見 ──力動精神医学発達史　上・下　弘文堂）

Freud, S. (1900). *Die Traumdeutung*. Leipzig - Wien: Verlag Franz Deuticke.（高橋義孝（訳）(1969)．夢判断　上・下　新潮文庫）

Freud, S. (1908a). Hysterische Phantasien und ihre Beziehung zur Bisexualität. *Zeitscherift für Sexualwissenschaft*, 1(1), 27-34.（道籏泰三（訳）(2007)．ヒステリー性空想、ならびに両性性に対するその関係　フロイト全集9　岩波書店　pp.241-250.）

Freud, S. (1908b). Der Dichter und das Phantasieren. *Neue Revue*, 1(10), 716-724.（道籏泰三（訳）(2007)．詩人と空想　フロイト全集9　岩波書店　pp.227-240.）

Freud, S. (1914). Erinnern, Wiederholen und Durcharbeiten. *Internationale Zeitschrift für Ärzliche Psychoanalyse*, 2(6), 485-491.（道旗泰三（訳）(2010)．想起、反復、反芻処理　フロイト全集13　岩波書店　pp.295-306.）

Freud, S. (1917). *Vorlesungen zur Einführung in die Psychoanalyse*. Leipzig - Wien - Zürich: Internationaler Psychoanalytischer Verlag.（高橋義孝・下坂幸三（訳）(1977)．精神分析入門　上・下　新潮文庫）

Freud, S. (1920). *Jenseits des Lustprinzips*. Leipzig - Wien - Zürich: Internationaler Psychoanalytischer Verlag.（小此木啓吾（訳）(1970)．快感原則の彼岸　フロイト著作集第6巻　人文書院　pp.150-194.）

藤掛永良・吉田猛（1963）．TATを媒介したカウンセリングの経験　日本心理学会第27回大会発表論文集　p.461.

Gendlin, E. T. (1978). *Focusing*. New York: Bantam Books.（村山正治・都留春夫・村瀬孝雄（訳）(1982)．フォーカシング　福村出版）

Gergen, K. J. (1994). *Realities and Relationships: Soundings in Social Construction*. Cambridge, MA: Harvard University Press.（永田素彦・深尾誠（訳）(2004)．社会構成主義の理論と実践──関係性が現実をつくる　ナカニシヤ出版）

Gergen, K. J. (1999). *An Invitation to Social Construction*. London: Sage Publications.（東村知子（訳）(2004)．あなたへの社会構成主義　ナカニシヤ出版）

後藤美佳（2004）．箱庭表現に伴う「ぴったり感」に関する基礎的研究──箱庭体験過程スケール(EXPspスケール)からのアプローチ　佛教大学教育学部学会紀要, 3, 151-168.

Guggenbühl, A. (1993). *Die unheimliche Faszination der Gewalt: Denkanstöße zum Umgang mit Aggression und Brutalität unter Kindern*. Zürich: Schweizer Spiegel.（安島智子（監訳）（2005）．暴力の魔力――子どもたちの攻撃性と残忍性に対処するための示唆　このはな児童学研究所）

Hannah, B. (1981). *Encounters with the Soul: Active Imagination as Developed by C. G. Jung*. Santa Monica, CA: Sigo Press.（老松克博・角野善宏（訳）（2000）．アクティヴ・イマジネーションの世界――内なるたましいとの出逢い　創元社）

東山紘久（1994）．箱庭療法の世界　誠信書房

平田久美・美馬ゆかり・芝原涼・川原節子・磯田美和・久保和子（2007）．インスリン治療における糖尿病患者の想い　日本看護学会論文集2　成人看護，38, 301-303.

平田幸正（1987）．インスリン自己注射の公認まで　*Diabetes Journal*, 15(3), 33-36.

Holzberg, J. D. (1963). Projective Techniques and Resistance to Change in Psychotherapy as Viewed through a Communications Model. *Journal of Projective Techniques*, 27, 430-435.

今泉真由（2004）．白昼夢の構造に関する一研究――Short Imaginal Processes Inventory による実証的研究の試み　臨床心理学研究（東京国際大学），2, 31-45.

石井均（1998）．糖尿病の治療と患者心理――心理テストの患者指導への応用　プラクティス，15(2), 139-148.

石井均（2002）．糖尿病のインスリン治療"ここ"が新しい　*Expert Nurse*, 18(9), 16-19.

岩田千佳・奥瀬哲（2002）．糖尿病（心身症）および高血圧症（心身症）の経過に与える一般心理療法の効果　日本心療内科学会誌，6(1), 11-15.

Jung, C. G. (1921). *Psychologische Typen*. Zürich: Rascher Verlag.（林道義（訳）（1987）．タイプ論　みすず書房）

Jung, C. G. (1944). *Psychologie und Alchemie*. Zürich: Rascher Verlag.（池田紘一・鎌田道生（訳）（1976）．心理学と錬金術　Ⅰ・Ⅱ　人文書院）

Jung, C. G. (1950). *Gestaltungen des Unbewußten*. Zürich: Rascher Verlag.（林道義（訳）（1991）．生まれ変わりについて　個性化とマンダラ　みすず書房　pp.3-48.）

Jung, C. G. (1952). *Symbole der Wandlung. Analyse des Vorspiels zu einer Schizophrenie. Vierteumgearbeitete Auflage von "Wandlungen und Symbole der Libido"*. Zürich: Rascher Verlag.（野村美紀子（訳）（1985）．変容の象徴――精神分裂病の前駆症状　筑摩書房）

Jung, C. G., & Kerényi, K. (1951). *Einführung in das Wesen der Mythologie. Das Göttliche Kind/Das Göttliche Mädchen*. Zürich: Rhein-Verlag.（杉浦忠夫（訳）（1975）．神話学入門　晶文社）

皆藤章（2001）．物語による転移／逆転移の理解　精神療法，27(1), 8-14.

皆藤章（2008）．心理臨床における物語の生成――Active Imagination の体験から　京都大学大学院教育学研究科紀要，54, 39-57.

皆藤章（2010）．日本の心理臨床4　体験の語りを巡って　誠信書房

神谷美恵子（2005）．病について　神谷美恵子コレクション　こころの旅　みすず書房　pp.165-183.

金坂江梨・沢田香穂里・樋口直美（2007）．成人期に1型糖尿病と診断されてからの患者の心の変化について――インタビューを用いての1事例を通して　日本看護学会論文集 2　成人看護，38，312-313.

金田聡子・小山充道（2006）．箱庭制作過程における「ぴったり感」に関する臨床心理学的研究　信州心理臨床紀要，5，1-10.

河合隼雄（1967）．ユング心理学入門　培風館

河合隼雄（1994）．河合隼雄著作集第6巻　子どもの宇宙　岩波書店

河合隼雄（1995）．河合隼雄著作集第12巻　物語と科学　岩波書店

河合隼雄（2000）．イメージと心理療法　河合隼雄（編）講座心理療法　第3巻　心理療法とイメージ　岩波書店　pp.1-23.

河合隼雄（2001a）．心理療法における「物語」の意義　精神療法，27(1)，3-7.

河合隼雄（2001b）．「物語る」ことの意義　河合隼雄（編）講座心理療法　第2巻　心理療法と物語　岩波書店　pp.1-19.

河合隼雄（2003）．なぜ物語か　河合隼雄著作集第Ⅱ期第7巻　物語と人間　岩波書店　pp.218-237.

河合隼雄（2005）．物語の知・臨床の知――夢の物語　臨床心理学，5(4)，547-552.

河西浩一（2000）．臨床検査の進歩――糖尿病の検査を例に挙げて　香川県立医療短期大学紀要，2，135-141.

木村晴子（1985）．箱庭療法――基礎的研究と実践　創元社

木村駿（1964）．TAT診断法入門　誠信書房

Kipling, R. (1895). The Brushwood Boy. *Century Magazine*. （橋本槇矩（訳）(1995)．ブラッシュウッド・ボーイ　キプリング短篇集　岩波文庫　pp.183-240.）

近藤文衛（1969）．糖尿病の病態生理と臨床心理に関する研究　札幌医学雑誌，36(1・2)，23-40.

近藤敏行（1978）．青年期白昼夢の構造に関する基礎的考察――白昼夢の型の分類の試み　広島大学学校教育学部紀要，1(1)，11-21.

Kris, E. (1952). *Psychoanalytic Explorations in Art.* New York: International Universities Press. （馬場禮子（訳）(1976)．芸術の精神分析的研究　岩崎学術出版社）

黒川順夫（1991）．糖尿病と失感情症・失体感症　*Diabetes Journal*，19(3)，27-30.

桑原知子（1992）．イメージとしての物語　プシケ，11，48-72.

Lévy-Bruhl, L. (1910). *Les Fonctions Mentales dans les Sociétés Inférieures.* Paris: Presses Universitaires de France. （山田吉彦（訳）(1953)．未開社会の思惟　上・下　岩波文庫）

Lévy-Bruhl, L. (1935). *La Mythologie Primitive: Le Monde Mythique des Australiens et des*

Papous. Paris: Librairie Félix Alcan.（古野清人（訳）(1970).　原始神話学　弘文堂）

Luborsky, L. (1953). Self-interpretation of the TAT as a Clinical Technique. *Journal of Projective Technique*, 17, 217-223.

前田重治 (1985).　夢・空想・倒錯――退行の精神分析　彩古書房

松井律子・高宮静男・中井久夫 (1993).　描画を用いた物語療法の試み　日本芸術療法学会誌，24(1), 5-11.

三木アヤ・光元和憲・田中千穂子 (1991).　体験箱庭療法――箱庭療法の基礎と実際　山王出版

宮下貞和 (1999).　心理療法としての物語作り――「相互物語作成法」を試みた一事例　心理臨床学研究，17(5), 430-441.

森岡正芳 (1999).　精神分析と物語（ナラティヴ）　小森康永・野口裕二・野村直樹（編著）ナラティヴ・セラピーの世界　日本評論社　pp.75-92.

森岡正芳 (2002).　物語としての面接――ミメーシスと自己の変容　新曜社

森岡正芳 (2004).　物語的アプローチ　亀口憲治（編）臨床心理学全書　第10巻　臨床心理面接技法3　誠信書房

森田正馬 (1936).　糖尿病の精神療法　臨床の日本，4, 653-658.

諸江健二 (1997).　物語を「ごっこ遊び」していくこと――神経症・人格障害の患者の入院集団精神療法　日本芸術療法学会誌，28(1), 56-61.

村瀬嘉代子 (1978).　さまざまな身体症状を訴えた一少女のメタモルフォーゼ　季刊精神療法，4(3), 13-22.

村瀬嘉代子 (1979).　子どもからみた治療者――"それは万華鏡のよう"　季刊精神療法，5(3), 223-230.

村田玲子・三浦琢磨 (1996).　糖尿病小児への心理療法　心理臨床学研究，14(1), 57-65.

Murray, H. A. (1943). *The Thematic Apperception Test Manual*. Cambridge, MA: Harvard University Press.

Neumann, E. (1971). *Ursprungsgeschichte des Bewusstseins*. Olten: Walter-Verlag AG.（林道義（訳）(2006).　意識の起源史　紀伊國屋書店）

Nietzsche, F. W. (1875-1876). Der Gottesdienst der Griechen. In *Nietzsches Works*, Bd. XIX; Dritte Abteilung Bd. III. Leipzig: Alfred Kröner Verlag.（戸塚七郎・泉治典・上妻精（訳）(1994).　ニーチェ全集1　古典ギリシアの精神　ちくま学芸文庫）

野口祐二 (2005).　ナラティヴの臨床社会学　勁草書房

老松克博 (1993).　交互なぐりがき物語統合法における治療的な力のありかについて　日本芸術療法学会誌，24(1), 12-18.

老松克博 (2000).　アクティヴ・イマジネーション――ユング派最強の技法の誕生と展開　誠信書房

岡田康伸（1984）．箱庭療法の基礎　誠信書房

大山泰宏（2004）．物語を生きる　こころの科学，118，116-122．

大家聡樹・田中史子・清水亜紀子・築山裕子・西田麻衣子・佐々木麻子（2009）．糖尿病者への心理的アプローチの概観――糖尿病における心理臨床的視点の可能性　伊藤良子・大山泰宏・角野善宏（編）京大心理臨床シリーズ8　身体の病と心理臨床――遺伝子の次元から考える　創元社　pp.92-102．

Rapaport, D. (1960). *The Structure of Psychoanalitic Theory: A Systematizing Attempt*. New York: International Universities Press.

Rogers, C. R. (1961). *On Becoming a Person: A Therapist's View of Psychotherapy*. Boston: Houghton Mifflin Company.（諸富祥彦・末武康弘・保坂亨（訳）（2005）．ロジャーズ主要著作集3　ロジャーズが語る自己実現の道　岩崎学術出版社）

坂本太郎・家永三郎・井上光貞・大野晋校注（1994）．日本書紀（一）　岩波文庫

Schafer, R. (1980). Narration in the Psychoanalytic Dialogue. In W. J. T. Mitchell (Ed.), *On Narrative*. Chicago: University of Chicago.（海老根宏・原田大介・新妻昭彦・野崎次郎・林完枝・虎岩直子（訳）（1987）．精神分析の対話における語り　物語について　平凡社　pp.51-87.）

Silvey, R., & Mackeith, S. A. (1988). The Paracosm: A Special Form of Fantasy. In D. C. Morrison (Ed.), *Organizing Early Experience: Imagination and Cognition in Childhood*. New York: Baywood Publishing, pp.173-197.

下山晴彦（1990）．絵物語法の研究――対象関係仮説の観点から　心理臨床学研究，7(3)，5-20．

Singer, D. G., & Singer, J. L. (1990). *The House of Make-believe: Children's Play and the Developing Imagination*. Cambridge, MA: Harvard University Press.（高橋たまき・無藤隆・戸田須恵子・新谷和代（訳）（1997）．遊びがひらく想像力――創造的人間への道筋　新曜社）

Singer, J. L. (1974). Daydreaming and the Stream of Thought. *American Scientist*, 62(4), 417-425.

Singer, J. L. (1975). *The Inner World of Daydreaming*. New York: Harper & Row.（秋山信道・小山睦央（訳）（1981）．白日夢・イメージ・空想――幼児から老人までの心理学的意義　清水弘文堂）

Spence, D. P. (1987). *The Freudian Metaphor: Toward Paradigm Change in Psychoanalysis*. New York: W. W. Norton.（妙木浩之（訳）（1992）．フロイトのメタファー――精神分析の新しいパラダイム　産業図書）

Starker, S. (1974). Daydreaming Styles and Nocturnal Dreaming. *Journal of Abnormal Psychology*, 83(1), 52-55.

杉本正毅・百田初栄（2007）．「語り」による糖尿病療養支援の実践　心身医学，47(3)，193-200．

高石恭子（2001）．聖娼の物語と心の癒しについて　河合隼雄（編）講座心理療法　第2巻　心理療法と物語　岩波書店　pp.21-60．

武野俊弥（2001）．無意識の神話産生機能と夢分析　河合隼雄（編）講座心理療法　第2巻　心理療法と物語　岩波書店　pp.61-111．

田中史子・清水亜紀子・大家聡樹・築山裕子・西田麻衣子・佐々木麻子（2008）．糖尿病治療にみる心理臨床的関わりの可能性——治療教育の歴史的概観を通して　京都大学大学院教育学研究科附属臨床教育実践研究センター紀要，12，42-54．

田中美知太郎（1969）．ミュートス　田中美知太郎全集第7巻　筑摩書房　pp.137-172．

東京大学史料編纂所（編纂）（1967-1976）．大日本古記録　小右記　四－八　岩波書店

Tylor, E. B. (1891). *Primitive Culture: Researches into the Development of Mythology, Philosophy, Religion, Language, Art and Custom*. London: Murray.（比屋根安定（訳）（1962）．原始文化——神話・哲学・宗教・言語・芸能・風習に関する研究　誠信書房）

和田聡子（2001）．糖尿病患者に対する臨床心理学的アプローチ——ある2型糖尿病例への試み　心身医学，41(8)，627-633．

Wallon, Ph. (2001). *Le dessin d'enfant*. Paris: Presses Universitaires de France.（加藤義信・井川真由美（訳）（2002）．子どもの絵の心理学入門　白水社）

渡部千世子（2009）．TAT実施によって自己開示が促進された中年期女性の面接事例——TATの心理療法的意義についての考察　心理臨床学研究，27(2)，184-194．

White, M., & Epston, D. (1990). *Narrative Means to Therapeutic Ends*. New York: W. W. Norton.（小森康永（訳）（1992）．物語としての家族　金剛出版）

Wickes, F. G. (1927). *The Inner World of the Childhood: A Study in Analytical Psychology*. New York: Appleton.（秋山さと子・國分久子（訳）（1983）．子ども時代の内的世界　海鳴社）

Wrenshall, G. A., Hetenyi, G., & Feasby, W. R. (1962). *The Story of Insulin: Forty Years of Success against Diabetes*. Bloomington: Indiana University Press.（二宮陸雄（1965）．インシュリン物語——糖尿病との闘いの歴史　岩波書店）

やまだようこ（2000）．人生を物語ることの意味——ライフストーリーの心理学　やまだようこ（編著）人生を物語る——生成のライフストーリー　ミネルヴァ書房　pp.1-38．

山口素子（2001）．心理療法における自分の物語の発見について　河合隼雄（編）講座心理療法　第2巻　心理療法と物語　岩波書店　pp.113-151．

山中康裕（1978）．少年期の心——精神療法を通してみた影　中公新書

山中康裕（1990）．絵画療法とイメージ——MSSM法の紹介をかねて　現代のエスプリ，275，93-103．

山中康裕（1992）．物語療法について　プシケー，11，112-124．

山中康裕（2003）．小説療法　山中康裕（編著）心理療法プリマーズ　表現療法　ミネルヴァ書房　pp.91-106．
安酸史子（1997）．糖尿病患者教育と自己効力　看護研究，30(6)，473-480．

索　引

[ア行]

曖昧さ　19, 21-23, 26, 30, 31, 37, 173, 224-227, 246
アグレッション　192, 195, 196
アセスメント　4, 148, 157, 176
『アタルヴァ・ヴェーダ』　7, 33
アンナ（Anna, O.）　103
生きる　5, 8, 9, 12, 25, 34, 37, 91, 169, 173, 177, 178, 195, 216, 217, 220, 224, 225, 227
意識的統制　102, 121, 123, 168
一型糖尿病　5, 173, 175, 179, 220
一体感　163-166, 168, 227
イメージの自律性　97, 121, 124, 162, 230
イメージの体験　15, 17, 18, 45, 160, 173
癒し　7, 30, 34, 35, 37, 45, 217, 227, 228
違和感　58, 62, 70, 82, 92, 162, 163, 200
インシュリン　173-176
ADHD　5, 197
エディプス・コンプレックス　8
『エベルス・パピルス』　7, 33, 174
エリアーデ（Eliade, M.）　8, 169, 170
エレンベルガー（Ellenberger, H. F.）　6, 33, 167, 216, 232
オクノフィリア　164, 165

[カ行]

外在化　16, 19, 41, 115, 122, 123, 142, 144, 152-154, 161, 224, 226
家族療法　10, 11, 13
カタルシス　45, 105, 109

葛藤　73, 112, 115, 193, 221, 230
河合隼雄　11-15, 37, 39, 41, 166, 167, 173, 217, 227, 229
願望充足　103, 108, 109, 111, 162, 168
聴き手の役割　98, 99
空想　9, 13, 23, 29, 84, 102-106, 108, 109, 111, 113-116, 119-122, 125-132, 134, 135, 137, 140-142, 145, 146, 163-167, 171, 209, 211, 216, 229-232
──性　5, 111-116, 125, 126, 130, 134, 135
──的思考　106
ケレーニー（Kerényi, K.）　8
原始心性　20, 22
原始神話　20-26, 28-32, 35, 37, 161
『原始神話学』　19-22, 25, 29, 30, 32-34, 38, 226
荒唐無稽さ　19-21, 30, 31, 37, 170, 226, 228
ごっこ遊び　3, 5, 112, 147, 148, 169, 196
言葉の箱庭　41, 43, 46, 47, 49, 94, 99
子どもの描画　146, 149, 157
コラージュ　39
困難志向性　114-116, 125, 134, 135, 164

[サ行]

ジェンドリン（Gendlin, E. T.）　96
自我による退行　40, 109
自己効力　176
自己治癒力　45
自己理解　41, 48
失感情症　176, 191
失体感症　176, 191

質問紙　　107, 113, 133, 176, 177
社会構成主義　　10, 11, 13, 14, 229
主題統覚検査　→ TAT
自由画　　160, 180, 191
樹木画　　182, 184-188, 192, 194
準宇宙　　110-112, 114-116, 135, 141, 142, 163, 164, 166
事例研究　　173, 177
神経症　　108, 176
身体感覚　　47, 48, 60, 70, 92
神秘的融即　　227
心理療法　　3, 4, 6, 8, 11, 12, 15, 17, 39-41, 46, 175, 177
心理臨床　　5, 6, 9-15, 17, 18, 32, 36, 37, 41, 48, 98-100, 129, 170, 171, 173, 177, 178, 193-195, 216, 217, 224, 228, 246
神話
　　——産生機能　　166-168, 216
ストーリー　→物語（story）
生活の質（quality of life: QOL）　　175
精神分析　　8, 9, 11, 40, 77, 103, 105, 107, 109, 111, 132, 219, 230
前論理　　20, 22-24, 33, 35-37, 228

[タ行]
体験過程　　12, 41, 96
退行　　40, 41, 45, 109, 111, 132, 163, 164, 166, 168, 230
多層性　　192, 193, 220, 224-226, 229
注意欠陥多動性障害　→ ADHD
中間領域　　215
調和　　106, 129, 132, 133, 140, 163-165, 169
TAT（Thematic Apperception Test）　　4, 39-41, 45, 48, 49, 85, 89, 108, 222, 225, 229

投映　　4, 40, 41, 48, 76, 77, 93, 109, 111, 171, 172, 246
投映法　　40, 45, 176
糖尿病　　5, 172-180, 185, 191, 193-196, 220, 222, 223, 225

[ナ行]
ナラティヴ　→物語（narrative）
ナラティヴ・セラピー　　10, 13
ニーチェ（Nietzsche, F. W.）　　7, 8
『日本書紀』　　7, 34, 246
ニュールック心理学　　9
ノイマン（Neumann, E.）　　227
能動的想像　　39

[ハ行]
箱庭療法　　41, 42, 44, 46-48, 95, 97, 99
バリント（Balint, M.）　　163-165
反復性　　5, 111-117, 130, 131, 134, 135, 140, 143, 146
「ピッタリ感」　　46-48, 92, 95
ぴったり感　　46, 48, 49, 51, 52, 60, 62, 64, 66, 67, 70, 76, 77, 79, 86, 88, 90-97, 100, 222, 230
秘匿性　　134, 135, 142, 144, 145, 231
不安　　40, 75, 78, 79, 84, 107-109, 127, 129, 193, 195, 196, 223
ファンタジー　　12-18, 107, 166, 209, 228
フィロバティズム　　164, 165
風景構成法　　182, 184-188, 190, 194
ブルーナー（Bruner, J. S.）　　9-14, 229
プレイセラピー　　3, 5, 18, 37, 44, 112, 147, 157, 161, 169, 171, 177, 196, 197, 213-215, 226

フロイト（Freud, S.）　　6, 8, 11, 102, 103, 105, 106, 112, 121, 124, 127, 130-132, 231
分析心理学　　9, 103, 106, 107, 219
分有　　20, 21, 24-27, 29, 31, 33, 35-37, 169, 217, 223, 224, 226-228
防衛　　40, 79, 83, 84, 92-94, 110

［マ行］
慢性疾患　　174, 194-196
右上がり評定　　51, 52, 57, 60, 67, 70, 92, 95
ミソドラマ　　39
ミュートス（ミュトス）　　32, 34, 35, 37, 38, 217-220, 222, 223, 225, 228
無意識　　12, 13, 15, 18, 33-35, 84, 90, 94, 96, 102, 105, 106, 121, 124, 131, 143, 166-168, 173, 216, 217, 219, 224, 227, 228
　　──的同一化　　24, 35, 227, 228
　　──的なイメージ　　37, 41, 72, 76, 92, 97, 178, 228
矛盾　　4, 18-23, 26, 29-31, 37, 38, 58, 63, 90, 95, 98, 170, 173, 176, 220-222, 224-227, 246
物語（narrative）　　9-11, 13, 14, 16, 18, 19, 219, 220, 223, 226, 229
物語（story）　　4, 5, 10, 13-19, 31, 35, 37, 80, 98, 99, 110, 119, 122-124, 141-146, 162, 166, 168, 170, 173, 178, 193-195, 212, 219-229, 246
物語（tale）　　4, 18, 19, 37, 97, 98, 170, 173, 216, 220, 224, 226, 228, 229
物語創作　　4, 39, 41-43, 46-50, 52, 56, 62, 63, 65, 72, 75, 79, 82-84, 86, 90, 93, 96, 97, 99, 162, 163, 170, 172, 216, 220, 222, 224, 225
　　──過程　　47, 48, 50, 52
物語的なイメージ　　45, 160, 161, 212-215
物語という思考様式（narrative thinking）　　9, 10
模倣　　10, 12, 24-26, 112, 141, 142, 169

［ヤ行］
融即　　20, 24, 226, 227
ユング（Jung, C. G.）　　8, 9, 13, 39, 105-107, 218, 219, 227, 229-231

［ラ行］
楽園へのノスタルジア　　169
ラポール　　40
力動精神医学　　6, 8, 33
リハーサル　　5, 41, 108, 109, 111, 112, 126, 127, 129, 130, 137, 138, 232
臨床心理学　　4, 5, 16, 19, 46, 148, 172, 177, 219, 227
レヴィ−ブリュール（Lévy-Bruhl, L.）　　24, 32-34, 36, 38, 169, 217, 226
ロゴス（論理）　　35, 38, 218, 220, 222, 223, 225, 228
ロジャース（Rogers, C. R.）　　96

初出一覧

第3章　第4節　白昼夢をもつことの意味
第5章　終論──物語（tale）と心理臨床
　　　▶本書のための書き下ろし

第1章　序論──物語（tale）について
　　第1節　"物語"という概念についての議論
　　▶田中史子（2008）．物語についての物語──イメージ体験としての物語　藤原勝紀・皆藤章・田中康裕（編）京大心理臨床シリーズ6　心理臨床における臨床イメージ体験　創元社　pp.307-316をもとに加筆修正
　　第2節　矛盾、曖昧さ、荒唐無稽さを含んだ物語
　　▶田中史子（2014）．矛盾、曖昧さ、荒唐無稽さを含んだ物語について──Lévy-Bruhlの『原始神話学』と臨床心理学的視点　京都文教大学臨床心理学部研究報告6　pp.103-116をもとに加筆修正
第2章　"言葉の箱庭"としての物語
　　▶田中史子（2009）．言葉の箱庭としての物語とぴったり感　京都大学大学院教育学研究科紀要，55，323-336をもとに加筆修正
第3章　白昼夢の物語
　　第1節　白昼夢に関する心理学的研究とその課題
　　第2節　白昼夢についての二つの調査研究
　　▶田中史子（2008）．白昼夢に関する研究──反復性・空想性を中心に　京都大学大学院教育学研究科紀要，54，651-663をもとに加筆修正
　　第3節　子どもの描画表現と白昼夢
　　▶田中史子（2007）．子どもの描画表現に関する一考察──白昼夢についての調査から　京都大学大学院教育学研究科紀要，53，124-136をもとに加筆修正
第4章　生きることの物語の臨床心理学的理解の試み
　　第1節　事例A
　　▶田中史子（2011）．糖尿病者が生きることの心理臨床学的理解の試み──箱庭・描画に表現された"物語"を通して　箱庭療法学研究，24(1)，83-97をもとに加筆修正
　　第2節　事例B
　　▶田中史子（2007）．衝動性や落ち着きのなさを問題として連れてこられた11歳男児とのプレイセラピー　臨床心理事例研究　京都大学大学院教育学研究科心理教育相談室紀要，33，93-103をもとに加筆修正

おわりに

　本書では、矛盾や曖昧さも含めて物語 (tale) の世界に包まれること、信じることのもつ治療的 (時には反治療的) な意味、そして、クライエントの物語の世界を荒唐無稽な生々しさも含めて了解しようとすることの重要性を論じた。
　ところで、心理学を学ぶようになってからの筆者と物語との関わりは「はじめに」に記した通りであるが、本書を書き進めるうちに改めて感じさせられたのは、筆者の物語 (tale) の捉え方は、心理学と出会うまでの体験に根ざしているということであった。『古事記』『日本書紀』『万葉集』などにゆかりの深い地名が残り、古墳が点在する土地に育った筆者にとって、古い日本の物語は読みものというだけではなく、現実の世界に重なる、いわば雰囲気のようなものでもあった。大学で考古学を専攻していた時には、例えば古墳にまかれたべんがらや、土器に刻まれた文様などに、その時代を生きた人々のもっていた物語の残り香があることを感じていた。
　臨床心理学を学ぶようになって、物語を象徴的に読み解くことや、物語に何が投映されているのかを考えることの魅力と有用性を知った。しかし、自分自身の中で、そうした物語の理解と、人々の言動に物語の雰囲気や残り香を嗅ぎとることとのあいだに橋を架ける必要を感じることがある。その両者をつなぐために、語り手にとって物語がどのようにもたれ、体験されているのかということが、物語の内容を論じる以前に考えるべきことなのではないだろうか。
　今はそのように考えていても、今後、筆者が心理臨床の実践をする中で、本書の"ストーリー"を揺るがすような新たな体験が積み重ねられて、また違った視点から物語を捉えるようになるかもしれない。人が何を思ってどんなふうに"ものを語る"のかという複雑な問題を知り尽くすことは到底できないが、知る努力は続けていきたいと思っている。

最後になりましたが、調査協力者・クライエントの方々、調査でお世話になった小学校・病院の関係者の方々に、厚くお礼申し上げます。また、ご指導とご助言をいただきました山中康裕先生、岡田康伸先生、角野善宏先生、皆藤章先生、大山泰宏先生に深謝いたします。そのほか、原稿を読み、さまざまな貴重な指摘をしてくださった諸先輩・友人たちにも感謝しております。

　本書の出版にあたっては、一般社団法人日本箱庭療法学会2016年度木村晴子記念基金による学術出版助成を受けました。

　多くの方々のご理解・ご協力と支えがあって本書を書き上げることができたと思っております。本当にありがとうございました。

2016年9月
田中 史子

著　者——田中史子（たなか・ふみこ）

1973年、神奈川県生まれ。2009年、京都大学大学院教育学研究科博士後期課程修了。京都桂病院勤務、京都文教大学臨床心理学部講師を経て、現在、人間環境大学人間環境学部講師。博士（教育学）。臨床心理士。専門は臨床心理学。

論文に「《物語》についての心理臨床学的研究」（学位論文，2011年）、「子どもの描画表現に関する一考察——白昼夢についての調査から」（京都大学大学院教育学研究科紀要, 53, 124-136, 2007年）、「糖尿病者が生きることの心理臨床学的理解の試み——箱庭・描画に表現された"物語"を通して」（箱庭療法学研究, 24(1), 83-97, 2011年）、「矛盾、曖昧さ、荒唐無稽さを含んだ物語について——Lévy-Bruhlの『原始神話学』と臨床心理学的視点」（京都文教大学臨床心理学部研究報告6, 103-116, 2014年）など。

箱庭療法学モノグラフ
第5巻

物語(tale)の臨床心理学
"お話"にならないお話がもつ治療的意味

2016年10月10日　第1版第1刷発行

著　者————田中史子
発行者————矢部敬一
発行所————株式会社 創元社
〈本　社〉
〒541-0047　大阪市中央区淡路町4-3-6
TEL.06-6231-9010(代)　FAX.06-6233-3111(代)
〈東京支店〉
〒162-0825　東京都新宿区神楽坂4-3 煉瓦塔ビル
TEL.03-3269-1051
http://www.sogensha.co.jp/

印刷所————株式会社 太洋社

©2016, Printed in Japan
ISBN978-4-422-11475-0 C3311
〈検印廃止〉
落丁・乱丁のときはお取り替えいたします。

装丁・本文デザイン　長井究衡

JCOPY　〈(社)出版者著作権管理機構 委託出版物〉

本書の無断複写は著作権法上での例外を除き禁じられています。複写される場合は、そのつど事前に、(社)出版者著作権管理機構(電話 03-3513-6969、FAX 03-3513-6979、e-mail: info@jcopy.or.jp)の許諾を得てください。